Daniel Frischemeier & Rolf Biehler

Daten-Spürnasen auf Spurensuche

Datenanalyse in der Grundschule mit digitalen Werkzeugen

Klett | Kallmeyer

Unter **www.friedrich-verlag.de** finden Sie Materialien zum Buch als Download.
Bitte geben Sie den achtstelligen Download-Code in das Suchfeld ein:
d31448ds

Bibliografische Information der Deutschen Nationalbibliothek
Die Deutsche Nationalbibliothek verzeichnet diese Publikation in der Deutschen Nationalbibliografie; detaillierte bibliografische Daten sind im Internet über http://dnb.d-nb.de abrufbar.

Impressum

Daniel Frischemeier & Rolf Biehler
Daten-Spürnasen auf Spurensuche
Datenanalyse in der Grundschule mit digitalen Werkzeugen

1. Auflage

Friedrich Verlag GmbH
Luisenstraße 9
D-30159 Hannover

www.friedrich-verlag.de

Redaktion: Dirk Haupt, Berlin
Realisation: Frederieke Ruberg
Druck: Beltz Grafische Betriebe GmbH, Am Fliegerhorst 8, 99947 Bad Langensalza
Printed in Germany

ISBN (print): 978-3-7727-1448-1
ISBN (E-Book): 978-3-7727-1449-8

Daniel Frischemeier & Rolf Biehler

Daten-Spürnasen auf Spurensuche

Datenanalyse in der Grundschule mit digitalen Werkzeugen

Klett | Kallmeyer

Einleitung

Mündige Bürger:innen benötigen eine statistische Allgemeinbildung, um Entscheidungsprozesse in Politik und Gesellschaft verstehen und aktiv an ihnen teilnehmen zu können (Engel & Ridgway 2023). Dies wurde jüngst in der Data Literacy-Charta (Schüller 2019) für alle Schul- und Ausbildungsstufen neu formuliert. Immer komplexere Daten, Modelle und Grafiken haben im Zusammenhang mit der Pandemie Einzug in die Printmedien und die digitalen Medien gehalten und viele Menschen vor neue Herausforderungen gestellt. Die Bildungsstandards und Lehrpläne für den Mathematikunterricht bieten einen geeigneten Rahmen für Aktivitäten in diesem Bereich (Barzel et al. 2022). So heißt es in der Neufassung der Bildungsstandards für den Primarbereich von 2022 zur Leitidee „Daten und Zufall“ (jetzt in der gleichen Bezeichnung wie in den Bildungsstandards der anderen Schulstufen): „Die Schülerinnen und Schüler

- planen einfache Befragungen und erfassen und strukturieren bei Beobachtungen, Untersuchungen und einfachen Experimenten Daten;
- stellen Daten in Tabellen, Schaubildern und Diagrammen dar, auch unter Nutzung digitaler Werkzeuge, und entnehmen Informationen aus Tabellen, Schaubildern und Diagrammen;
- interpretieren Darstellungen von Daten und reflektieren diese kritisch“ (KMK 2022, S. 18).

Durch die fortführende Realisierung der Bildungsstandards in den Lehrplänen für die Grundschule hält nun auch die Leitidee „Daten und Zufall“ verstärkt Einzug in den Mathematikunterricht der Grundschule (Hasemann & Mirwald 2012). Weiterführende Überlegungen und didaktische Konzepte sowie einen Überblick über unterrichtliche Aktivitäten im Inhaltsbereich „Daten und Zufall“ in der Primarstufe finden sich in Neubert (2012), Sill & Kurtzmann (2019) sowie Ruwisch (2021). Weiterhin bieten die aktuellen Themenhefte zu Grundschule Mathemathik (2020), die Grundschulzeitschrift (2021), das Fördermagazin Grundschule (2021) sowie das Grundschulmagazin (2024) unterrichtspraktische Vorschläge zur Implementierung des Themenbereichs Daten in der Grundschule. Unsere dort veröffentlichten Praxisbeiträge (Frischemeier & Biehler 2020a; Frischemeier & Biehler 2020b; Frischemeier & Walter 2021a; Frischemeier & Walter 2021b; Frischemeier 2024; Frischemeier & Kuzu 2024) bilden eine wesentliche Grundlage für dieses Buch. Entdecken Sie mit unserem Buch die Welt der Datenanalyse in der Grundschule auf eine Weise, die sowohl Lehrkräfte als auch Schüler:innen begeistert! Unser Buch bietet eine praxisnahe Einführung und ist gefüllt mit didaktischen Innovationen, erprobten Unterrichtseinheiten, spannenden Datensätzen und digitalen Tools, die speziell für den Primarstufenunterricht konzipiert wurden. Es geht darum, zu zeigen, dass Datenanalyse im Klassenzimmer weit über einfache Spielzeugdatensätze und isolierte Diagramme hinausgehen kann. Erleben Sie, wie dieses spannende Themengebiet Kreativität entfesselt, Spaß bereitet und essenzielle prozessbezogene Fähigkeiten schult. Unser Ansatz basiert auf jahrelanger Erfahrung in der Lehrkräfteausbildung, praktischen Unterrichtserfahrungen und der Berücksichtigung nationaler und internationaler Forschung im Bereich der Stochastikdidaktik. Wir leiten Sie an, wie Sie Grundschulkinder für das spannende Feld der Datenanalyse begeistern und ihnen die dazu notwendigen Kompetenzen auf unterhaltsame und engagierte Weise vermitteln können.

Das Buch ist in zwei Teile gegliedert: Zum einen präsentieren wir eine grundlegende fachliche Einführung in die elementare Datenanalyse mit den digitalen Werkzeugen TinkerPlots (www.tinkerplots.com) und CODAP (https://codap.concord.org/), welche aber hinsichtlich der Darstellungsweisen und Begriffe bereits sehr unterrichtsnah ist. Das Buch setzt keine Kenntnisse und Fertigkeiten mit diesen Werkzeugen voraus, sondern führt in diese ein. Beide Werkzeuge sind aus unserer Sicht sehr gut geeignet, statistisches (und auch probabilistisches) Denken im Mathematikunterricht der Primarstufe zu fördern. Während TinkerPlots als Endgerät einen Computer bzw. Laptop mit dem Betriebssystem Windows oder MacOS voraussetzt und eine kostenpflichtige Lizenz für die Nutzung der Vollversion benötigt, kann CODAP auch auf Tablets genutzt werden. CODAP ist kostenfrei und browserbasiert und kann mit dem Kopieren des entsprechenden Links in die URL-Browserzeile schnell und unkompliziert gestartet werden. Beide Werkzeuge haben in didaktischer Sicht unterschiedliche Stärken; diese werden wir im Laufe dieses Buches aufgreifen und herausstellen. TinkerPlots und CODAP sind ähnlich aufgebaut, mit einer grafischen Benutzeroberfläche und einfachen „drag-and-drop" Bedienungsmöglichkeiten. Unserer Erfahrung nach kommt TinkerPlots bei Grundschüler:innen aufgrund der Farbgestaltung, der dynamischen Darstellungen und der größeren Nähe zu realen Handlungen mit Datenkarten besser an, aber die meisten Ziele können auch mit CODAP realisiert werden.

TinkerPlots gibt es derzeit in den Versionen 2 und 3, die sich technisch kaum unterscheiden. Nur die Version 2 ist mit einem deutschen Interface verfügbar. Sie läuft auf aktuellen Windows- und älteren MacOS-Systemen. Auf neueren MacOS-Systemen ist nur die Version 3 lauffähig, die es derzeit nur mit einem englischen Interface gibt. Wir haben auch mit der englischen Fassung in Grundschulen gearbeitet. Da die Menüs ikonisch unterstützt werden und nicht sehr komplex sind, haben die Schüler:innen in unseren Unterrichtsprojekten wenig Schwierigkeiten damit gehabt.

TinkerPlots 3 ist die neueste Version von TinkerPlots, die allerdings nur in englischer Sprache vorliegt. Sie läuft auf den aktuellen Betriebssystemen von MacOS und Windows. Für Windows-Systeme empfehlen wir TinkerPlots 2. Diese Version liegt auch in deutscher Sprache vor. Die Anleitungen in diesem Buch basieren auf der deutschen TinkerPlots-Fassung. Für die Nutzer:innen der englischen Fassung haben wir eine Übersetzungstabelle (deutsch-englisch; englisch-deutsch, siehe Downloadmaterial) der Begriffe erstellt, die in den Menüs auftauchen. TinkerPlots 3 öffnet keine TinkerPlots 2-Dateien und umgekehrt. In dem Dokument (Datentransformation zwischen TP2 und TP3) finden Sie Hinweise, wie man die Dateien ineinander umwandelt. Wir referenzieren TinkerPlots-Datensätze im Buch mit D#xy. In der entsprechenden Liste, die Kürzel zu Dateinamen zuordnet, und im Downloadmaterial finden Sie zu jeder TinkerPlots-Datei je zwei Versionen für TP2 und TP3.

Im zweiten Teil des Buches wird ausgeführt, wie die im ersten Teil aufgezeigten Ideen im Unterricht umgesetzt werden können. Die fachliche Einführung im ersten Teil geht dabei etwas über die Themen und Inhalte des Datenanalyseunterrichts in der Primarstufe hinaus, ist aber aus unserer Sicht für Lehrkräfte notwendig, um sich differenziert mit den Inhalten auseinandersetzen und sie im Unterricht thematisieren zu können. Wir setzen im fachlichen Teil keine Kenntnisse in Statistik voraus, sondern führen alle Konzepte elementar ein.

Wir bauen bei unseren Überlegungen auf der internationalen Diskussion auf (Ben-Zvi, Garfield & Makar 2018; Biehler et al. 2018; Leavy, Meletiou-Mavrotheris & Paparistodemou 2018; Franklin & Bargagliotti 2020; Biehler et al. 2023; Leavy et al. 2023). Dort finden sich zahlreiche Ideen und Materialien für den Unterricht in Datenanalyse im Mathematikunterricht der Grundschule, die in der deutschen Grundschullandschaft noch weitgehend unbekannt sind. Dabei wird das komplette Durchlaufen eines Datenanalysekreislaufes (Formulieren einer statistischen Problemstellung, Generieren von statistischen Fragestellungen, Erstellen eines Instruments zur Datenerhebung, Erhebung der Daten, Analyse der Daten und anschließende Interpretation zur Beantwortung der statistischen Fragestellung) und dabei auch insbesondere das Generieren statistischer Fragestellungen (Arnold & Franklin 2021) noch deutlicher artikuliert als in den Bildungsstandards. Darauf aufbauend sollen Kinder von Beginn an fundamentale Datenoperationen auf verschiedenen Repräsentationsebenen kennenlernen und erleben (Frischemeier 2022) und sich dabei nicht nur auf kategoriale Merkmale beschränken, sondern auch numerische Merkmale in den Blick nehmen (Frischemeier 2024). Ein zentrales Lernziel ist – sowohl für den Mathematikunterricht in der Grundschule als auch in der Sekundarstufe I und II –, ein Denken in Verteilungen zu entwickeln (Biehler 2007). Ferner stellen wir das Analysieren von für die Schüler:innen bedeutsamen („meaningful") realen Daten (Leavy & Hourigan 2018) in den Vordergrund. Sie sollen nicht nur „Spielzeugdaten" kennenlernen. Dazu gehört auch, früh in die Datenanalyse mit digitalen Werkzeugen einzuführen (siehe u. a. Konold 2007; Garfield & Ben-Zvi 2008; Frischemeier 2018) und ihnen damit die Exploration umfangreicher und realer Datensätze zu ermöglichen – für einen Überblick über verschiedene Lernsoftwares und Softwaretypen siehe Biehler, Ben-Zvi, Bakker & Makar (2013) oder Biehler et al. (2023) und für einen Überblick zu Potenzialen zum Einsatz digitaler Werkzeuge im Mathematikunterricht der Primarstufe siehe Walter (2018). Diese Forderung ist realisierbar, da mit den Werkzeugen TinkerPlots und CODAP, die in diesem Buch vorgestellt werden, zwei digitale Werkzeuge zur Verfügung stehen, die sich auch für den Einsatz in der Grundschule eignen.

Orientierung im Buch: Der Datenanalysezyklus

Die hier in der Einführung vorgestellten Unterrichtsideen, die die Förderung einer Datenkompetenz unterstützen sollen, sind entlang des Datenanalysezyklus PPDAC von Wild und Pfannkuch (1999) angeordnet. Dieser Datenanalysezyklus umfasst die folgenden fünf Phasen:

- *Problem*: Problemstellung, Entwicklung einer (stat.) Fragestellung,
- *Plan*: Planen der Datenerhebung,
- *Data Collection*: Datenerhebung (Umfrage, Beobachtung, Experiment),
- *Analysis*: Analyse und Darstellung der gesammelten Daten,
- *Conclusions*: Interpretation der Ergebnisse und Schlussfolgerungen.

Am Anfang steht das statistische Problem bzw. die Entwicklung einer statistischen Fragestellung. In diesem Buch geben wir fachliche und fachdidaktische Hintergründe zu den einzelnen Phasen des PPDAC-Zyklus und führen dazu Anregungen für die Umsetzung in Ihrem Mathematikunterricht aus. Wir verwenden auch bereits vorliegende umfangreiche Datensätze (mehrere Hundert Fälle), die die Schüler:innen nicht selbst erheben können und müssen. Die Phasen Plan und Datenerhebung werden dann ersetzt durch eine Auseinandersetzung damit, welche Aspekte der Fragestellung die vorliegenden Daten beantworten können und welche nicht.

Zielsetzung dieses Buches

Das primäre Ziel dieses Buches ist es, Umsetzungsideen und Erfahrungen für die Thematisierung von Datenanalyse im Mathematikunterricht der Grundschule einem breiten Leser:innenkreis zugänglich zu machen und Anregungen zu geben, wie die Datenanalysekompetenz der Schüler:innen bereits früh gefördert werden kann. Zielgruppe des Buches sind interessierte Lehrer:innen für Mathematik in der Grundschule sowie Studierende des Lehramts für Mathematik in der Grundschule, die ihr fachliches und fachdidaktisches Wissen bis hin zu konkreten Umsetzungsideen für die Implementierung von Datenanalyseaktivitäten und die Förderung einer Datenkompetenz im Mathematikunterricht der Grundschule, die mit und in der Software TinkerPlots und / oder CODAP realisiert werden, vertiefen wollen. Wir gehen davon aus, dass das Buch auch für Lehrkräfte der Sekundarstufe I sehr nützlich ist, insbesondere dann, wenn eine umfangreiche Einführung in die Datenanalyse in der Grundschule noch nicht realisiert wurde und der Ersteinstieg in der unteren Sekundarstufe erfolgen muss.

Begleitmaterialien zum Buch

Begleitmaterialien finden sich im Download-Material zu diesem Buch. Diese Materialien werden im Text mit Kürzeln referenziert: Datensätze (D#), Lernvideos (V#) und Arbeitsmaterialien (M#).

Danksagung

Im Rahmen der Konzeption und Verfassung dieses Buches sind wir dankbar für viele anregende Gespräche und Ideen, die wir im Vorfeld erhalten haben. Unser besonderer Dank gilt Susanne Podworny. Gemeinsam mit ihr haben wir seit 2013 an der Universität Paderborn die Lehrveranstaltung Stochastik und ihre Didaktik für Studierende des Lehramts an Grundschulen entwickelt und durchgeführt. Susanne hat sich dabei besonders der Wahrscheinlichkeitsrechnung und der stochastischen Simulation gewidmet. Wir bedanken uns aber auch für die vielen fruchtbaren Diskussionen über den Einsatz von TinkerPlots in der Datenanalyse. Die deutsche Version von TinkerPlots und die deutschen Menüs von CODAP haben wir gemeinsam mit Susanne Podworny entwickelt. Die gemeinsame Arbeit mit ihr am Einsatz von CODAP in der Sekundarstufe I im Rahmen des ProDaBi-Projekts (www.probabi.de) hat unsere Sicht auf das didaktische Potenzial der Software CODAP geprägt. Auch dafür möchten wir uns herzlich bedanken.

Im Rahmen unserer gemeinsamen Lehrtätigkeit an der Universität Paderborn konnten wir viele Studierende dafür gewinnen, didaktische Ideen aus der Vorlesung in ihren Examens-, Bachelor- und Masterarbeiten für den konkreten Einsatz von TinkerPlots zur Datenanalyse in der Grundschule auszuarbeiten und wissenschaftlich zu erproben. Auf diesen Erfahrungen baut dieses Buch in seinen unterrichtspraktischen Teilen auf. Unser besonderer Dank gilt Rebecca Breker (Breker 2016), Anna Dettmar (Dettmar 2013), Kevin Plückebaum (Plückebaum 2016) und Christina Schäfers (Schäfers 2017).

Teil 1: Fachliche Einführung in die Datenanalyse mit TinkerPlots und CODAP

1 Einführung in die Nutzung digitaler Werkzeuge zur Datenexploration

Dieses Kapitel dient als Einführung in die Datenanalyse mit den digitalen Werkzeugen TinkerPlots und CODAP und präsentiert mögliche Datenexplorationen mit diesen beiden Tools. Das erfolgt auf einem fachlichen Niveau, das eng an dem angelehnt ist, was in der Grundschule vermittelbar ist. Teil I soll als nützliches Hintergrundwissen für Lehrkräfte dienen, insbesondere für die Unterrichtsideen und -materialien, die in Teil II des Buches vorgestellt werden. Nicht alle Ideen aus Teil I werden umfassend in Teil II unterrichtspraktisch ausgearbeitet. Teil I kann auch als Quelle für die selbstständige Ausarbeitung weiterer Unterrichtsideen genutzt werden. Falls in unserem Teil I Interesse an weiteren fachlichen Hintergrundinformationen geweckt wurde, empfehlen wir die Werke von Büchter und Henn (2007) sowie Kütting und Sauer (2011). Mit Blick auf eine Vertiefung zur Vernetzung fachlicher und fachdidaktischer Ideen für den Stochastikunterricht in der Sekundarstufe I bieten sich die Werke von Eichler und Vogel (2013) sowie Krüger et al. (2015) für vertiefende Informationen an. Für weitergehende Informationen rund um die Thematisierung der Stochastik im Mathematikunterricht der Primarstufe verweisen wir auf Neubert (2012) und Sill et al. (2019).

1.1 Grundbegriffe: Standarddatentabelle, Merkmale, Merkmalsträger

Um die Datenanalyse anhand von konkreten Daten einführen zu können, stellen wir uns folgende Situation vor: Zu Beginn des Schuljahres möchte sich die Klasse 4b der Leonhard-Euler-Grundschule (Name pseudonymisiert) besser kennenlernen und beschließt, eine kurze Umfrage durchzuführen. Wir

Fantasiename	Geschlecht	Alter	Klasse	Haustier	Minuten_zur_Schule	Wie_zur_Schule
Marie	M	9	4	Ja	10	Auto
Lewandowski	J	9	4	Nein	18	Fahrrad
Sarh	M	10	4	Ja		Bus
...	...	...	...	...	...	...

Tabelle 1: Auszug einer Datentabelle, erhoben an der Leonhard-Euler-Grundschule, Klasse 4b

werden einen Auszug aus einem Fragebogen verwenden, den Schüler:innen entwickelt haben. Anhand von Tabelle 1, die einen Auszug der Daten der Umfrage in der Klasse 4b enthält, erläutern wir einige Grundbegriffe. Dieser Datensatz ist als digitale CSV-Datei (D#3), als TinkerPlots (D#1) sowie als CODAP-Datei (D#2) im Materialpaket zu diesem Buch enthalten.

Der Fragebogen, den die Klasse 4b verwendet hat, enthielt vorgegebene Antwortmöglichkeiten für jedes Merkmal. Für das Merkmal *Geschlecht* konnten die Schüler:innen entweder „M" oder „J" ankreuzen. Beim Alter und der Zeit, die benötigt wird, um zur Schule zu gelangen (Merkmal *Minuten_zur_Schule*), wurde eine natürliche Zahl erwartet. Für das Merkmal *Haustier* konnte mit „Ja" oder „Nein" geantwortet werden. Beim Merkmal *Wie_zur_Schule* standen die Fortbewegungsmittel „Auto", „Bus", „Bahn", „Fahrrad" und „zu Fuß" zur Auswahl. Solche Antwortmöglichkeiten nennt man auch Kategorien oder mögliche Merkmalsausprägungen.

Bevor ein Fragebogen ausgefüllt werden kann, muss diskutiert werden, was die vorgegebenen Antwortmöglichkeiten bedeuten sollen, damit alle dasselbe darunter verstehen. Merkmale müssen so klar definiert werden, dass keine Zweifel darüber bestehen, welche Merkmalsausprägungen bei einer Person, auch allgemein Merkmalsträger (oder merkmalstragende Person) genannt, vorliegen. Wenn ein:e Schüler:in an einem Tag mehrere Fortbewegungsmittel benutzt hat, soll z. B. dasjenige angegeben werden, mit dem die längste Strecke zurückgelegt wurde. Ferner kann das gewählte Fortbewegungsmittel sich während der Woche ändern. Es ist am besten, sich auch darauf zu einigen, dass dasjenige Fortbewegungsmittel angegeben wird, mit dem man am Morgen der Umfrage zur Schule gekommen ist. Es könnte ferner z. B. unklar sein, was als Haustier gilt (auch der Waschbär, der sich auf dem Dachboden eingenistet hat?) – dann muss man sich auf eine Bedeutung einigen.

Die Spalten in der Tabelle 1 stehen für Merkmale. Die Zeilen stehen für die befragten Schüler:innen. Die untersuchten Personen oder Objekte nennt man abstrakt auch Merkmalsträger. Ein:e Schüler:in der Klasse 4b ist also ein Merkmalsträger. Wenn z. B. Marie 10 Minuten zur Schule braucht, könnte man das mit diesen Fachbegriffen wie folgt ausdrücken: „Das Merkmal *Minu-*

ten_zur_Schule hat bei Marie die Ausprägung 10." Im unterrichtspraktischen Teil gehen wir darauf ein, wie man sprachlich einfacher vorgehen sollte.

Bei üblichen statistischen Untersuchungen würde man wahrscheinlich *Fortbewegungsmittel* statt *Wie_zur_Schule* als Merkmalsbezeichnung nehmen, oder *Schulwegzeit* statt *Minuten_zur_Schule*. Die Bezeichnungen sind natürlich bis zu einem gewissen Grad willkürlich, sollten aber in Kurzfassung die Bedeutung des Merkmals ausdrücken. Unsere schülernahen Bezeichnungen sind in unseren Unterrichtsexperimenten vorgeschlagen worden.

Die rechteckige Datentabelle (Tabelle 1, Spalten stehen für die Merkmale, Zeilen stehen für die Merkmalsträger), die in der Statistik verwendet wird, ist eine grundlegende Darstellungsform von Erhebungsergebnissen. Sie wird auch in jeder Statistiksoftware und in Tabellenkalkulationsprogrammen verwendet.

Diese Darstellung ermöglicht eine kompakte Organisation der Daten. Wir nennen sie im Folgenden *Standarddatentabelle*. Mit ihrer Hilfe können bereits einzelne Merkmale manuell ausgewertet werden, indem z. B. ausgezählt wird, wie oft in einer Spalte die verschiedenen Ausprägungen eines Merkmals vorkommen (*Häufigkeit*).

Eine solche Tabelle ist unverzichtbar, wenn man z. B. Zusammenhänge zwischen zwei Merkmalen untersuchen möchte, etwa wie die *Schulwegzeit* vom benutzten *Fortbewegungsmittel* abhängt. Eine solche Beziehung würde verloren gehen, wenn man die Zusammenhänge zwischen den Merkmalen nicht in einer gemeinsamen Tabelle erfasste, sondern die einzelnen Merkmale getrennt auswertete und den Zugriff zu den Fragebögen nicht mehr hätte. Die Menge der Schüler:innen, die befragt wurden, nennt man *Grundgesamtheit*. Ihre Anzahl wird auch als *Umfang der Grundgesamtheit* bezeichnet. Die Begriffe sind in Tabelle 2 übersichtlich dargestellt.

Beispiel	Statistischer Begriff
Schüler:in der Leonhard-Euler-Grundschule, Klasse 4b	Merkmalsträger, merkmalstragende Person
Alle Schüler:innen der Leonhard-Euler-Grundschule in Klasse 4b	Grundgesamtheit
Anzahl der Schüler:innen der Leonhard-Euler-Grundschule in Klasse 4b	Umfang der Grundgesamtheit
Geschlecht, Augenfarbe, Hobby, Anzahl der Geschwister, Körpergröße etc.	Merkmale
Körpergröße einer bestimmten Person (Schüler:in)	Merkmalsausprägung (der Körpergröße) bei dieser Person (Schüler:in)

Tabelle 2: Übersicht über statistische Begriffe

1.2 Typen von Merkmalen

In der Statistik sind verschiedene Merkmalstypisierungen im Gebrauch. In diesem Buch wird nur zwischen numerischen und kategorialen Merkmalen unterschieden. Bei numerischen Merkmalen werden die Ausprägungen durch Zahlen repräsentiert, die Messungen oder Anzahlen darstellen, während kategoriale Merkmale endlich viele verschiedene Ausprägungen haben, die in der Regel durch Wörter oder Buchstabenfolgen (Abkürzungen) angegeben werden. Beispielsweise werden die Ausprägungen des Geschlechts oft mit J, M (und gegebenenfalls D für divers) kodiert. Kategorien können auch durch Zahlen angegeben werden, z. B. Mädchen entspricht 1 und Junge entspricht 2. In diesem Fall haben diese Zahlen nur eine „nominale" Bedeutung; sie benennen bzw. kodieren Kategorien. Einige Statistikprogramme lassen nur Zahlen als Ausprägungen zu. In den digitalen Werkzeugen TinkerPlots und CODAP können jedoch auch Buchstaben verwendet werden. In diesem Buch werden die Ausprägungen kategorialer Merkmale in der Regel durch Buchstabenfolgen oder Wörter und nicht durch Zahlen dargestellt.

Bei kategorialen Merkmalen lässt sich manchmal eine Reihenfolge der Ausprägungen erkennen, z. B. bei Wochentagen oder Monaten, oder wenn man Orte nach ihrer Einwohnerzahl ordnet. In vielen Befragungen werden häufig Fragen verwendet, die eine Antwort in Stufen erwarten, z. B. Wie gerne gehst du zur Schule? kann die Ausprägungen „nicht gerne", „eher nicht gerne", „eher gerne", „gerne" haben. Die möglichen Ausprägungen haben eine gewisse Beliebigkeit; man könnte auch Extremkategorien wie „überhaupt nicht gern" und „sehr gern" hinzufügen. Ähnliches kann auch abgefragt werden, wenn man einen Satz wie „Ich gehe gerne zur Schule" vorgibt und dann die Antwortmöglichkeiten „trifft voll zu", „trifft eher zu", „trifft eher nicht zu", „trifft überhaupt nicht zu" anbietet. Man könnte dieses Merkmal beispielsweise als *(Grad der) Schulzufriedenheit* bezeichnen. Es ist oft eine Herausforderung, passende Bezeichnungen für solche Merkmale zu finden.

In all diesen Fällen liegt den Antwortmöglichkeiten eine bestimmte Reihenfolge zugrunde, weshalb man von *ordinalen kategorialen Merkmalen* oder auch kurz von *ordinalen Merkmalen* spricht. Eine Übersicht über die drei Merkmalstypen, die in diesem Buch unterschieden werden, findet sich in Tabelle 3.

Zu einem kategorialen Merkmal gehört immer die Festlegung der möglichen Merkmalsausprägungen, die man auch als Kategorien bezeichnet. Wenn ein numerisches Merkmal festgelegt wird, ist meistens klar, in welchem Bereich man mögliche Werte erwartet. Wir schränken in diesem Buch den Bereich möglicher Werte nicht ein, sondern lassen alle Zahlen (natürliche und rationale) zu.

Merkmalstypen	Fragen	Mögliche Merkmalsausprägungen / Kategorien
kategoriale Merkmale (endlich viele Ausprägungen)	Dein Geschlecht: Welche Augenfarbe hast du? weitere Beispiele: Haarfarbe, Beruf, Staatsangehörigkeit	Mädchen, Junge blau, braun, grün, grau, Sonstige
Kategoriale Merkmale mit „Reihenfolge“: ordinale Merkmale	Überlege dir, wie der folgende Satz für dich zutrifft: Ich gehe gerne in die Schule. weitere Beispiele: Schulnote, Windstärke, Handelsklasse (bei Obst)	trifft voll zu, trifft eher zu, trifft eher nicht zu, trifft gar nicht zu
numerische Merkmale (Zahlen, die Anzahlen oder Messergebnisse angeben)	Wie groß (in cm) bist du? Wie viele Stunden machst du in der Woche Sport? weitere Beispiele: Einkommen, Taschengeld, Zeit-Tablet in Stunden pro Woche, Anzahl WhatsApp-Nachrichten (letzte Woche) etc.	Dezimalzahlen Natürliche Zahlen

Tabelle 3: Übersicht über verschiedene Merkmalstypen

1.3 Datenkarten als Repräsentationsmittel

Der ausgefüllte Fragebogen einer Schülerin oder eines Schülers könnte auch kompakt auf einer Karte notiert werden, ähnlich wie früher die Einwohnermeldeämter für jede Person eine Karteikarte angelegt haben. Diese Karten dienen als Datenspeicher. Durch geschickten Einsatz kann man einen Satz solcher Datenkarten als Analyseinstrument im Unterricht verwenden, wie wir später sehen werden.

Als Beispiel betrachten wir drei Merkmale. Jede Schülerin und jeder Schüler der Klasse 4b erhält einen Klebezettel (siehe Abbildung 1), auf den sie / er einen Fantasienamen (um die Anonymität zu gewährleisten), ihr / sein Geschlecht und die Art Weise, wie sie / er zur Schule kommt, notiert. Bei Datenkarten können Merkmale und ihre Ausprägungen natürlich auch durch Piktogramme ausgedrückt werden – eine beispielhafte Anwendung, wie bereits im Elementarbereich und / oder in der Schuleingangsphase Datenkarten zur ersten Anbahnung fundamentaler Datenoperationen zur Förderung des statistischen Denkens eingesetzt werden können, finden sich in Frischemeier und Kuzu (2024). In der Software TinkerPlots werden die Daten in Form eines Datenkartenstapels und einer Standarddatentabelle (im Fol-

Abbildung 1: Datenkarte von Lewandowski

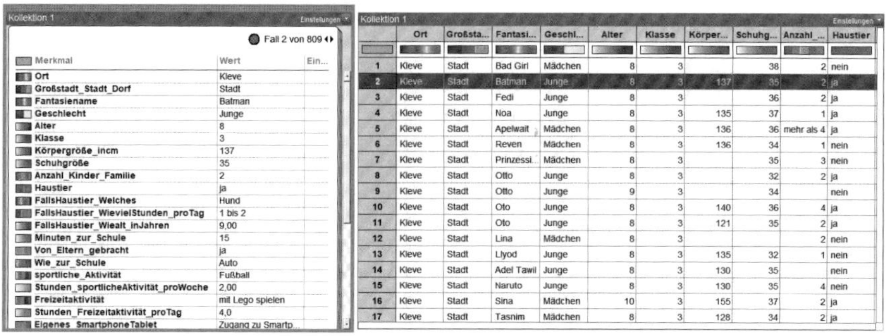

Kollektion 1

Fall 2 von 809

Merkmal	Wert	Ein…
Ort	Kleve	
Großstadt_Stadt_Dorf	Stadt	
Fantasiename	Batman	
Geschlecht	Junge	
Alter	8	
Klasse	3	
Körpergröße_incm	137	
Schuhgröße	35	
Anzahl_Kinder_Familie	2	
Haustier	ja	
FallsHaustier_Welches	Hund	
FallsHaustier_WievielStunden_proTag	1 bis 2	
FallsHaustier_Wiealt_inJahren	9,00	
Minuten_zur_Schule	15	
Von_Eltern_gebracht	ja	
Wie_zur_Schule	Auto	
sportliche_Aktivität	Fußball	
Stunden_sportlicheAktivität_proWoche	2,00	
Freizeitaktivität	mit Lego spielen	
Stunden_Freizeitaktivität_proTag	4,0	
Eigenes_SmartphoneTablet	Zugang zu Smartp…	

Kollektion 1

	Ort	Großsta…	Fantasi…	Geschl…	Alter	Klasse	Körper…	Schuhg…	Anzahl_…	Haustier
1	Kleve	Stadt	Bad Girl	Mädchen	8	3		38	2	nein
2	Kleve	Stadt	Batman	Junge	8	3	137	35	2	ja
3	Kleve	Stadt	Fedi	Junge	8	3		36	2	ja
4	Kleve	Stadt	Noa	Junge	8	3	135	37	1	ja
5	Kleve	Stadt	Apelwait	Mädchen	8	3	136	36	mehr als 4	ja
6	Kleve	Stadt	Reven	Mädchen	8	3	136	34	1	nein
7	Kleve	Stadt	Prinzessi…	Mädchen	8	3		35	3	nein
8	Kleve	Stadt	Otto	Junge	8	3		32	2	ja
9	Kleve	Stadt	Otto	Junge	9	3		34		nein
10	Kleve	Stadt	Oto	Junge	8	3	140	36	4	ja
11	Kleve	Stadt	Oto	Junge	8	3	121	35	2	ja
12	Kleve	Stadt	Lina	Mädchen	8	3			2	nein
13	Kleve	Stadt	Llyod	Junge	8	3	135	32	1	nein
14	Kleve	Stadt	Adel Tawil	Junge	8	3	130	35		nein
15	Kleve	Stadt	Naruto	Junge	8	3	130	35	4	nein
16	Kleve	Stadt	Sina	Mädchen	10	3	155	37	2	ja
17	Kleve	Stadt	Tasnim	Mädchen	8	3	128	34	2	ja

Abbildung 2: Datenkarte (links) und Datentabelle (rechts) in TinkerPlots. Datensatz D#4

genden auch kurz als Datentabelle bezeichnet) dargestellt (siehe Abbildung 2). In CODAP gibt es nur die Datentabelle (siehe Abbildung 3). Die beiden Darstellungen in TinkerPlots sind technisch miteinander verbunden: Wenn man auf eine Zeile in der Datentabelle klickt, wird automatisch links die zugehörige Datenkarte angezeigt. Beim Klicken durch den Kartenstapel (Pfeile rechts oben betätigen) wird die entsprechende Zeile in der Datentabelle hervorgehoben. Diese Verknüpfung kann den Lernenden helfen, die Beziehung zwischen den beiden Darstellungen besser zu verstehen. In beiden Tabellen gibt es leere Felder, die anzeigen, dass es hierzu keine Antwort der Schüler:in gab, zu der die Zeile gehört. Ein Unterschied zwischen TinkerPlots und CODAP besteht darin, dass bei TinkerPlots den vorkommenden Merkmalsausprägungen / Kategorien unterschiedliche Farben zugeordnet werden. Bei kategori-

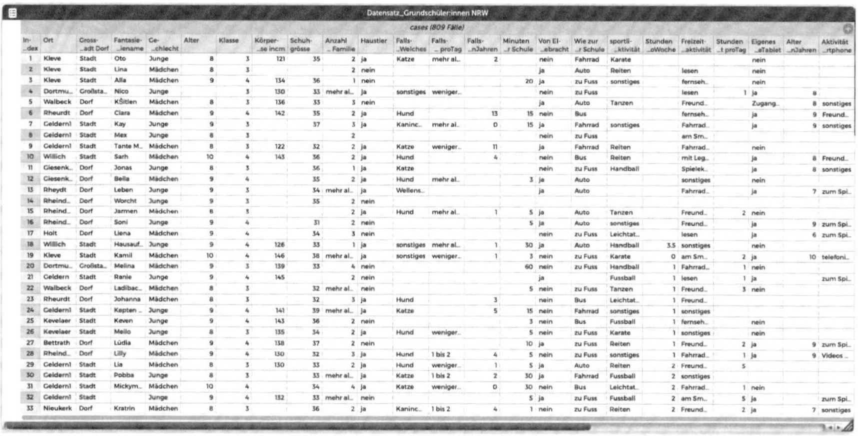

Datensatz_Grundschüler:innen NRW

cases (809 Fälle)

In-…dex	Ort	Gross-…adt Dorf	Fantasie-…iename	Ge-…chlecht	Alter	Klasse	Körper-…se incm	Schuh-grösse	Anzahl … Familie	Haustier	Falls-…Welches	Falls-… proTag	Falls-…nJahren	Minuten …r Schule	Von El-…ebracht	Wie zur …r Schule	sportli-…ktivität	Stunden …oWoche	Freizeit-…aktivität	Stunden …t proTag	Eigenes …eTablet	Alter …nJahren	Aktivität …rtphone
1	Kleve	Stadt	Oto	Junge	8	3	121	35	2	ja	Katze	mehr al…	2		nein	Fahrrad	Karate				nein		
2	Kleve	Stadt	Lina	Mädchen	8	3			2	nein					ja	Auto	Reiten		lesen		nein		
3	Kleve	Stadt	Alla	Mädchen	9	4	134	36	1	nein				20	ja	zu Fuss	sonstiges		fernseh…		nein		
4	Dortmu…	Großsta…	Nico	Junge		3	130	33	mehr al…	ja	sonstiges	weniger…			nein	zu Fuss			lesen	1	ja	8	
5	Walbeck	Dorf	KŠitlen	Mädchen	8	3	136	33	3	nein					ja	Auto	Tanzen		Freund…		Zugang…	8	sonstiges
6	Rheurdt	Dorf	Clara	Mädchen	9	4	142	35	2	ja	Hund		13	15	nein	Bus			fernseh…		ja	9	Freund…
7	Geldernl	Stadt	Kay	Junge	9	3		37	3	ja	Kaninc…	mehr al…	0	15	ja	Fahrrad	sonstiges		Fahrrad…		ja	9	sonstiges
8	Geldernl	Stadt	Mex	Junge	8	3			2						nein	zu Fuss			am Sm…				
9	Geldernl	Stadt	Tante M…	Mädchen	8	3	122	32	2	ja	Katze	weniger…	11		ja	Fahrrad	Reiten		Fahrrad…		nein		
10	Willich	Stadt	Sarh	Mädchen	10	4	143	36	2	ja	Hund		4		nein	Bus	Reiten		mit Leg…		ja	8	Freund…
11	Giesenk…	Dorf	Jonas	Junge	8	3		36	1	ja	Katze				nein	zu Fuss	Handball		Spielek…		ja	8	sonstiges
12	Giesenk…	Dorf	Bella	Mädchen	9	4		35	2	ja	Hund	mehr al…		3	ja	Auto			sonstiges		nein		
13	Rheydt	Dorf	Leben	Junge	9	3		34	mehr al…	ja	Wellens…				ja	Auto			Fahrrad…		ja	7	zum Spi…
14	Rheind…	Dorf	Worcht	Junge	9	3		35	2	nein													
15	Rheind…	Dorf	Jarmen	Mädchen	8	3			2	ja	Hund	mehr al…	1	5	ja	Auto	Tanzen		Freund…	2	nein		
16	Rheind…	Dorf	Soni	Junge	9	4		31	2	nein				5	ja	Auto	sonstiges		Freund…		ja	9	zum Spi…
17	Holt	Dorf	Liena	Mädchen	9	4		34	3	nein					nein	zu Fuss	Leichtat…		lesen		ja	6	zum Spi…
18	Willich	Stadt	Hausauf…	Junge	9	4	126	33	1	ja	sonstiges	mehr al…	1	30	ja	Auto	Handball	3.5	sonstiges		nein		
19	Kleve	Stadt	Kamil	Mädchen	10	4	146	38	mehr al…	ja	sonstiges	weniger…	1	3	nein	zu Fuss	Karate	0	am Sm…	2	ja	10	telefoni…
20	Dortmu…	Großsta…	Melina	Mädchen	9	3	139	33	4	nein				60	nein	zu Fuss	Handball	1	Fahrrad…	1	nein		
21	Geldern	Stadt	Ranie	Junge	9	4	145		2	nein					ja		Fussball	1	lesen	1	ja		zum Spi…
22	Walbeck	Dorf	Ladibac…	Mädchen	8	3		32	mehr al…	nein				5	nein	zu Fuss	Tanzen	1	Freund…	3	nein		
23	Rheurdt	Dorf	Johanna	Mädchen	8	3		32	3	ja	Hund		3		nein	Bus	Leichtat…	1	Freund…				
24	Geldernl	Stadt	Kepten …	Junge	9	4	141	39	mehr al…	ja	Katze		5	15	nein	Fahrrad	sonstiges	1	sonstiges				
25	Kevelaer	Stadt	Keven	Junge	9	4	143	36	2	nein				3	nein	Bus	Fussball	1	fernseh…		nein		
26	Kevelaer	Stadt	Meilo	Junge	8	3	135	34	2	ja	Hund	weniger…		5	nein	zu Fuss	Karate	1	sonstiges		nein		
27	Bettrath	Dorf	Lüdia	Mädchen	9	4	138	37	2	nein				10	ja	zu Fuss	Reiten	1	Freund…	2	ja	9	zum Spi…
28	Rheind…	Dorf	Lilly	Mädchen	9	4	130	32	3	ja	Hund	1 bis 2	4	5	nein	zu Fuss	sonstiges	1	Fahrrad…	1	ja	9	Videos …
29	Geldernl	Stadt	Lia	Mädchen	8	3	130	33	2	ja	Hund	weniger…	1	5	ja	Auto	Reiten	2	Freund…	5			
30	Geldernl	Stadt	Pobba	Junge	8	3		33	mehr al…	ja	Katze	1 bis 2	2	30	ja	Fahrrad	Fussball	2	sonstiges				
31	Geldernl	Stadt	Mickym…	Mädchen	10	4		34	4	ja	Katze	weniger…	0	30	nein	Bus	Leichtat…	2	Fahrrad…	1	nein		
32	Geldernl	Stadt		Junge	9	4	132	33	mehr al…	nein				5	ja	zu Fuss	Fussball	2	am Sm…	5	ja		zum Spi…
33	Nieukerk	Dorf	Kratrin	Mädchen	8	3		36	2	ja	Kaninc…	1 bis 2	4	1	nein	zu Fuss	Reiten	2	Freund…	2	ja	7	sonstiges

Abbildung 3: Datentabelle in CODAP. Datensatz D#5

alen Merkmalen ist die Farbzuordnung zu den Kategorien willkürlich, bei numerischen Merkmalen wird ein Farbton gewählt, der dann in unterschiedlicher Sättigung den Ausprägungen entsprechend ihrem Zahlenwert zugeordnet wird. Die Farbzuordnung kann für die spätere Datenanalyse nützlich sein und ermöglicht es, mit TinkerPlots farbenfrohere Diagramme zu erstellen als mit CODAP. Sie ist bereits an zwei Stellen in Abbildung 2 sichtbar: links vom Merkmalsnamen auf der Datenkarte und in der Datentabelle unter dem Merkmalsnamen.

Das Erklärvideo 1 (V#1) zeigt kurz die Basics von TinkerPlots im Umfeld der Datentabelle, das Erklärvideo 2 (V#2) Entsprechendes für CODAP.

Standarddatentabellen und ein Satz von Datenkarten auf Papier können auch ohne digitale Hilfsmittel als Grundlage für die Datenanalyse verwendet werden. Allerdings können digitale Werkzeuge auch in diesem Fall für die Lehrkräfte hilfreich sein, um solche Darstellungen nach durchgeführten Umfragen zu erstellen und für die Schüler:innen auszudrucken. Mithilfe digitaler Werkzeuge können Schüler:innen auch die Exploration größerer Datensätze durchführen. Bereits erhobene Datensätze können den Schüler:innen über die Software zugänglich gemacht werden. Nicht alle Daten müssen selbst erhoben werden. Insbesondere für TinkerPlots und CODAP haben wir eine Vielzahl von Beispieldatensätzen für das Materialpaket zu diesem Buch zusammengestellt (D#1–D#25). In diesem Buch arbeiten wir vor allem mit dem Datensatz *Grundschülerinnen_NRW*, der Daten zum Medien- und Freizeitverhalten von 809 Grundschüler:innen in Nordrhein-Westfalen enthält, die im Jahr 2017 erhoben wurden (der vollständige Datensatz ist im Begleitmaterial in Form von Dateien zugänglich: als TinkerPlots- [D#4], als CODAP- [D#5] und als EXCEL-Dateien [D#6]). Zu Demonstrationszwecken in diesem Buch haben wir auch Teilmengen aus diesem Datensatz verwendet, wie z. B. die Daten der Klasse 4b der Leonhard-Euler-Grundschule (D#10, 11, 12) oder die Stichprobe der Klasse 4a der Emmy-Noether-Grundschule (D#7, 8, 9) (Namen der Grundschulen pseudonymisiert). Im Folgenden zeigen wir zunächst auf, wie Verteilungen kategorialer Merkmale (wir bleiben beim Merkmal *Wie_zur_Schule*) digital und mithilfe von Datenkarten erkundet werden können.

2 Verteilungen kategorialer Merkmale

2.1 Säulendiagramme und Balkendiagramme

2.1.1 Säulendiagramme und Balkendiagramme mit Datenkarten

Wir gehen von folgender Situation aus: Die Schüler:innen der Klasse haben auf einen Klebezettel einen *Fantasienamen* notiert sowie ihr *Geschlecht* und das *Fortbewegungsmittel* (mit den möglichen Ausprägungen *Bus, Auto, zu Fuß* und *Fahrrad*), mit dem sie zur Schule gekommen sind. Die Abbildung 4 ist mit den Daten der Klasse 4b der Leonhard-Euler-Grundschule (19 Personen) erstellt worden. Anhand dieses Beispiels wird die Vorgehensweise illustriert. Der Datensatz mit allen Merkmalen ist im Materialpaket dieses Buches enthalten (D#10, 11, 12).

Mithilfe von Datenkarten können wir nun zunächst einfache Fragen beantworten, wie zum Beispiel: „Wie viele Jungen und Mädchen gibt es in der Klasse 4b?“ oder „Wie viele Kinder der Klasse 4b kommen mit dem Fahrrad zur Schule?“ oder „Mit welchem Fortbewegungsmittel kommen die meisten Schüler:innen zur Schule?“. Dies kann durch einfache Operationen wie Sortieren oder Gruppieren der Karten geschehen. Im Kern geht es um die Häufigkeiten (Wie viele?), mit denen bestimmte Ausprägungen in einer Grundgesamtheit vorkommen. Die Perspektive wechselt von den einzelnen Schüler:innen auf die Klasse als Ganzes. Balken- und Säulendiagramme stellen solche Häufigkeiten für alle Ausprägungen gleichzeitig und übersichtlich dar. Der sukzessive Aufbau eines Säulendiagramms aus Datenkarten als spezielle Organisation der Daten kann die besondere Leistungsfähigkeit dieser Darstellungen verdeutlichen. Um diese Methode anzuwenden, können wir die Schüler:innen im Kinokreis versammeln und die Datenkarten aller Schüler:innen in die Mitte legen oder an die Tafel heften (siehe Abbildung 4).

Um die Frage, welche Fortbewegungsmittel von den Schüler:innen der Klasse 4b wie häufig genutzt werden, schneller beantworten zu können, können wir die Datenkarten nach den verschiedenen Fortbewegungsmitteln sortieren (siehe Abbildung 5 links). Oberhalb der Datenkarten haben wir die vier möglichen Merkmalsausprägungen in alphabetischer Sortierung aufgelistet (dies geschieht auch automatisch in TinkerPlots und CODAP). Dies ist hier sinnvoll, da die Ausprägungen keine natürliche Reihenfolge haben. Außerdem haben wir die Karte einer Schülerin, die nicht angegeben hat, wie

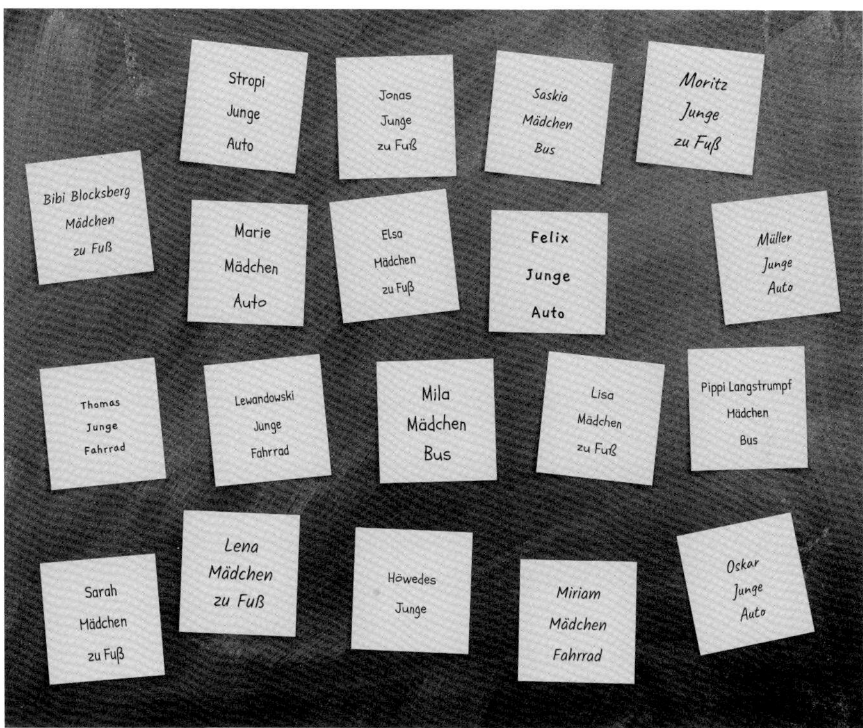

Abbildung 4: Datenkarten (Post-Its) der 19 Schüler:innen der Klasse 4b der Leonhard-Euler-Grundschule ungeordnet an der Tafel, Datensatz D#3

sie zur Schule kommt, rechts außen platziert. Dies führt zu einem *fehlenden Wert*, wie es in der Statistik heißt. Bei der Arbeit mit realen Daten muss immer mit fehlenden Werten gerechnet werden daher ist es sinnvoll, dies auch in einführenden Beispielen zu thematisieren.

Es ist sinnvoll, einem Merkmal, mit dem man arbeitet, auch einen Namen zu geben, z. B. *Fortbewegungsmittel*. Die vielleicht naheliegende Bezeichnung Verkehrsmittel würde hingegen nicht das „Zu Fuß gehen“ umfassen. Man könnte sich im Unterricht darauf einigen, unter Verkehrsmittel auch *„zu Fuß“* als Ausprägung zuzulassen. Solche Umdeutungen umgangssprachlicher Begriffe lassen sich oft nicht vermeiden. Es ist typisch für die Statistik, dass die Bedeutungen von Merkmalen genau festgelegt werden müssen und die verwendeten Wörter dadurch oft eine etwas andere Bedeutung bekommen als im Alltag. Wir verwenden hier die schülernahe Merkmalsbezeichnung *Wie_zur_Schule*. Die Kurzform „Sortiere / Ordne nach *Wie_zur_Schule*“ (im weiteren Verlauf dieses Buches auch synonym mit dem Ausdruck „Trennen“ ver-

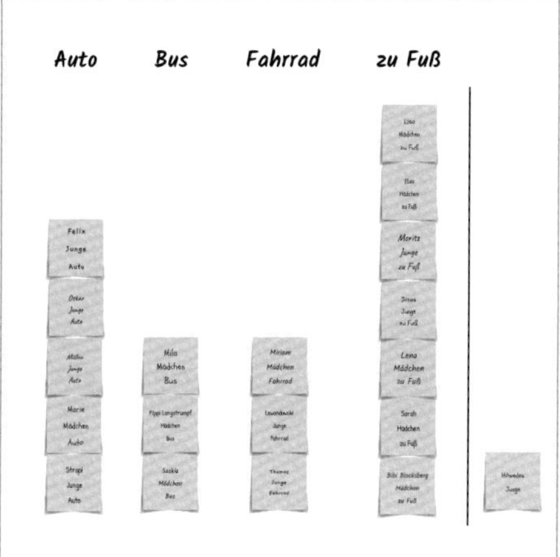

Abbildung 5: Datenkarten der 19 Schüler:innen der Klasse 4b der Leonhard-Euler-Grundschule getrennt nach *Wie_zur_Schule* (links): Datenkarten-Säulendiagramm der 19 Schüler:innen der Klasse 4b der Leonhard-Euler-Grundschule gestapelt zum Merkmal *Wie_zur_Schule* (rechts), Datensatz D#3.

wendet) bedeutet in der Langfassung, „Sortiere nach den Ausprägungen des Merkmals *Wie_zur_Schule*" (Man kann hier auch von „Gruppieren" bzw. „Klassifizieren" sprechen, was ja auch eine fundamentale Operation für die Grundschule darstellt). Wir haben dann ganz links die Datenkarten der Kinder, die mit dem Auto zur Schule gebracht werden und ganz rechts z. B. die Datenkarten der Kinder, die zu Fuß zur Schule kommen. Die Häufigkeiten könnten durch Zählen ermittelt und notiert werden. Mit dem Impuls „Kann man die Anordnung verbessern, sodass man die Häufigkeiten leichter vergleichen kann?" kann von Schüler:innen die Idee kommen, die Karten übereinander zu „stapeln" Das Ergebnis ist in Abbildung 5 (rechts) zu sehen.

Die Häufigkeit könnte durch Zählen der Karten in jeder Säule ermittelt und über der entsprechenden Säule notiert werden (ohne Abbildung). Es sollte jedoch auch der visuelle Vorteil der Anordnung in Abbildung 5 (rechts) beachtet werden: Die Höhe der Säule entspricht der Häufigkeit, da alle Säulen auf derselben fiktiven Waagerechten mit einer geraden Linie beginnen, alle Karten gleich groß sind und nahtlos und ohne Überdeckung in einer vertikalen Reihe angeordnet wurden. Dieses Diagramm bezeichnen wir als *Datenkarten-Säulendiagramm*. Als nächstes vergleichen wir es mit einem üblichen Säulendiagramm (Abbildung 6).

In den üblichen Säulendiagrammen ist die Darstellung fehlender Werte nicht ersichtlich. In solch einem Fall muss im Untertitel des Diagramms darauf hingewiesen werden, dass es fehlende Werte gibt, so wie das in Abbildung 6

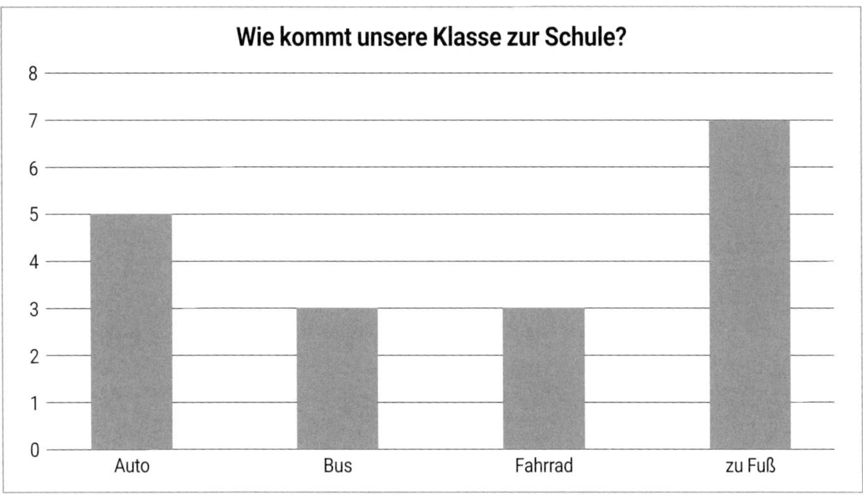

Abbildung 6: Übliches Säulendiagramm mit Häufigkeitsachse, Schüler:innen der Klasse 4b der Leonhard-Euler-Grundschule (n = 18, es gibt einen fehlenden Wert) – Datensatz D#3. Merkmal *Wie_zur_Schule*

gemacht wurde. Man sagt auch, dass diese Darstellungen die *(Häufigkeits-) Verteilung* des kategorialen Merkmals *Wie_zur_Schule* darstellen. Der Begriff kann anschaulich eingeführt werden: Wie verteilen sich die Schüler:innen auf die einzelnen Ausprägungen des Merkmals *Wie_zur_Schule?* Der Klasse 4b wird das gedankliche Objekt „Verteilung des Merkmals *Wie_zur_Schule*" zugeordnet. Den Begriff der *Verteilung* (Biehler 2007) einzuführen, ist auch deshalb wichtig, weil er eine ganzheitliche Sicht auf die Daten fördern kann, sodass nicht nur einzelne Datenpunkte oder Datenkarten fokussiert werden (Bakker & Gravemeijer 2004; Konold et al. 2015). Der Begriff kann in Grundzügen bereits in der Grundschule eingeführt werden (über Sprachspeicher). Er ist ein statistischer Fachbegriff.

Zurück zu den Abbildungen 5 und 6: Der wesentliche Unterschied zwischen ihnen ist, dass in Abbildung 6 der Aufbau der Säulen aus einzelnen Bausteinen nicht mehr sichtbar ist und die weiteren Informationen auf den Datenkarten, z. B. der (Fantasie-)Name, entfallen. Dies kann ein Vorteil sein, wenn man sich nur auf die Häufigkeiten konzentrieren möchte, insbesondere wenn man zwei Klassen vergleichen will. Ein weiterer Vorteil ist, dass man mit den Säulendiagrammen Verteilungen bei beliebig großen Grundgesamtheiten visualisieren kann, während die Darstellung mit Datenkarten bei einer größeren Anzahl von Schüler:innen zeiteffektiv nicht praktikabel ist. Die Häufigkeitsachse ist nur dann zwingend notwendig, wenn keine Zahlen über den Säulen stehen. Die Beschriftung mit den Namen der Kategorien unterhalb der Säulen – statt oberhalb – ist ebenfalls eine Designkonvention. Für die Datenanalyse im Unterricht mit kleinen Datensätzen ist das Datenkarten-Säulendiagramm ausreichend. Aus verschiedenen Gründen ist es jedoch sinnvoll, zum traditionellen Säulendiagramm überzugehen. Säulendiagramme kommen in Medien, Schulbüchern und Mathe-Tests vor und müssen von den Schüler:innen gelesen und interpretiert werden können. Der Weg über Datenkarten kann das Verständnis vertiefen: Diese neue Darstellungsform wird schrittweise entwickelt, wobei ihre Funktionen und ihr Aufbau verstanden werden kann, sie werden nicht nur einfach fertig präsentiert.

Die Klebezettel-Variante bietet eine hervorragende Möglichkeit, kleinere Datensätze auf anschauliche Weise zu repräsentieren und den Schüler:innen verschiedene Datenoperationen wie Trennen und Stapeln zu vermitteln. Der schrittweise Weg zum Säulendiagramm über diese Datenoperationen kann so besser nachvollzogen werden. Weiterhin bieten die Klebezettel eine haptische Möglichkeit, Datenoperationen erfahrbar zu machen und diese so auf verschiedenen Darstellungsebenen kennenzulernen. Allerdings ist es praktisch unmöglich, größere Datensätze mit Klebezetteln darzustellen.

Wir haben nun erste Darstellungsformen von kategorialen Variablen kennengelernt. Neben dem Erstellen von statistischen Darstellungen und Diagrammen müssen die Schüler:innen natürlich auch lernen, statistische Darstellungen und Diagramme zu lesen, zu verbalisieren und zu interpretieren. Wesentliche Kompetenzstufen zum Lesen und Interpretieren von statistischen Darstellungen sind beispielsweise die Stufen „reading the data" (Lesen der Daten), „reading between the data" (Lesen zwischen den Daten) und „reading beyond the data" (Lesen über die Daten hinaus, siehe Friel, Bright & Curcio 2001; Shaughnessy 2007 für ein „reading behind the data". Diese Stufen (siehe auch Tabelle 4) können zum einen zur Diagnose („Auf welchem Stand sind meine Schüler:innen?") und zum anderen für die Analyse und Konzeption von Aufgaben und Aktivitäten („Welche Lesestufen und Interpretationsfähigkeiten von statistischen Darstellungen sollten meine Aufgaben ansprechen?") gewinnbringend genutzt werden. Als Beispiele (diese haben wir jeweils in Tabelle 4 aufgeführt) können die Aussagen von Schüler:innen dienen, die im Rahmen unserer Unterrichtsprojekte auf der Grundlage der Interpretation der oben vorgestellten Verteilung (siehe Abbildung 5/6) gemacht wurden.

2.1.2 Säulendiagramme mit TinkerPlots und CODAP: Überblick

Die üblichen Säulendiagramme lassen sich mit relativ wenigen Schritten in TinkerPlots und in CODAP erzeugen. Die Schritte, die man bei der Entwicklung des Säulendiagramms mit Datenkarten gegangen ist, kann man auch

Stufe	Charakterisierung der Stufen
Lesen der Daten	Ablesen von gegebenen Informationen, zum Beispiel: Was wird dargestellt? Welche Kategorien gibt es? (kategoriale Merkmale) Welche Werte kommen vor? (numerische Merkmale) Wie viele Schüler:innen sind in Kategorie X? (Häufigkeitsverteilung) Welche Schüler:innen sind befragt worden? „Es kommen 3 Kinder mit dem Fahrrad."
Lesen zwischen den Daten	Erfordert mathematische Fähigkeiten / Fertigkeiten (Mengen vergleichen, elementare Rechenoperationen durchführen), um Beziehungen in den Daten zu entdecken und interpretieren zu können, zum Beispiel: Welches ist der häufigste Wert / die häufigste Kategorie? Welches ist der größte / kleinste Wert? Wie viele Schüler:innen wurden befragt? „In unserer Klasse gibt es mehr als doppelt so viele Fußgänger:innen wie Fahrradfahrer:innen."
Lesen über die Daten hinaus	Voraussagen / Schlussfolgerungen unter Einbezug von Hintergrundwissen. Informationen sind weder explizit noch implizit in der Grafik enthalten, zum Beispiel: Welche Fragen kann man mithilfe der Grafik beantworten, welche nicht? Sind die Daten realistisch? Vergleich zweier oder mehrerer Grafiken Wie könnte die Verteilung der Nachbarklasse aussehen? „In der 4a sieht das bestimmt anders aus. Da gibt es viel mehr Buskinder."

Tabelle 4: Die Stufen des Lesens und Interpretierens von statistischen Darstellungen nach Friel et al. (2001)

mit TinkerPlots gehen und auf dem Weg die verschiedenen Varianten erzeugen, z. B. mit Beschriftung durch die Namen der Schüler:innen. Wir zeigen zuerst die Schritt-für-Schritt-Version, die im Unterricht auch didaktische Vorteile hat (2.1.3) und die direkt an die vorhergehenden Abschnitte anschließt und dann die direkte Erzeugung mit TinkerPlots und CODAP (2.1.4). Die Abschnitte sind so geschrieben, dass die Arbeit mit den digitalen Werkzeugen an ihnen erlernt werden kann.

2.1.3 Säulendiagramme mit TinkerPlots erstellen: Sortieren und Stapeln von elektronischen Datenkarten

Die in diesem Abschnitt vorgestellten Schritte zum prozessartigen Erstellen eines Säulendiagramms in TinkerPlots sind auch im Erklärvideo 3 (V#3)

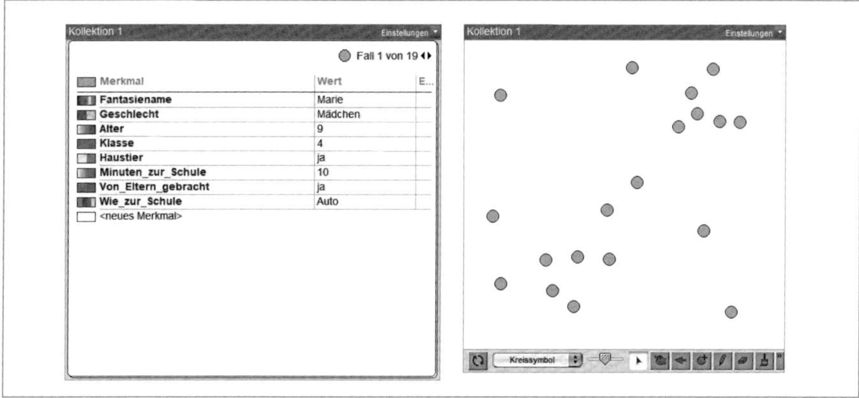

Abbildung 7: Datenkarte (links) und Graph (rechts) in TinkerPlots: Datensatz D#10

dargestellt. Die Daten der Kinder der Klasse 4b der Leonhard-Euler-Schule (D#10) werden in TinkerPlots auf zwei Arten dargestellt: zum einen als Datenkarten (Abbildung 7 links) – ähnlich wie wir das bereits bei den Klebezetteln kennengelernt haben – und zum anderen in Form von Symbolen (hier: Kreise) in einem sog. TinkerPlots-Graphen (Abbildung 7 rechts).

Die Grafik rechts entsteht, wenn man in der obersten Menüzeile einen *Graphen* auf die Arbeitsfläche zieht (Abbildung 8). Mit dem Graphen erscheint dann auch die Arbeitsleiste für die Funktionen des Graphen wie u. a. *Stapeln, Trennen* und *Ordnen*.

Jede:r Schüler:in ist durch ein *Kreissymbol* repräsentiert. Man kann auch andere Darstellungsformen im Menü am unteren Fensterrand wählen, wie Quadrate (Abbildung 9). Um diese 1:1-Zuordnung zwischen Datenkarten und Schüler:innen explizit zu machen, können diese Quadrate mit dem entsprechenden Namen „etikettiert" werden (Abbildung 10). Um die Fantasienamen der Kinder anzuzeigen, wurde das Merkmal *Fantasiename* in der linken Merkmalsliste ausgewählt, und mittels Betätigen der *Etikett-Funktion* in der Menüleiste oben wird der Name an jedem Quadrat eingeblendet. Dabei färben

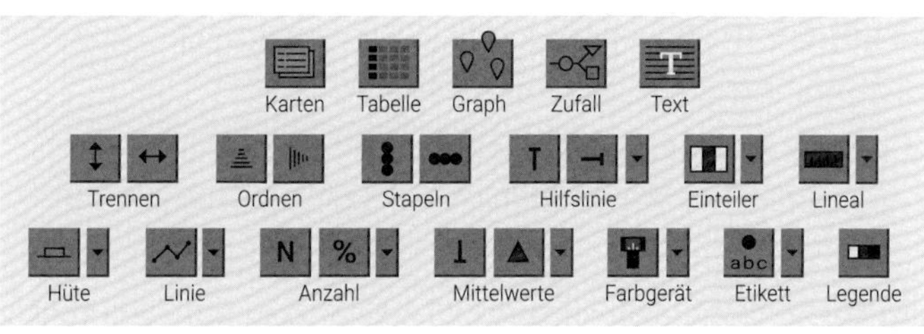

Abbildung 8: oberste Menüleiste in TinkerPlots (oben) und Arbeitsleiste zum TinkerPlots-Graphen (unten)

sich die Quadrate gemäß den Farben ein, die den einzelnen Fantasienamen zugeordnet wurden.

Durch Klicken auf das Merkmal *Wie_zur_Schule* im Datenkartenstapel können wir die Datenkarten nun nach Ausprägungen dieses Merkmals umfärben (Abbildung 11). Welche Farben welchen Ausprägungen entsprechen, kann man sich über den Menüpunkt *Legende* in der Hauptleiste anzeigen lassen (Abbildung 11 oben). Auch für fehlende Werte wird eine Farbe (immer grau) vergeben.

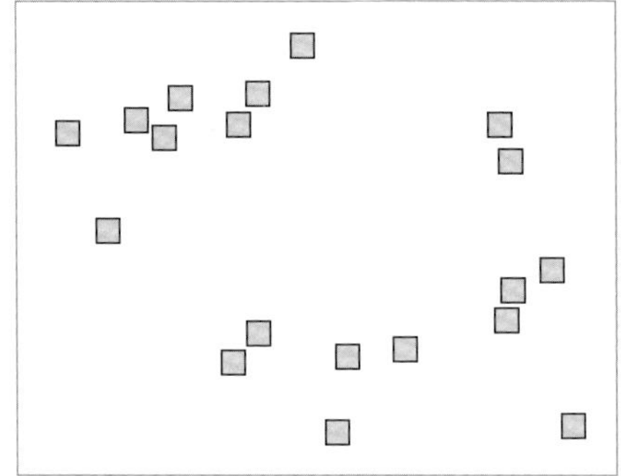

Abbildung 9: Daten repräsentiert durch Quadrat-Symbole im TinkerPlots-Graphen. Datensatz D#10

Um die Kinder nach den Ausprägungen des Merkmals *Wie_zur_Schule* zu gruppieren, zieht man dieses Merkmal an den Platz, den eine waagerechte Achse einnehmen würde und erhält die Darstellung in Abbildung 11 (unten). Die Schüler:in *Howedes*, bei dem der Wert fehlt, wird grau markiert und separat dargestellt. In der TinkerPlots-Sprache wird dies als „vollständig getrennt" nach dem Merkmal *Wie_zur_Schule* bezeichnet. Man hätte auch eine unvoll-

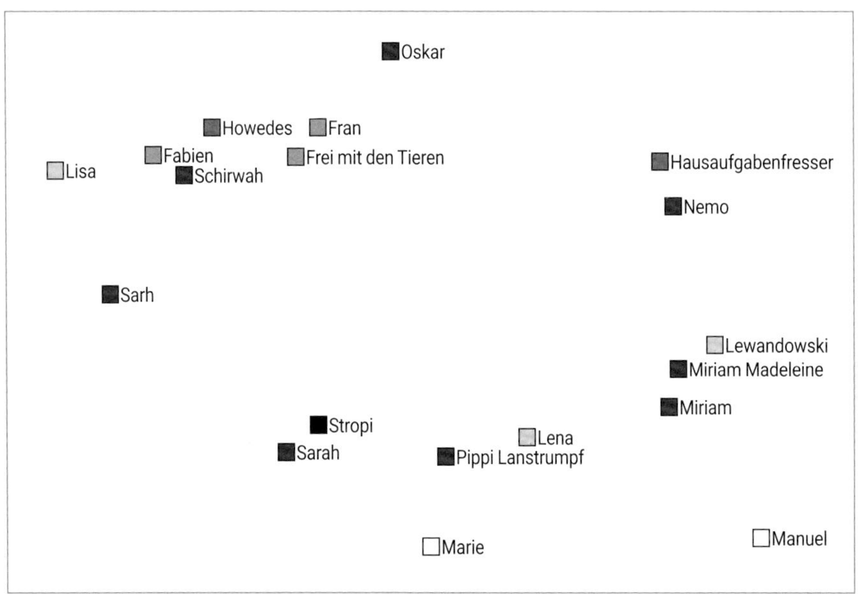

Abbildung 10: Daten repräsentiert durch Quadrat-Symbole im TinkerPlots-Graphen, Datensatz D#10

ständige Trennung vornehmen können, indem man ein Quadrat, z. B. das von *Oskar* (wird mit dem Auto gebracht), nach rechts zieht und so eine Gruppierung nach Autofahrer:innen und dem Rest erhält (Abbildung 12 oben). Auch durch sukzessives Herausziehen von Quadraten kann man dann eine vollständige Trennung erreichen. Unvollständige Trennungen können di-

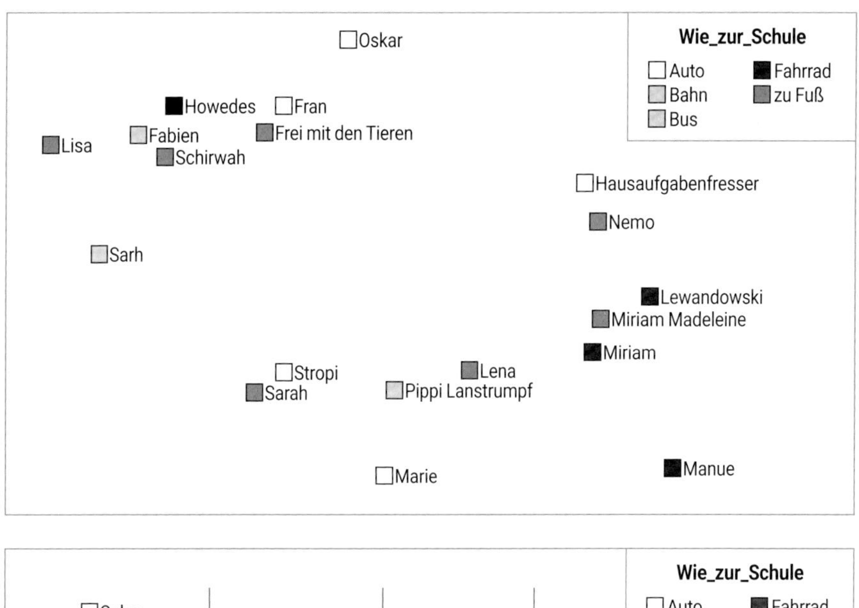

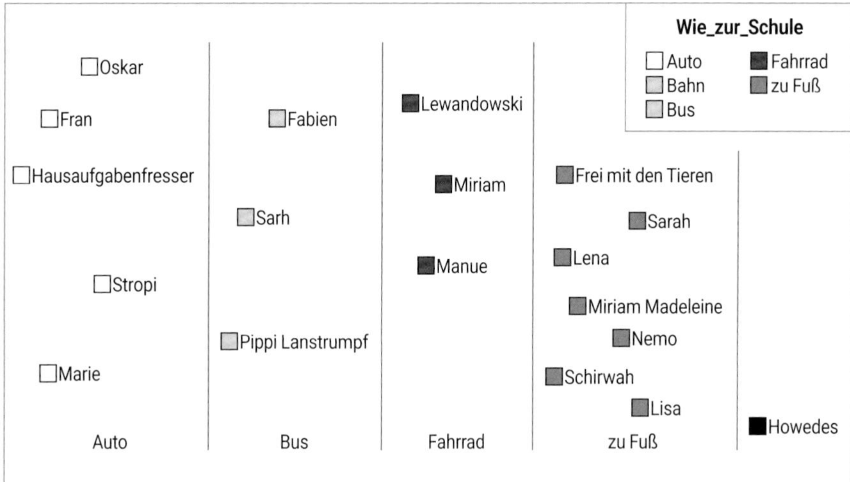

Abbildung 11: Die Schüler:innen der Klasse 4b in TinkerPlots, eingefärbt nach den Ausprägungen des Merkmals *Wie_zur_Schule* (oben), sowie die Schüler:innen der Klasse 4b in TinkerPlots, vollständig getrennt nach dem Merkmal *Wie_zur_Schule* (unten). Datensatz D#10

daktisch sinnvolle Zwischenschritte darstellen. Dann aufbauend auf Abbildung 11 (unten) – wiederum analog zu der Arbeit mit Datenkarten – können die Symbole in einem weiteren Schritt mit dem Kommando *Stapeln* (siehe Arbeitsleiste zum TinkerPlots-Graph, Abbildung 8 unten) gestapelt werden, um eine bessere Übersicht über die Häufigkeiten der Ausprägungen des Merk-

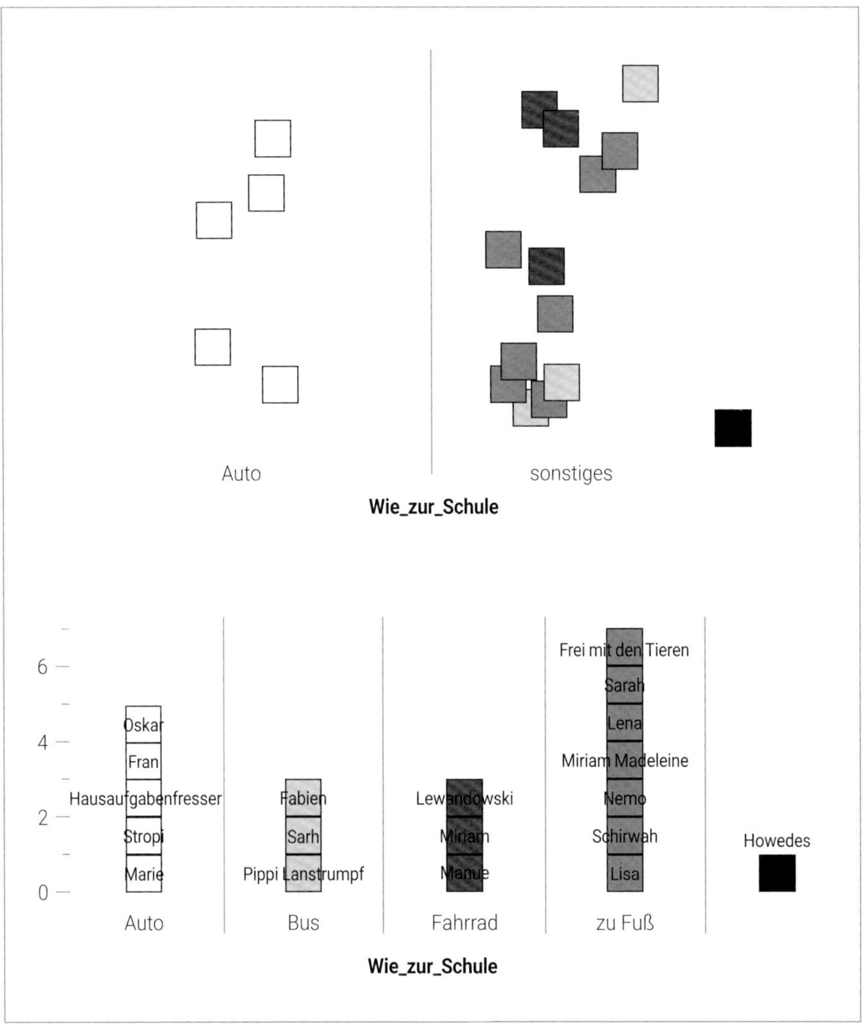

Abbildung 12: Die Schüler:innen der Klasse 4b in TinkerPlots, unvollständig getrennt nach dem Merkmal *Wie_zur_Schule* (oben), und die Schüler:innen der Klasse 4b in TinkerPlots, vollständig getrennt nach dem Merkmal *Wie_zur_Schule* sowie gestapelt (unten). Datensatz D#10

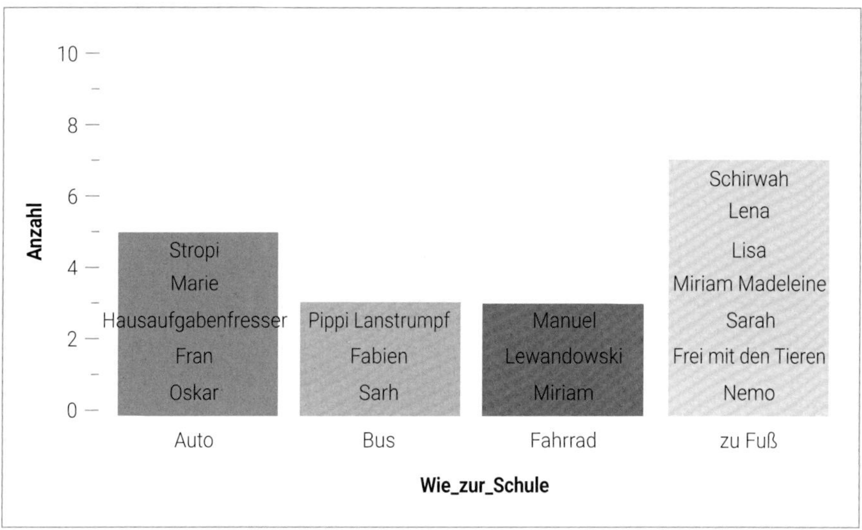

Abbildung 13: Die Schüler:innen der Klasse 4b, getrennt nach dem Merkmal *Wie_zur_Schule* sowie *gestapelt* und *verschmolzen*. Datensatz D#10 in TinkerPlots

mals *Wie_zur_Schule* zu bekommen (Abbildung 12 unten). In einem weiteren Schritt wählen wir das Kommando *Rechteckig verschmelzen* (aus dem Menü zur Darstellung der Symbole), dadurch entstehen Säulen. Die Trennlinien der Rechtecke sind nicht mehr vorhanden. In Abbildung 12 unten sind die entsprechenden Rechtecke im Säulendiagramm mit den Kindernamen noch zu sehen. Die Person mit dem fehlenden Wert wird separat dargestellt.

In einem weiteren Schritt entfernen wir die Etikettierung (Klicken auf den entsprechenden Button in der Menüleiste), sodass nun in Abbildung 13 lediglich die Säulen des Säulendiagramms zu erkennen sind. Das Einblenden der Namen in die Balken in Abbildung 13 liefert eine interessante Säulendiagrammvariante, die bei bestimmten Datenanalysen vorteilhaft gegenüber der abstrakten Variante in Abbildung 14 (links) ist.

In Abbildung 14 (links) haben wir mithilfe des Anzahlmenüs der Menüleiste zusätzlich noch die absoluten Häufigkeiten eingeblendet. Jede Kategorie wird zudem durch eine spezifische Farbe repräsentiert, die ihr in TinkerPlots zugewiesen ist. Da die Kategorienamen auch auf der horizontalen Achse vermerkt sind, ergibt sich dadurch eine redundante Darstellung. Ästhetische Gründe könnten für die Beibehaltung der Färbung sprechen. Man kann das Diagramm auch „entfärben", indem man auf die hellblaue Fläche *Merkmal* in der Datenkartenansicht klickt. Ein letzter und zusätzlicher Schritt zur Erhöhung des Informationsgehaltes könnte nun noch

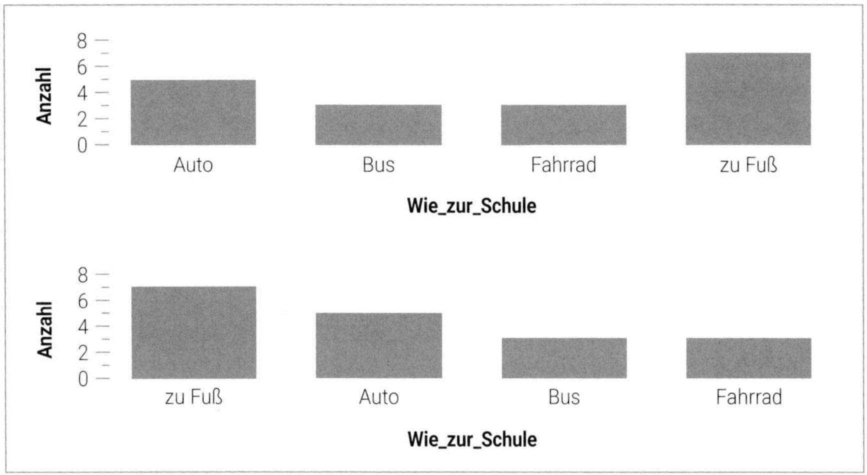

Abbildung 14: Säulendiagramm zur Verteilung des Merkmals *Wie_zur_Schule* (mit absoluten Häufigkeiten für die einzelnen Klassen) (links) sowie geordnetes Säulendiagramm zur Verteilung des Merkmals *Wie_zur_Schule* (mit absoluten Häufigkeiten für die einzelnen Klassen), Merkmalsausprägungen sortiert nach Größe der Häufigkeit (rechts), Datensatz D#10 in TinkerPlots

die Sortierung der Säulen nach aufsteigender Häufigkeit sein (Abbildung 14 rechts). Das erreicht man technisch dadurch, dass man die Beschriftungen auf der waagerechten Achse „greift" und entsprechend umordnet. Diese Umordnung lässt sich mit Datenkarten und auch im Datenkarten-Säulendiagramm durch Verschieben realisieren. Damit ordinale Merkmale gleich in der richtigen Reihenfolge dargestellt werden können, sollte man bei der Dateneingabe eine geschickte Benennung der Kategorien vornehmen, die die automatische Sortierung nach dem Alphabet ausnutzt, z. B. werden Ausprägungen mit der Bezeichnung *1_stimme zu, 2_stimme eher zu, 3_stimme eher nicht zu* und *4_stimme nicht zu* gleich in der „richtigen" Reihenfolge (absteigende Zustimmung) angeordnet. Man könnte die entgegengesetzte Anordnung durch die Bezeichnungen *4_stimme zu, 3_stimme eher zu, 2_stimme eher nicht zu* und *1_stimme nicht zu* erzeugen.

2.1.4 Direkte Erzeugung von Säulendiagrammen in TinkerPlots und CODAP

TinkerPlots

Wir nehmen den Datensatz *Grundschüler_innen_NRW* (D#4) und wollen ein Säulendiagramm zum Merkmal *Geschlecht* erstellen. Wir listen Kommandos und resultierende Grafiken auf (siehe Tabelle 5). Eine solche Tabelle kann man auch ausgedruckt den Schüler:innen aushändigen, wenn sie auf dem direkten Wege ein Säulendiagramm erzeugen lernen sollen.

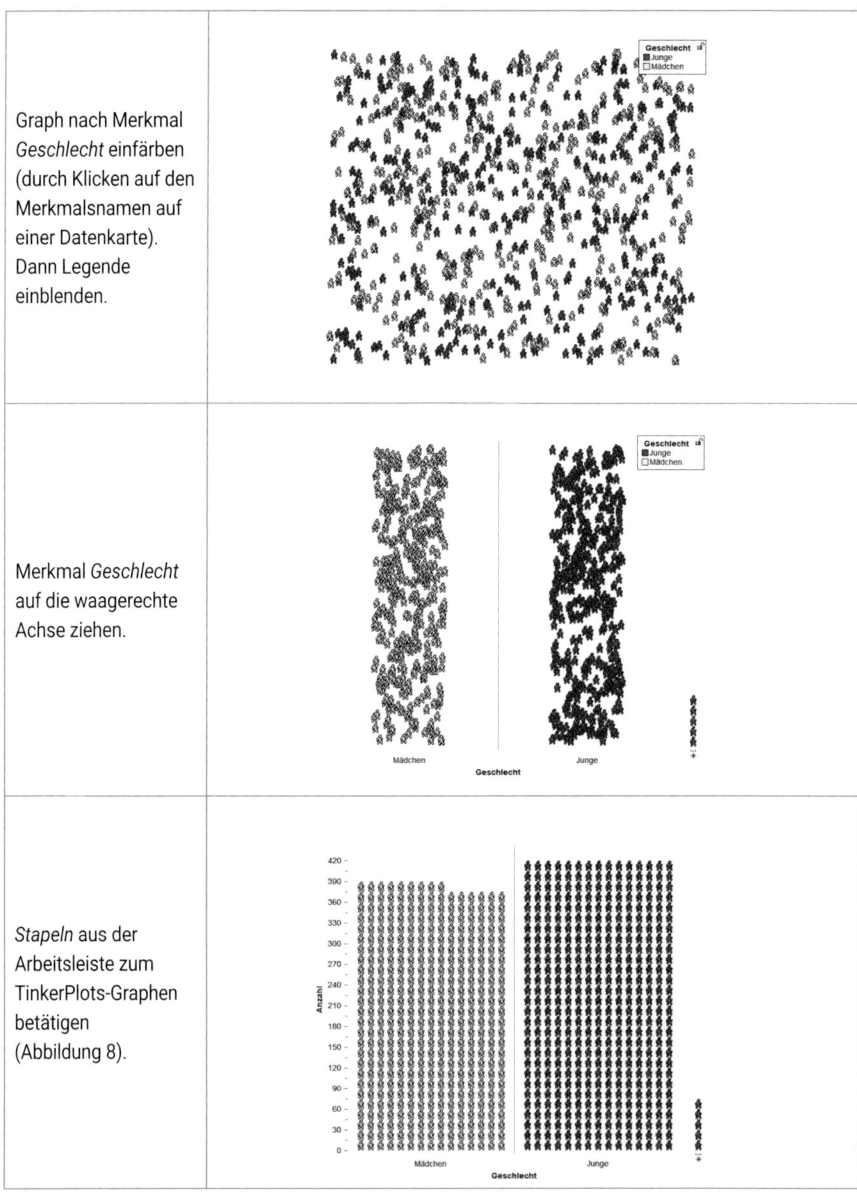

Graph nach Merkmal *Geschlecht* einfärben (durch Klicken auf den Merkmalsnamen auf einer Datenkarte). Dann Legende einblenden.	
Merkmal *Geschlecht* auf die waagerechte Achse ziehen.	
Stapeln aus der Arbeitsleiste zum TinkerPlots-Graphen betätigen (Abbildung 8).	

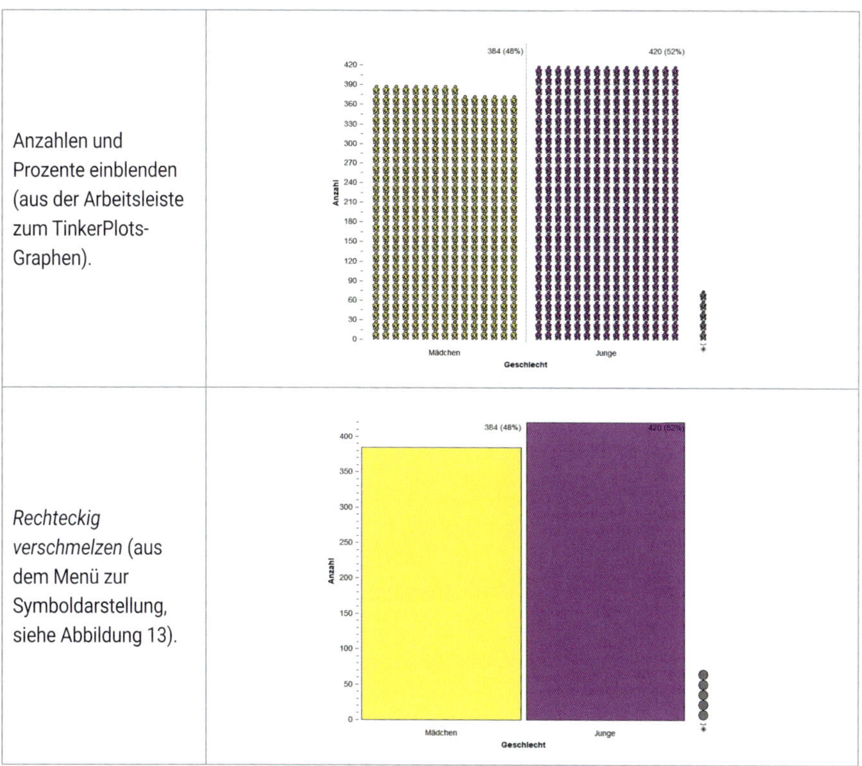

Anzahlen und Prozente einblenden (aus der Arbeitsleiste zum TinkerPlots-Graphen).	
Rechteckig verschmelzen (aus dem Menü zur Symboldarstellung, siehe Abbildung 13).	

Tabelle 5: Schritte zum (direkten) Erstellen eines Säulendiagramms in TinkerPlots. Datensatz D#4

CODAP

Das Säulendiagramm zur Verteilung des Merkmals *Geschlecht* lässt sich im digitalen Werkzeug CODAP einfach per Drag & Drop erstellen. Im Erklärvideo 4 (V#4) werden die im Folgenden dargestellten Schritte auch nochmal gezeigt. Man klickt im Menü oben auf Graph. Es öffnet sich ein Graph mit einer ungeordneten Punktwolke, ähnlich wie in TinkerPlots. In der Datentabelle wählt man nun das Merkmal *Geschlecht* aus und zieht es per Drag & Drop auf die gewünschte Achsenposition – so entsteht die Vorstufe eines Säulen- oder Balkendiagramms (siehe Abbildung 15). Im Unterschied zu TinkerPlots ist es in CODAP nicht

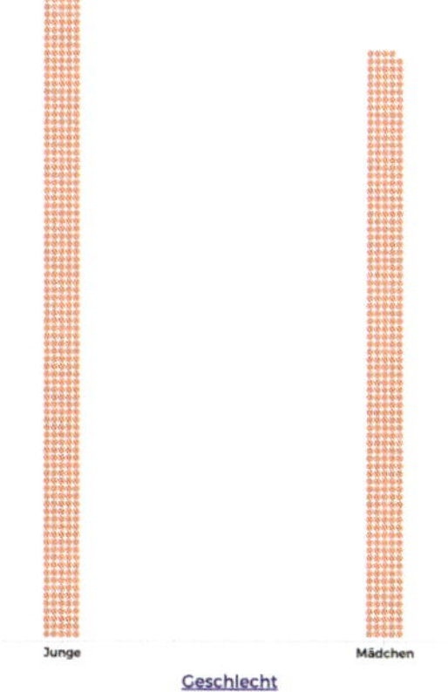

Abbildung 15: Punkt-Säulendiagramm als Darstellung zur Verteilung des Merkmals *Geschlecht* im Datensatz D#5 in CODAP

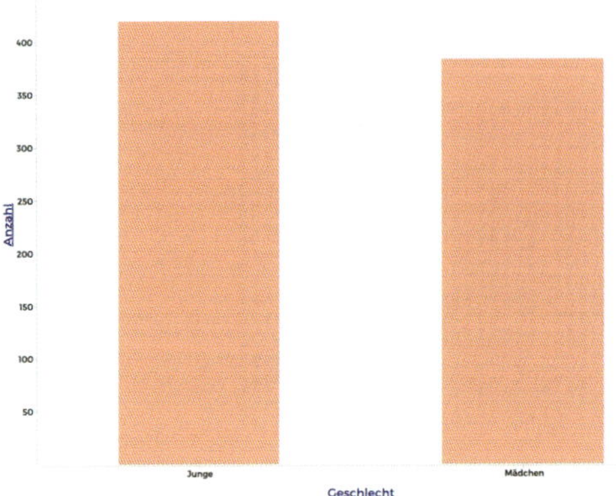

Abbildung 16: Säulendiagramm als Darstellung zur Verteilung des Merkmals *Geschlecht*, Datensatz D#5 in CODAP

möglich, über Trennen und Stapeln den Prozess zum Erstellen des Säulendiagramms schrittweise aufzubauen. Der Vorteil ist, dass man das gewünschte Diagramm in einem Schritt erhält.

Im nächsten Schritt kann dann durch das Kommando *Punkte rechteckig*, das dem *Verschmelzen* bei TinkerPlots entspricht, ein konventionelles Säulendiagramm mit Häufigkeitsachse erzeugt werden (siehe Abbildung 16).

Wie man die Verschmelzung realisiert und auch relative und absolute Häufigkeiten einblendet, zeigt das Menü, das man durch Klicken in den Graphen anzeigen lassen kann. Durch weiteres Klicken werden weitere Optionen sichtbar (Abbildung 17).

Die Reihenfolge der Ausprägungen kann geändert werden, indem die Beschriftung unter den Säulen angefasst und verschoben wird. Die zugehörigen Säulen verschieben sich mit.

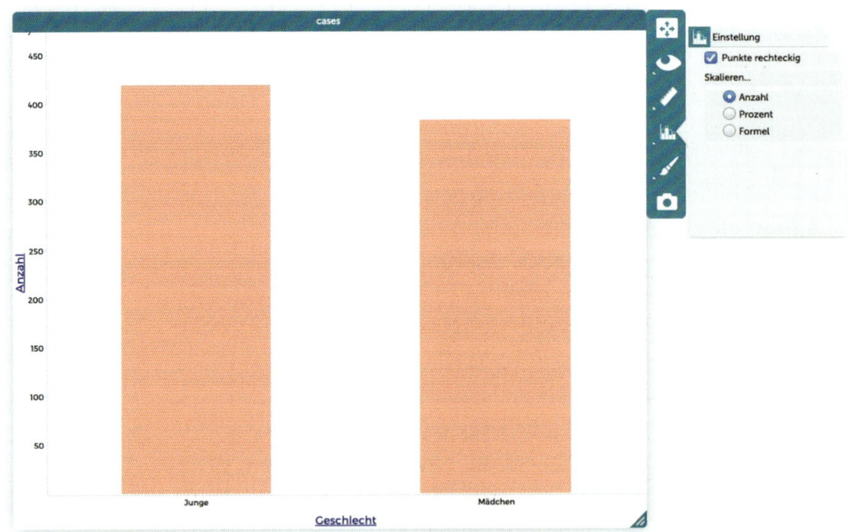

Abbildung 17: Säulendiagramm in CODAP mit Änderungsmenü. Datensatz D#5

2.1.5 Balkendiagramme mit TinkerPlots und CODAP

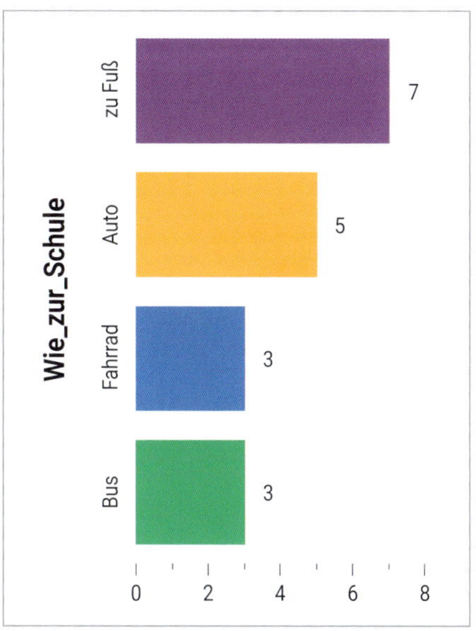

Abbildung 18: Die Verteilung des Merkmals *Wie_zur_Schule* der Klasse 4b, dargestellt in einem Balkendiagramm. Datensatz D#10, in TinkerPlots

Das Balkendiagramm ist eng mit dem Säulendiagramm verwandt. Die Kategorien werden auf der vertikalen Achse und die Häufigkeiten auf der horizontalen Achse dargestellt (siehe Abbildung 18). Eine solche Darstellung kann auch mithilfe von Datenkarten erstellt werden. In TinkerPlots kann ein Balkendiagramm erstellt werden, indem das kategoriale Merkmal auf die vertikale Achse gezogen wird und ähnliche Schritte wie bei der Erstellung eines Säulendiagramms durchgeführt werden. Dasselbe gilt für CODAP.

Säulendiagramme sind für die meisten Analysen in der Grundschule ausreichend. In einigen Fällen, die weiter unten behandelt werden, bieten Balkendiagramme jedoch Vorteile. Da Balkendiagramme auch in den Medien häufig vorkommen, sollte diese Darstellungsform zumindest kurz erwähnt werden.

2.1.6 Lesen und Beschreiben von Säulen- und Balkendiagrammen, der Begriff der Häufigkeit

In einem Säulen- oder Balkendiagramm kann man Folgendes ablesen:

- Welche Merkmalsausprägungen kommen überhaupt vor?
- Wie häufig kommen die einzelnen Ausprägungen vor?
- Welche Ausprägung kommt am häufigsten, am zweithäufigsten, am seltensten vor?

In der Statistik werden im Zusammenhang mit der Darstellung kategorialer Merkmale verschiedene Fachbegriffe verwendet, die wir kurz vorstellen. Im unterrichtspraktischen Teil wird diskutiert, welche dieser Begriffe im Unterricht verwendet werden können und sollen. Dazu gehören die Begriffe *absolute* und *relative Häufigkeit, Häufigkeitsverteilung, Modalwert*. Der Begriff der relativen Häufigkeit, der Brüche oder Prozente verwendet, kann in der

Grundschule nicht explizit verwendet werden. Die Häufigkeiten, die wir bisher betrachtet haben, sind absolute Häufigkeiten, die diesen Zusatz im Namen tragen, um sie von den relativen Häufigkeiten zu unterscheiden.

Definition: absolute Häufigkeit

Die *absolute Häufigkeit* einer Merkmalsausprägung gibt an, wie oft diese in der Grundgesamtheit vorkommt.
Die Zuordnung von (absoluten) Häufigkeiten zu den Merkmalsausprägungen nennt man *Häufigkeitsverteilung* oder kurz auch Verteilung.

Häufigkeitsverteilungen können tabellarisch dargestellt werden. Dabei sollten fehlende Werte gesondert angegeben werden, anstatt sie als eine weitere Merkmalsausprägung zu betrachten. Die Vorstellung einer Häufigkeitsverteilung als ein einziges gedankliches Objekt ist ähnlich wie bei anderen Zuordnungen oder mathematischen Funktionen, z. B. der Zuordnung von Preisen zu Waren. Es ist jedoch selbst für ältere Schüler:innen nicht einfach, diese Objektvorstellung aufzubauen. Ein Säulen- oder Balkendiagramm kann als Visualisierung einer Häufigkeitsverteilung interpretiert werden, ähnlich wie ein Funktionsgraph. Schüler:innen sind oft daran interessiert zu erfahren, welche Ausprägung am häufigsten vorkommt. In der Situation in Abbildung 18 kann man zum Beispiel sehen, dass die größte Gruppe der Schüler:innen zu Fuß zur Schule kommt. Es ist jedoch darauf hinzuweisen, dass bei Formulierungen wie „die meisten Kinder gehen zu Fuß zur Schule“ Vorsicht geboten ist, da „die meisten“ umgangssprachlich oft als „mehr als die Hälfte“ verstanden wird. In diesem Fall handelt es sich aber nur um eine „relative Mehrheit“ und es muss deshalb diskutiert werden, was mit „die meisten“ gemeint ist.

Definition: Modalwert

Die Werte eines Merkmals, die in der Häufigkeitsverteilung dieses Merkmals am häufigsten auftreten, werden Modalwerte genannt.

Die Modalwerte (es kann mehrere geben) sind eine Eigenschaft der gesamten Verteilung, da nicht nur ausgesagt wird, welche Ausprägung am häufigsten vorkommt, sondern auch, dass alle Ausprägungen, die keine Modalwerte sind, weniger häufig vorkommen. Ein weiterer Schritt (der in der Primarstufe nicht leicht zugänglich ist) ist die Darstellung von relativen Häufigkeiten.

Wir werden jedoch sehen, dass Kreisdiagramme mit einem intuitiven Anteilsbegriff dazu auch in der Grundschule verwendet werden können.

Definition: relative Häufigkeit

Die *relative Häufigkeit* einer Merkmalsausprägung ist der Anteil der absoluten Häufigkeit dieser Ausprägung an der Gesamtzahl der Merkmalsträger:innen, bei denen diese Ausprägung vorliegt. Die Zuordnung von relativen Häufigkeiten zu den Merkmalsausprägungen nennt man *Verteilung der relativen Häufigkeit*.

Die Definition erscheint etwas kompliziert. Der Grund ist, dass man bei der Definition geeignet mit fehlenden Werten umgehen muss. Der Anteil kann bezogen auf die Grundgesamtheit oder nur bezogen auf die Fälle, zu denen Ausprägungen des Merkmals vorliegen, gemacht werden. Unsere Definition entspricht der zweiten Möglichkeit. Wenn keine fehlenden Werte vorkommen, hat der Halbsatz „bei denen diese Ausprägung vorliegt" keine Bedeutung.

Die relative Häufigkeit kann als Bruch-, Dezimal- oder Prozentzahl angegeben werden. In unserem Beispiel stellen die folgenden Tabellen die relativen Häufigkeiten dar (Tabellen 6 und 7).

Beide Verteilungen haben ihre Anwendung. Im obigen Kasten haben wir die relative Häufigkeit so definiert, dass fehlende Werte nicht berücksichtigt werden. Dies ist die in der Statistik gebräuchlichste Definition. In TinkerPlots und CODAP können relative Häufigkeiten in Verteilungsdiagrammen dargestellt werden – siehe Abbildung 19. Ihre Berechnung erfolgt ohne Berücksichtigung fehlender Werte. Fehlende Werte werden in TinkerPlots als graue Punkte in der Grafik dargestellt, damit sie nicht vergessen werden. Man beachte, dass TinkerPlots grafisch nur die absoluten Häufigkeiten darstellt; es

Ausprägung	Relative Häufigkeit
Auto	5 / 19
Bus	3 / 19
Fahrrad	3 / 19
zu Fuß	7 / 19
Keine Angabe	1 / 19

Tabelle 6: Verteilung der relativen Häufigkeiten (als Brüche) unter Einbeziehung fehlender Werte Datensatz D#10

Ausprägung	Relative Häufigkeit
Auto	5 / 18
Bus	3 / 18
Fahrrad	3 / 18
zu Fuß	7 / 18

Tabelle 7: Verteilung der relativen Häufigkeiten (als Brüche) unter Nicht-Berücksichtigung fehlender Werte (ein fehlender Wert liegt vor). Datensatz D#10

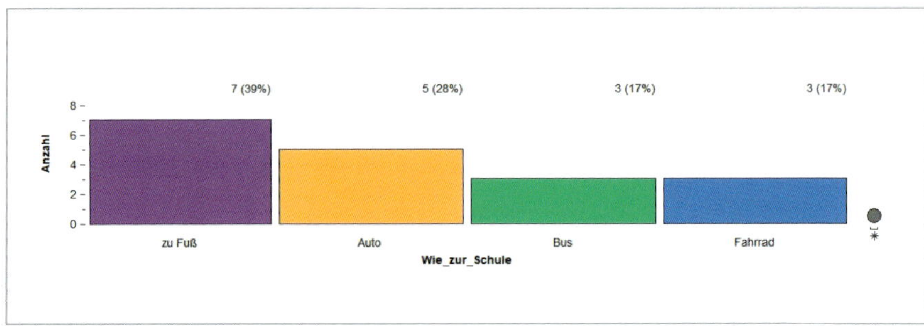

Abbildung 19: Die Verteilung des Merkmals *Wie_zur_Schule* der Klasse 4b, dargestellt in einem Säulendiagramm mit eingeblendeten relativen Häufigkeiten. Datensatz D#10 in TinkerPlots

gibt nur eine Anzahlachse, die Prozentwerte der relativen Häufigkeiten werden nur numerisch eingeblendet. Das ist bei nur einer Häufigkeitsverteilung nicht problematisch, da die absoluten und relativen Häufigkeiten proportional zueinander sind (der Nenner, durch den geteilt wird, ist immer gleich). Beim Vergleich mehrerer Verteilungen kann dies aber problematisch sein. In CODAP gibt es auch eine „Prozentachse" (siehe Abbildung 20).

Abbildung 20: Prozentachse in CODAP. Datensatz D#5

2.2 Kreisdiagramme und andere Anteilsdiagramme

Neben Säulen- und Balkendiagrammen stellen Kreisdiagramme eine grundlegende Darstellungsmöglichkeit für die Häufigkeitsverteilung kategorialer Merkmale dar. Dabei wird die relative Häufigkeit einer Merkmalsausprägung durch den entsprechenden Anteil an einem Kreis dargestellt. Zur Umrechnung der Prozentwerte in Winkel wird der Prozentsatz mit 360 multipliziert und das Ergebnis durch 100 dividiert, z. B. 30 % entspricht einem Winkel von $0{,}3 \cdot 360° = 108°$.

Für den Mathematikunterricht der Primarstufe stellen sich beim Einsatz von Kreisdiagrammen folgende wesentliche Fragen:

- Wie kann man Anteile am Kreisdiagramm darstellen, wenn die Schüler:innen weder Brüche noch Prozente kennen?
- Wie kann man Kreisdiagramme mit oder ohne Softwareunterstützung erstellen?

Eine erste Annäherung an Kreisdiagramme kann durch eine lebendige Statistik realisiert werden. Wir betrachten ein Beispiel aus Curcio (2001). Die Kinder haben erhoben, welcher der drei Hollywoodstars Leonardo DiCaprio (L), Jennifer Lopez (J) oder Will Smith (W) ihnen am besten gefällt. Die Schüler:innen stellen sich daraufhin im Kreis auf und ordnen sich nach den Kategorien. Dadurch entsteht ein menschliches Kreisdiagramm mit drei Sektoren, welches die Anzahl bzw. den Anteil der Schüler:innen zeigt, die den jeweiligen Star favorisieren (siehe Abbildung 21 links). Eine weitere ver-

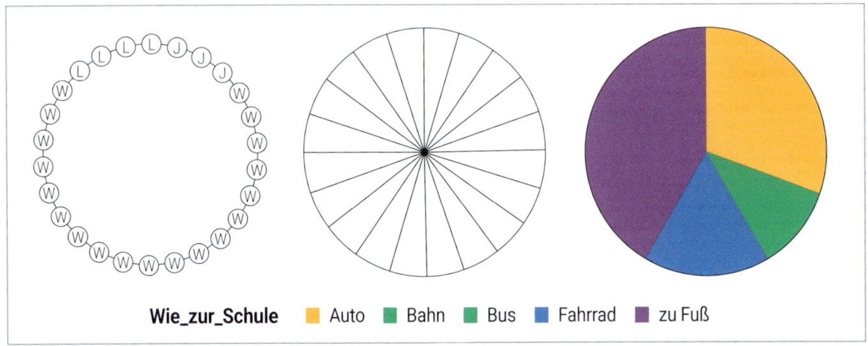

Abbildung 21: Menschliches Kreisdiagramm zur Frage „Lieblings-Hollywoodstar" – adaptiert nach Curcio (2001) (links); Kreisdiagramm erstellt aus Tortenstücken (adaptiert nach Neubert 2012) (mittig); Kreisdiagramm (rechts) zur Verteilung des Merkmals *Wie_zur_Schule* im Datensatz D#4 in TinkerPlots

gleichbare Möglichkeit (vgl. Neubert 2012) besteht darin, bereits für die Klasse vorbereitete Kuchenstücke zu verwenden, auf denen jedes Kind Informationen zu bestimmten Merkmalen (ähnlich wie bei Datenkarten) notieren kann (vgl. Abbildung 21 mittig). Ein Nachteil ist jedoch, dass die Anzahl der Kuchenstücke und die Aufteilung des Kreises für jede Klasse individuell nach Klassengröße angefertigt werden müssen.

Im Folgenden soll gezeigt werden, wie auch im Mathematikunterricht der Primarstufe mithilfe von TinkerPlots Kreisdiagramme erstellt werden können, sodass die Schüler:innen Anteile visuell vergleichen können, ohne Bruchzahlen oder Prozentwerte explizit verwenden zu müssen.

Abbildung 21 (rechts) zeigt ein TinkerPlots-Kreisdiagramm für die Verteilung des Merkmals *Wie_zur_Schule*. In diesem Beispiel eines Kreisdiagramms werden die Farben der einzelnen Sektoren durch die Legende erklärt.

Die Schüler:innen der Primarstufe können sich dazu folgende Vorstellungen machen: Jede:r Befragte, die/der eine Antwort auf die Frage *Wie_zur_Schule* gegeben hat, erhält ein gleich großes Kreis-Stück, dieses wird mit der Farbe der jeweiligen Merkmalsausprägung eingefärbt. Dann werden die Stücke nach Farben sortiert.

Die Grundidee ist dieselbe wie bei der Erstellung des Kreisdiagramms in Abbildung 21 (links). Es ist jedoch vorteilhafter, diese Zuordnung und das Sortieren der Stücke exemplarisch real oder mit der Software durchzuführen. In unserem Datensatz (D#4) gibt es 809 Personen, von denen 16 keine Angaben zum Merkmal *Wie_zur_Schule* gemacht haben. Jedem Befragten wird also ein Kreissektor zugeordnet, von denen 793 genau einen kompletten Kreis bilden. In Abbildung 22 haben wir für das Merkmal *Großstadt_Stadt_Dorf* ein Kreisdiagramm erstellt (durch die Funktion *kreisförmig verschmelzen* im Menü unten rechts in der Grafik), bei dem jede:r der 809 Befragten (hier gibt es keine fehlenden Werte) einen Sektor erhält, der mit der Farbe der jeweiligen Merkmalsausprägung eingefärbt ist. Im Hintergrund wurde die Winkelgröße jedes Sektors als 1/809 von 360° berechnet, was die Schüler:innen nicht im Detail rechnerisch verstanden haben müssen.

Zunächst sind die Kreissektoren in TinkerPlots unsortiert – durch die Operation *Ordnen* in der Menüleiste werden sie zu nach Merkmalsausprägungen geordneten Sektoren (siehe Abbildung 23).

Mit den Begriffen Anteil und Hälfte und Viertel können solche Diagramme auch von Grundschüler:innen beschrieben werden. Mögliche Verbalisierung:

- Die meisten Kinder (über die Hälfte) kommen von Schulen mit der Ausprägung *Dorf*
- Am zweitmeisten (mehr als ein Viertel) kommen die Kinder aus Schulen mit der Ausprägung *Stadt* (Städte mit weniger als 100.000 Einwohnern).

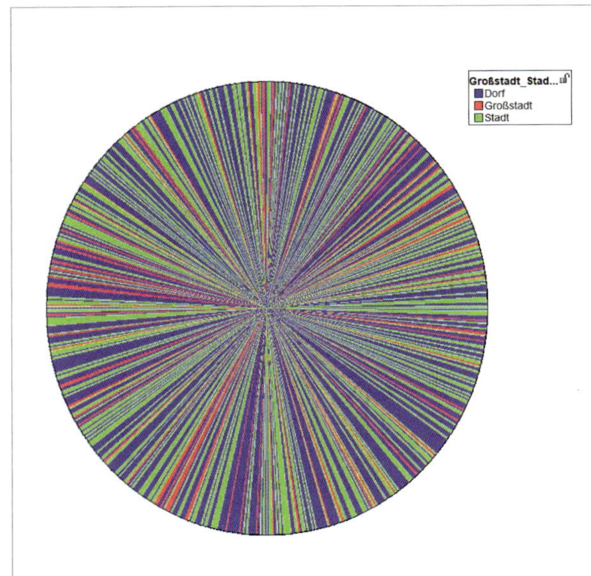

Abbildung 22: 809 Schüler:innen unsortiert im Kreisdiagramm, Verteilung des Merkmals *Großstadt_Stadt_Dorf*, Datensatz D#4 in TinkerPlots

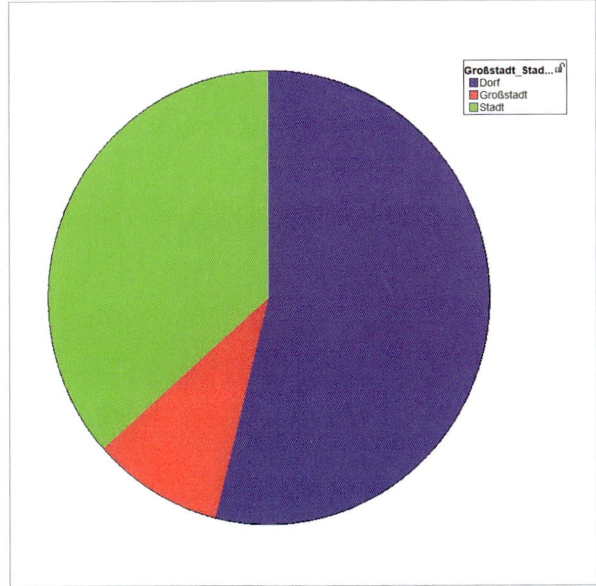

Abbildung 23: 809 Schüler:innen sortiert im Kreisdiagramm, Verteilung des Merkmals *Großstadt_Stadt_Dorf*, Datensatz D#4 in TinkerPlots

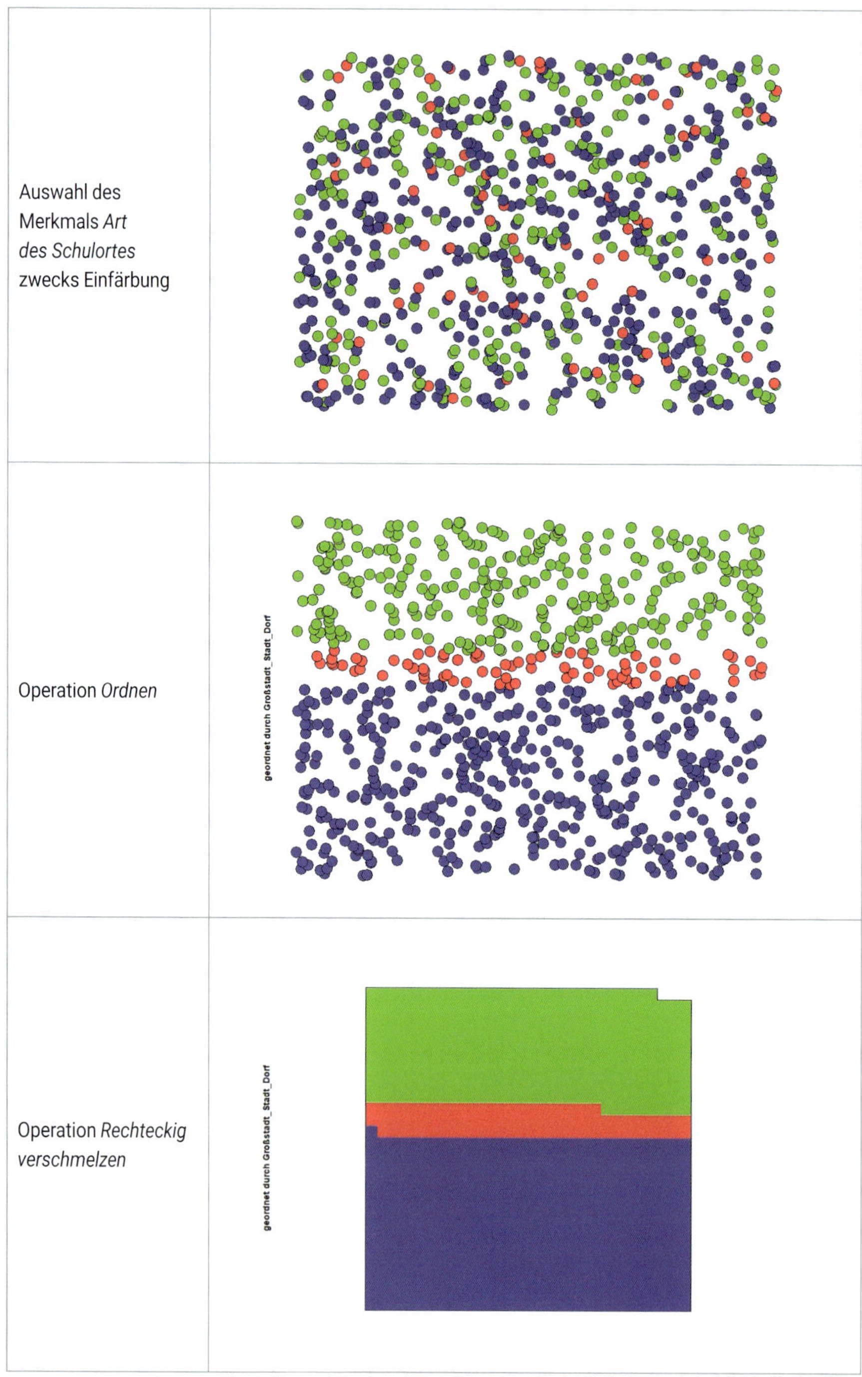
Auswahl des Merkmals *Art des Schulortes* zwecks Einfärbung
Operation *Ordnen*
geordnet durch Großstadt_Stadt_Dorf
Operation *Rechteckig verschmelzen*
geordnet durch Großstadt_Stadt_Dorf

<table>
<tr><td>Operation Stapeln</td><td>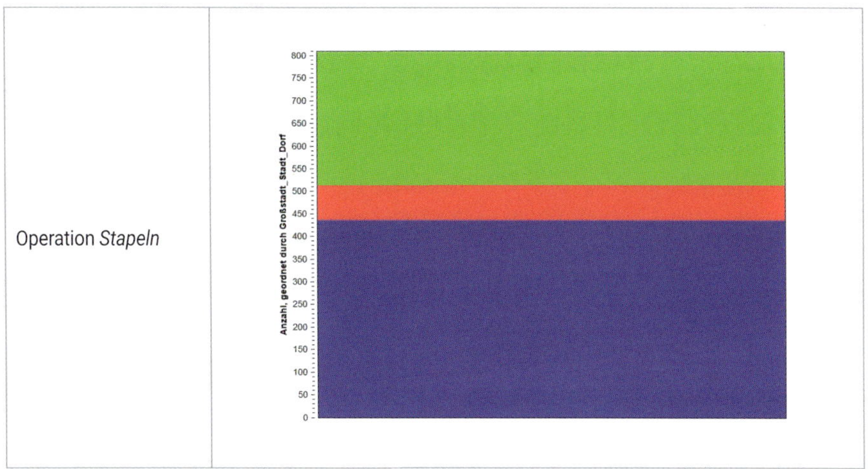
</td></tr>
</table>

Tabelle 8: Schrittfolge zum Erstellen weiterer Anteilsdiagramme in TinkerPlots. Datensatz D#4.

- Der Anteil von Kindern aus Schulen mit der Ausprägung *Großstadt* (ab 100.000 Einwohner) ist am kleinsten.

Das Kreisdiagramm visualisiert die Anteile als Teile eines Kreises und ermöglicht so einen Vergleich der Anteile auf einer qualitativen Ebene. Außerdem wird das Teil-Ganze-Verhältnis verdeutlicht. Ein Nachteil von Kreisdiagrammen ist jedoch, dass sie bei vielen Kategorien unübersichtlich werden und der Vergleich von Sektoren visuell schwieriger ist als bei Säulen- oder Balkendiagrammen. Andere gebräuchliche Anteilsdiagramme basieren auf einem Rechteck, das als Einheit betrachtet wird. Wenn jedem Kind ein kleines Quadrat zugeordnet wird und diese sortiert werden, entstehen obige Diagramme (siehe Tabelle 8). Besonders in der letzten Variante kann man die Anteile der jeweiligen Farben (Ausprägungen) beurteilen und vergleichen.

Es ist zu beachten, dass in CODAP keine direkte Möglichkeit besteht, Kreisdiagramme zu erstellen. Wir zeigen aber im nächsten Kapitel auch auf, wie man rechteckige Anteilsdiagramme in CODAP, ähnlich zu Tabelle 8, erstellen kann.

3 Zusammenhänge von zwei kategorialen Merkmalen

3.1 Den Zusammenhang zweier kategorialer Merkmale darstellen

Bisher wurde die Verteilung nur eines kategorialen Merkmals betrachtet. Lässt man in der Grundschule eigene Fragen der Schüler:innen zu, dann tauchen häufig auch Fragen auf, die als Fragen nach dem Zusammenhang zwischen zwei Merkmalen interpretiert werden können, z. B. wie hängt das gewählte Fortbewegungsmittel, um zur Schule zu kommen, vom Geschlecht ab oder davon, ob die Schule in einem Dorf, einer Großstadt oder einer Stadt (unter 100.000 Einwohner) liegt? Hierfür geeignete Visualisierungen zu finden und klare Schlussfolgerungen zu formulieren, stellt in der Primarstufe eine Herausforderung dar. In diesem Abschnitt klären wir hierzu Begriffe und Darstellungsmöglichkeiten.

Im Folgenden soll der Frage nachgegangen werden, inwieweit das Fortbewegungsmittel, mit dem die Kinder zur Schule kommen, vom Geschlecht abhängt. In diesem Fall lassen sich die Klebezettel, die z. B. in einem Datenkarten-Säulendiagramm vorliegen, leicht umsortieren, indem man die Jungen

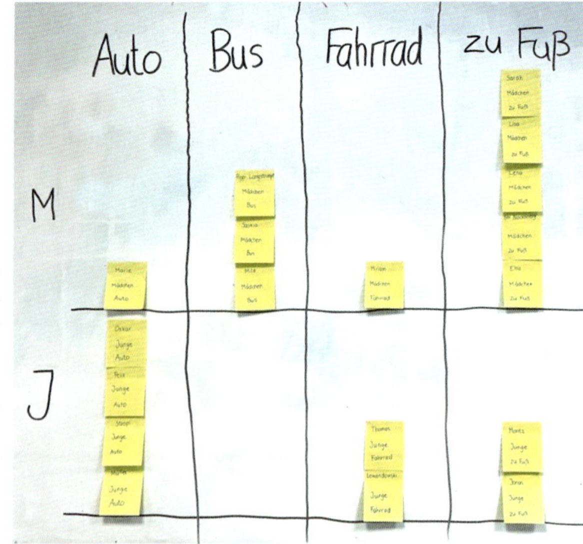

Abbildung 24: Datenkarten-Säulendiagramm mit den Antworten zur Frage, wie man zur Schule kommt (getrennt nach dem Merkmal *Geschlecht*) im Datensatz der Leonhard-Euler-Grundschule Klasse 4b (D#10). Ein Schüler hat seine Datenkarte nicht vollständig ausgefüllt – sie ist daher in dieser Darstellung nicht aufgenommen.

von den Mädchen trennt – z. B. kann man alle Mädchen oberhalb der Jungen anordnen und die entstandenen Lücken in den Datenkartenstapeln der Jungen schließen, indem man die entsprechenden Datenkarten zusammenschiebt (Abbildung 24).

Abbildung 24 zeigt, ob und welche Unterschiede es zwischen den Mädchen und den Jungen gibt. Es sind deutliche Unterschiede zu erkennen, da die meisten Mädchen zu Fuß kommen, während die meisten Jungen das Auto bevorzugen. Keiner der Jungen kommt mit dem Bus. Dies sind beobachtete Unterschiede in der Klasse, die aber kaum auf das Geschlecht „als Ursache" zurückgeführt werden können, in dem Sinne, dass die Mädchen und die Jungen zu unterschiedlichen Fortbewegungsmitteln tendieren würden. Vermutlich haben die meisten Grundschüler:innen beim Fortbewegungsmittel zur Schule gar keine freie Wahl.

Wenn weitere Merkmale auf den Karten notiert worden wären, könnte man andere Fragestellungen durch Umsortieren beantworten. Dabei sind lediglich das *Ordnen, Trennen* und *Sortieren* der Datenkarten als Operationen erforderlich.

Die genannten Operationen mit Datenkarten kann man direkt in TinkerPlots umsetzen (siehe Tabelle 9 und Erklärvideo V#5). Wir verwenden den Datensatz *Grundschüler_innen_NRW* (D#4 für TinkerPlots und D#5 für CODAP). Wie man eine ähnliche Abfolge in CODAP erzeugt, zeigt das Erklärvideo V#6. Aus den zeilenweisen Prozentangaben in der letzten Grafik in Tabelle 9 kann

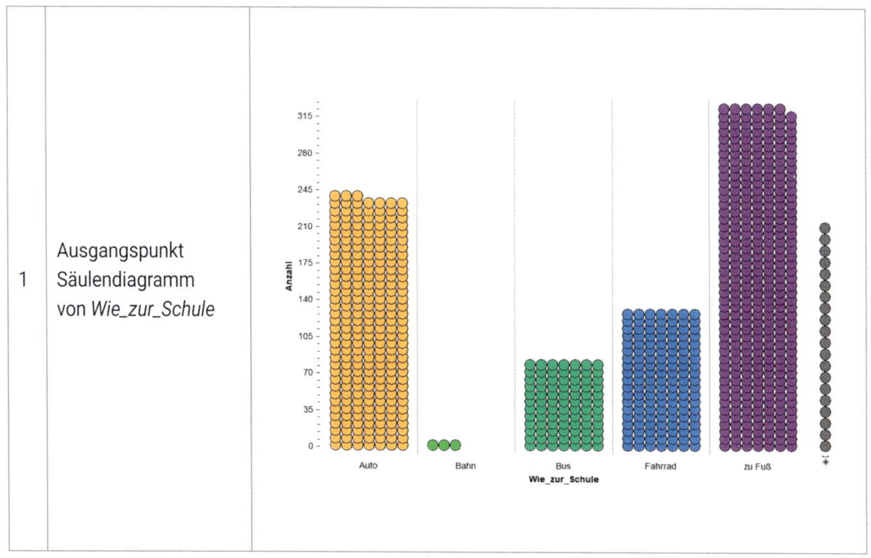

1	Ausgangspunkt Säulendiagramm von *Wie_zur_Schule*	

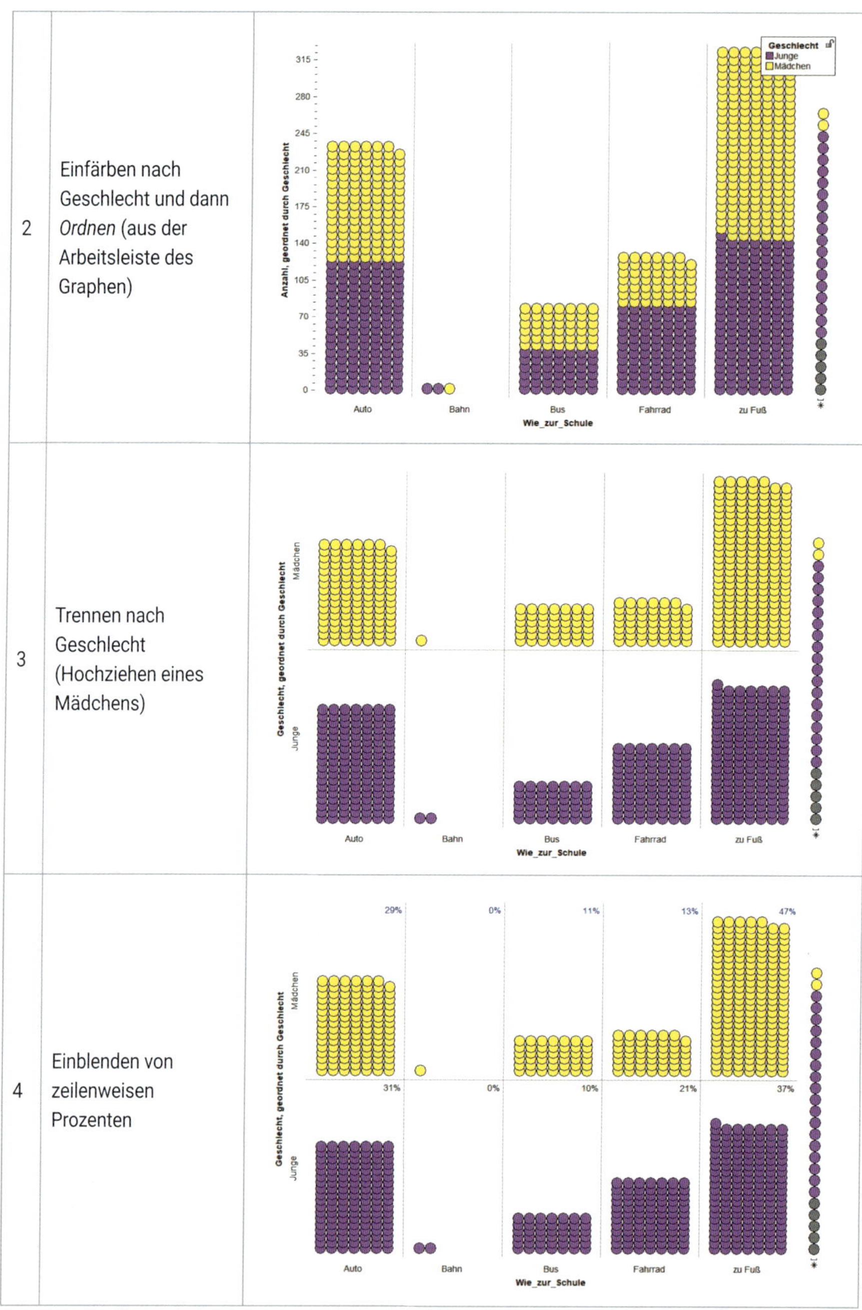

2	Einfärben nach Geschlecht und dann *Ordnen* (aus der Arbeitsleiste des Graphen)
3	Trennen nach Geschlecht (Hochziehen eines Mädchens)
4	Einblenden von zeilenweisen Prozenten

Tabelle 9: Schrittfolge zur Untersuchung des Zusammenhangs kategorialer Merkmale in TinkerPlots, Datensatz D#4.

z. B. entnommen werden, dass 21 % der Jungen, aber nur 13 % der Mädchen mit dem Fahrrad zur Schule kommen. Dass der Anteil der Radfahrer:innen bei den Jungen größer ist als bei den Mädchen, hätte ein:e versierte:r Leser:in auch schon aus der vorherigen Grafik entnehmen können, aber das ist visuell komplizierter und fehleranfälliger. Besser wäre es, auch die Anteile zu visualisieren. Abbildung 25 zeigt eine solche Darstellung, die in TinkerPlots mit Kreisdiagrammen erstellt wurde (wie man das in TinkerPlots macht, wird im Erklärvideo V#7 erklärt).

Hier können nun die jeweiligen Anteile sehr gut verglichen werden:

- Bei den Jungen ist der Anteil der Fahrradfahrer deutlich größer als bei den Mädchen.
- Bei den Jungen ist der Anteil der Fußgänger deutlich geringer als bei den Mädchen.
- Bei den Jungen ist der Anteil der „Autofahrer" ähnlich wie bei den Mädchen.

Zeichnen sich hier etwa doch Präferenzen nach Geschlecht ab? Während man bei einem solchen Vergleich in einer einzigen Schulklasse keine zuverlässigen Tendenzaussagen machen könnte, ist das hier bei der Befragung von

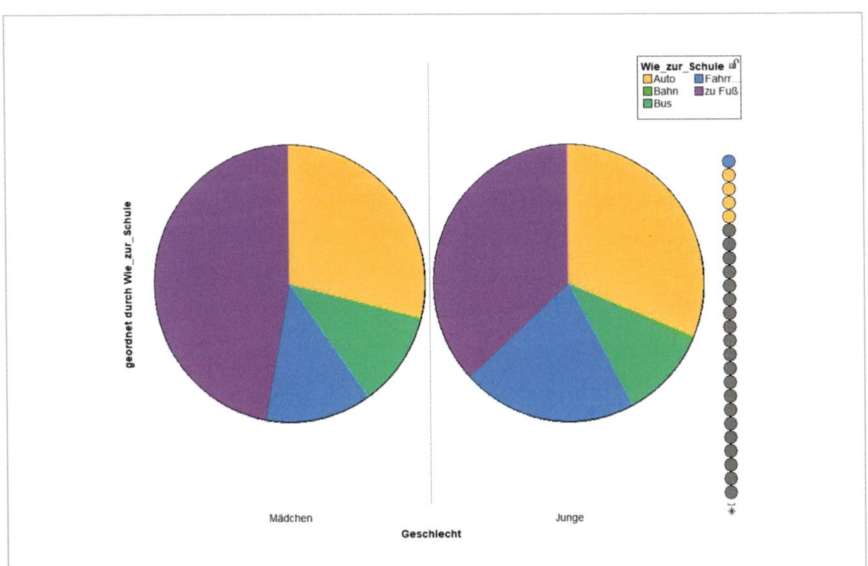

Abbildung 25: Kreisdiagramme in TinkerPlots (links Verteilung des Merkmals *Wie_zur_Schule* in der Gruppe der Mädchen, rechts Verteilung des Merkmals *Wie_zur_Schule* in der Gruppe der Jungen). Datensatz D#4. Die fehlenden Werte sind wieder eigens dargestellt. Welche Bedeutung die unterschiedlichen Farben der fehlenden Werte haben, wollen wir an dieser Stelle nicht erläutern.

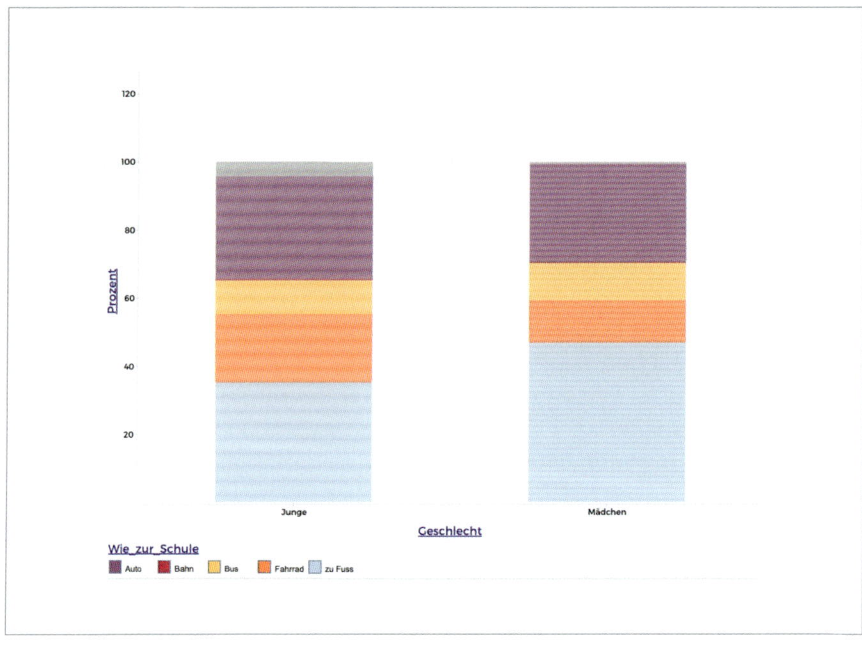

Abbildung 26: Rechteckbezogene Anteilsdiagramme in CODAP (rechts Verteilung des Merkmals *Wie_zur_Schule* in der Gruppe der Mädchen, links Verteilung des Merkmals *Wie_zur_Schule* in der Gruppe der Jungen). Datensatz D#5

über 800 Schüler:innen schon eher möglich. CODAP kann keine Kreisdiagramme erzeugen, aber rechteckbezogene Anteilsdiagramme (siehe Abb. 26, das Erklärvideo V#8 erklärt, wie man diese Grafik in CODAP erzeugt).

Grundschüler:innen müssen die Prozentachse in der CODAP-Grafik ignorieren, können aber ähnliche qualitative Vergleiche anstellen wie auf der Basis der TinkerPlots-Kreisdiagramme in Abbildung 25. Zu beachten ist, dass CODAP im Gegensatz zu TinkerPlots fehlende Werte bei der Berechnung der Prozentwerte berücksichtigt. Die oberste Schicht (grau-braun) in der Säule der Jungen in Abbildung 26 gehört z. B. zu den fehlenden Werten.

Man beachte auch, dass wir bei der Analyse die Daten zuerst in Jungen und Mädchen aufgeteilt haben und dann innerhalb dieser beiden Gruppen die Verteilung des Merkmals *Wie_zur_Schule* dargestellt wurde. Wir interessieren uns für die gruppenspezifischen relativen Häufigkeiten. Dem entspricht, in der letzten Abbildung von Tabelle 9 die Prozentsätze zeilenweise anzugeben. Die Summe der relativen Häufigkeiten ist in jeder Zeile 100%, oben 100% der Mädchen, unten 100% der Jungen. Man kann aber auch die umgekehrte Frage stellen: Wie ist denn die Geschlechterverteilung in den Grup-

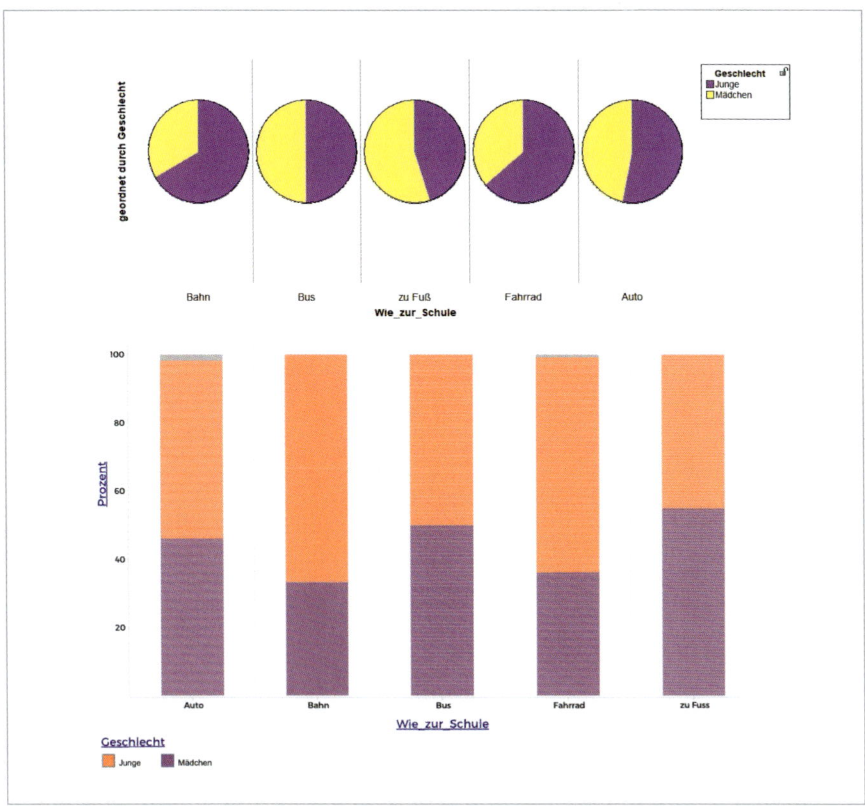

Abbildung 27: Verteilungen des Merkmals *Geschlecht* in verschiedenen Fortbewegungsgruppen mit Kreisdiagrammen in TinkerPlots (oben) sowie Verteilungen des Merkmals *Geschlecht* in verschiedenen Fortbewegungsgruppen mit rechteckbasiereten Anteilsdiagrammen in CODAP (unten). Datensatz D#4 (oben) und D#5 (unten)

pen der Fußgänger:innen, Fahrradfahrer:innen und den anderen Gruppen? Dazu sind ganz andere Grafiken erforderlich. Abbildung 27 zeigt diese Verteilungen mit Kreisdiagrammen in TinkerPlots (Abbildung 27 oben, siehe Erklärvideo V#9 zur Erstellung). Abbildung 27 unten zeigt ein CODAP-Diagramm mit den gleichen Informationen (zur Erstellung siehe Erklärvideo V#10). Man kann in diesen Abbildungen z. B. folgende Beobachtungen machen: Der Jungenanteil ist am höchsten bei den Bahnfahrer:innen und fast so hoch bei den Radfahrer:innen. Der Mädchenanteil ist am größten bei den Fußgänger:innen.

Um die Komplexität der Untersuchung des Zusammenhangs zweier kategorialer Variablen weiter zu verdeutlichen, betrachten wir in 3.2. zunächst die einfachere Situation, in der beide Merkmale jeweils zwei Ausprägungen haben. Es ist sinnvoll, im Unterricht mit solchen Beispielen zu beginnen, wenn man in den Vergleich von kategorialen Merkmalen einführen will.

3.2 Softwaregestützte Vierfeldertafeln zum Zusammenhang zweier kategorialer Merkmale

3.2.1 Basisdarstellungen für absolute Häufigkeiten

Wir wollen den Zusammenhang zwischen *Geschlecht* und dem Merkmal *Spielekonsole(nbesitz)* bei Grundschüler:innen in NRW untersuchen. Man könnte vermuten, dass sich Jungen „eher" für Spielen mit Konsole interessieren und deshalb eher auch eine Spielekonsole besitzen als Mädchen. Trifft das zu, so würde sich das in Daten daran zeigen, dass unter den Jungen der Anteil derjenigen, die eine Spielekonsole besitzen, höher ist als bei den Mädchen.

Um eine adäquate Analyse durchführen zu können, verwenden wir zunächst den Prozentbegriff und zeigen dann, wie man auch mit geeigneten Darstellungen und einem intuitiven Anteilsbegriff Vergleiche anstellen kann. Mit den beiden Merkmalen *Spielekonsole(nbesitz)* und *Geschlecht*, die hier binär erhoben wurden, können wir den Datensatz in zwei Gruppen (Jungen / Mädchen) und jeweils zwei Untergruppen (Spielekonsole ja / nein) einteilen. Insgesamt ergeben sich also vier Untergruppen. Dieselben Gruppen würden wir auch erhalten, wenn wir zuerst nach Spielekonsolenbesitz und dann nach Geschlecht unterteilen würden.

Um diese vier Gruppen darzustellen, können wir TinkerPlots oder CODAP verwenden, indem wir das Merkmal *Geschlecht* auf die horizontale Achse und das Merkmal *Spielekonsole* auf die vertikale Achse ziehen (siehe die „Vierfeldertafel" in Abbildung 28). In beiden Programmen haben wir die Option genutzt, die absoluten Häufigkeiten anzuzeigen. In TinkerPlots sollte zusätzlich die Stapelfunktion verwendet werden, um die Punkte zu stapeln.

Wir können den Vierfeldertafeln in Abbildung 28 beispielsweise entnehmen, dass 342 der befragten Schüler:innen männlich sind und eine Spielekonsole besitzen, 68 männlich sind und keine Spielekonsole besitzen. Ebenso lässt sich entnehmen, dass 232 weiblich sind und eine Spielekonsole besitzen sowie 140 weiblich sind und keine Spielekonsole besitzen.

Es ist wichtig, den vier Untergruppen genaue Bezeichnungen zu geben, wie in Tabelle 10 dargestellt.

In der Statistik ist es üblich, diese Zahlen auch in einer sogenannten *Vierfeldertafel* darzustellen, wie sie in Tabelle 11 zu sehen ist. Abbildung 28 kann als eine grafische Vierfeldertafel interpretiert werden. Tabelle 11 enthält deut-

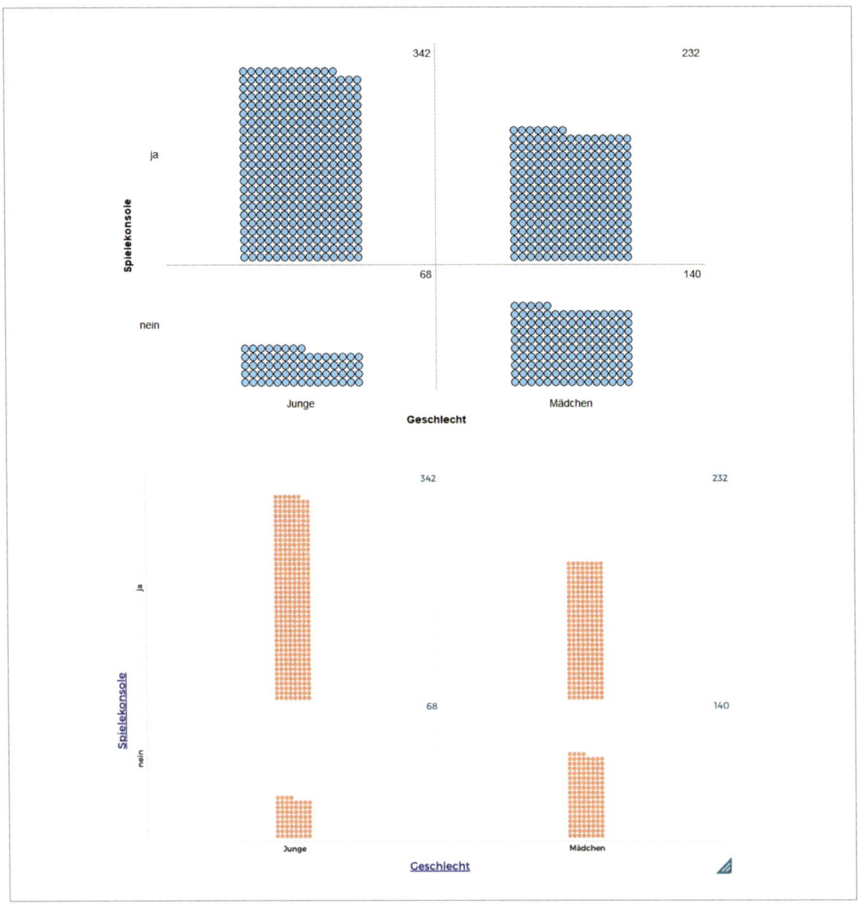

Abbildung 28: Vierfeldertafel zur Untersuchung des Zusammenhangs zwischen *Geschlecht* und *Spielekonsole(nbesitz)* (oben TinkerPlots, unten CODAP) im Datensatz D#4 (oben) und D#5 (unten)

Bezeichnung der Teilmenge	Anzahl der Personen
Jungen mit Spielekonsole	342
Jungen ohne Spielekonsole	68
Mädchen mit Spielekonsole	232
Mädchen ohne Spielekonsole	140

Tabelle 10: Bezeichnung der jeweiligen Teilmengen sowie Aufschlüsselung der Anzahl der Elemente in den Teilmengen im Datensatz *Grundschüler_innen_NRW* (D#4 – D6)

Geschlecht / Spielekonsole	Junge	Mädchen	Summe
ja	342	232	*574*
nein	68	140	*208*
Summe	*410*	*372*	*782*

Tabelle 11: Vierfeldertafel mit absoluten Häufigkeiten im Datensatz *Grundschüler_innen_NRW*. Kursiv gesetzte Zahlen wurden als Summen der Spalten bzw. Zeilen berechnet (D#4 – D6).

lich mehr Felder als 4. Die Bezeichnung stammt daher, dass vier Zahlen im oberen linken Bereich stehen, die aus den Daten ermittelt werden; die anderen können durch Summationen aus ihnen errechnet werden.

Die Gesamtsumme wird unten rechts notiert. Sie kann auf zwei Weisen errechnet werden (410 + 372 = 574 + 208 = 782), denn die Summe der Anzahl der Mädchen und Jungen muss dasselbe ergeben wie die Summe der Anzahl derjenigen mit und ohne Spielekonsole. Die Zuordnung Spielekonsole → vertikale Achse sowie Geschlecht → horizontale Achse ist willkürlich. Sie könnte auch umgekehrt erfolgen.

3.2.2 Analysefragen zu absoluten Häufigkeiten bei numerischen und graphischen Vierfeldertafeln

Es können einfache Fragen gestellt werden, wie z. B. „Haben in der untersuchten Gruppe mehr Jungen als Mädchen eine Spielekonsole?“ Vergleicht man die beiden Mengen in der oberen Zeile, so stellt man fest, dass tatsächlich mehr Jungen als Mädchen eine Spielekonsole besitzen (342 gegenüber 232). Die Anzahl der Jungen, die eine Spielekonsole besitzen, ist größer als die Anzahl der Mädchen, die eine Spielekonsole besitzen. Dies ist ein Zeilenvergleich (erste Zeile). Die zweite Zeile könnte so verbalisiert werden: Es gibt mehr Mädchen ohne Spielekonsole als Jungen ohne Spielekonsole. Mit dem Verteilungsbegriff kann man das auch so formulieren: In der ersten Zeile ist die (Häufigkeits-)Verteilung des Merkmals *Geschlecht* in der Gruppe der Besitzer:innen von Spielekonsolen zu sehen, in der zweiten Zeile die Geschlechterverteilung in der Gruppe derjenigen, die keine Besitzer:innen von Spielekonsolen sind. Die Vierfeldertafel kann auch spaltenweise betrachtet werden: In der Teilgruppe der Jungen gibt es mehr Spielekonsolenbesitzer als Nichtbesitzer. Dies ist auch bei den Mädchen der Fall, wenn auch nicht „so ausgeprägt“. Mit dem Verteilungskonzept kann formuliert werden: In der ersten Spalte steht die Verteilung des Merkmals Spielekonsolenbesitzer:innen in der Gruppe der Jungen, in der zweiten Spalte die Verteilung des Merkmals Spielekonsolenbesitzer:innen in der Gruppe der Mädchen.

Die Formulierung mit Verteilungen ist unumgänglich, wenn mehr als zwei Merkmalsausprägungen vorliegen (siehe 3.1).

3.2.3 Analysefragen bezogen auf unterschiedliche Anteile bei numerischen und grafischen Vierfeldertafeln

Wir haben oben festgestellt, dass es mehr Jungen als Mädchen mit Spielekonsole gibt. Beantwortet das auch unsere Ausgangsfrage, ob Jungen *eher* eine Spielekonsole besitzen als Mädchen? Dass man das im Allgemeinen nicht schließen kann, zeigt folgende Überlegung. Eine fiktive Befragung hat folgende Vierfeldertafel erbracht (Tabelle 12).

Geschlecht / Spielekonsole	Junge	Mädchen	Summe
ja	100	200	300
nein	50	400	450
Summe	150	600	750

Tabelle 12: Vierfeldertafel mit absoluten Häufigkeiten (fiktiv)

Geschlecht / Spielekonsole	Junge	Mädchen
ja	83 %	62 %
nein	17 %	37 %
Summe	100 %	100 %

Tabelle 13: Vierfeldertafel mit Spaltenprozenten im Datensatz *Grundschüler_innen_NRW* (D#4-6)

Es haben hier doppelt so viele Mädchen (200) eine Spielekonsole wie die Jungen (100), aber kann man die Vermutung „Jungen besitzen eher eine Spielekonsole als die Mädchen" nun als widerlegt betrachten? Wir müssen dazu den Anteil der Spielekonsolenbesitzer unter den Jungen mit dem entsprechenden Anteil bei den Mädchen vergleichen. Man darf hier keinen Vergleich in der ersten Zeile durchführen, sondern muss sich die Tabelle spaltenweise anschauen: 100 von 150 Jungen also 2 / 3 der Jungen besitzen eine Spielekonsole, während 200 von 600 Mädchen, also nur 1 / 3 der Mädchen eine Spielekonsole besitzen. Unsere Hypothese ist bestätigt. Dieses Phänomen wurde dadurch zunächst verdeckt, dass viel mehr Mädchen als Jungen befragt worden sind (viermal so viele). Nur deshalb gibt es mehr Mädchen mit Spielekonsole als Jungen, obwohl der Anteil von Spielekonsolenbesitzer:innen bei Mädchen deutlich niedriger ist. Wenn die Gruppen nicht gleich groß sind, was bei statistischen Erhebungen die Regel ist, müssen wir zur Beantwortung der „eher"-Frage Anteile vergleichen. In diesem Fall muss das spaltenweise in den Daten von Tabelle 11 geschehen. Bei den Jungen ist das Verhältnis von Besitzer zu Nicht-Besitzern 342:68, bei den Mädchen 232:140 also „ausgeglichener". Das kann man auch bei spaltenweiser Betrachtung von Abbildung 28 erkennen. Wenn man über den Prozentbegriff verfügt, kann man diese Anteile ausrechnen. Da die Prozente spaltenbezogen genommen werden, spricht man auch von **Spaltenprozenten**. Die beiden Zahlen in einer Spalte addieren sich zu 100% (siehe auch Tabelle 13).

Wir können festhalten: *Die Vermutung, dass Jungen eher eine Spielekonsole besitzen als Mädchen, bestätigt sich in der untersuchten Grundgesamtheit: Der Anteil der Spielekonsolenbesitzern unter den Jungen (83%) ist größer als der Anteil der Spielekonsolenbesitzerinnen unter den Mädchen (62%). Beide Anteile sind aber deutlich größer als die Hälfte.* Diese Schlussfolgerung könnte man ohne

Spielekonsole \ Geschlecht	Junge	Mädchen	Summe
ja	60 %	40 %	100 %
nein	33 %	67 %	100 %

Tabelle 14: Vierfeldertafel mit Zeilenprozenten im Datensatz *Grundschüler_innen_NRW* (D#4–6)

die Prozentzahlen rein qualitativ auch ziehen, wenn man die grafischen und numerischen Vierfeldertafeln entsprechend spaltenweise analysierte. Es wäre natürlich besser, man könnte die Anteile auch direkt visuell darstellen und dadurch besser vergleichbar machen (insbesondere für Grundschüler:innen). Wir gehen später darauf ein. Formal könnte man auch zeilenweise Prozente bilden (siehe Tabelle 14).

Welche Fragen kann man damit beantworten? *Wir vermuten, dass man unter den Spielekonsolebesitzer:innen eher Jungen als Mädchen antreffen wird und bei den Nichtbesitzer:innen wird es umgekehrt sein. In unserer Grundgesamtheit wird das bestätigt: Mehr als die Hälfte (60%) der Spielekonsolebesitzer:innen sind männlich und mehr als die Hälfte (67%) der Nichtbesitzer:innen sind weiblich.*

Ohne Prozente kann man dies auch qualitativ aus den numerischen und grafischen Vierfeldertafeln entnehmen. Abschließend sei darauf hingewiesen, dass die Zuordnung Spielekonsole → vertikale Achse / Geschlecht → horizontale Achse auch umgekehrt erfolgen könnte. Dann würde man den ersten Fragenkomplex mit Zeilenprozenten und den zweiten mit Spaltenprozenten beantworten.

3.2.4 Darstellungen von Vierfeldertafeln mit eingeblendeten Anteilen

In die grafischen Vierfeldertafeln kann man in TinkerPlots und CODAP einfach Spaltenprozente (Abbildung 29 links) und Zeilenprozente (Abbildung 29 rechts) einblenden. Aus Platzgründen stellen wir hier nur die CODAP-Grafiken vor. Die Erklärvideos V#11 und V#12 zeigen, wie man diese Darstellung in TinkerPlots (V#11) und CODAP (V#12) erzeugt.

Schließlich – ein weiterer möglicher Blick auf die Daten (siehe Abbildung 30) – lassen sich die Prozente in TinkerPlots und CODAP auch bezogen auf die Gesamtgruppe – man sagt „zellenweise“ – berechnen. Auch hier präsentieren wir aus Platzgründen nur die Darstellung in CODAP. Diese Prozente geben die Anteile der vier Untergruppen an der gesamten Gruppe an – siehe auch Tabelle 15.

Die Summe sollte 100% ergeben; es sind hier aufgrund von Rundungsfehlern 101%.

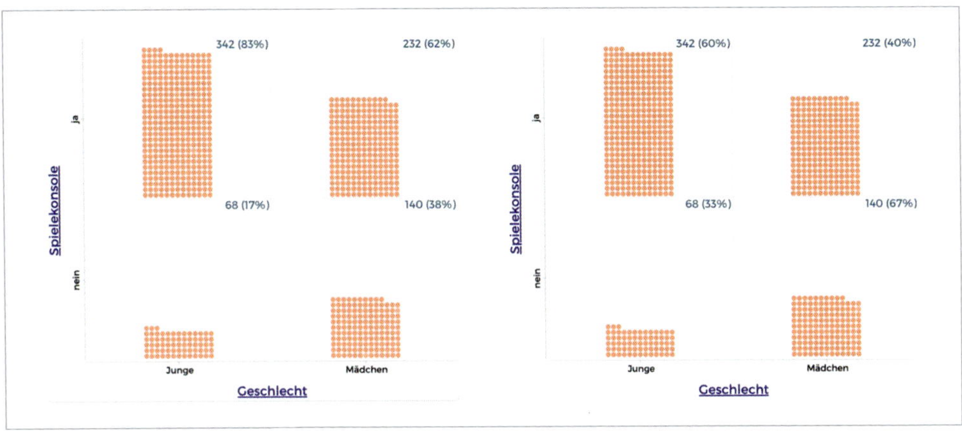

Abbildung 29: Grafische Vierfeldertafel zur Untersuchung des Zusammenhangs zwischen *Geschlecht* und *Spielekonsole(nbesitz)* (mit Spaltenprozenten – links; mit Zeilenprozenten – rechts) im Datensatz D#5 in CODAP

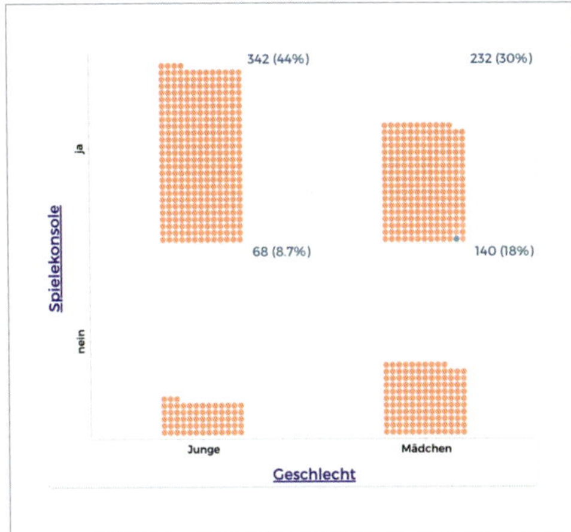

Abbildung 30: Vierfeldertafel zur Untersuchung des Zusammenhangs zwischen *Geschlecht* und *Spielekonsole(nbesitz)* (Nutzung von Zellenprozenten – in CODAP) im Datensatz D#5

Teilmenge	Anteil als Bruch	Anteil in %
Anteil der Jungen mit Spielekonsole	an allen 342 / 782	44 %
Anteil der Mädchen mit Spielekonsole	an allen 232 / 782	30 %
Anteil der Jungen ohne Spielekonsole	an allen 68 / 782	9 %
Anteil der Mädchen ohne Spielekonsole	an allen 140 / 782	18 %
Summe		101 %

Tabelle 15: Häufigkeitstabelle mit Zellenprozenten zur Untersuchung des Zusammenhangs zwischen *Geschlecht* und *Spielekonsole(nbesitz)* im Datensatz *Grundschüler_innen_NRW* (D#4–D#6)

Verbesserungen der grafischen Darstellungen durch die direkte visuelle Darstellung von Anteilen

Ein kritischer Ausgangspunkt für das Folgende ist, dass visuelle Darstellungen von absoluten Zahlen den Vergleich von Verteilungen anhand von Anteilen stören können. Zudem steht der Prozentbegriff in der Grundschule nicht zur Verfügung. Anteilsvergleiche mithilfe von Kreisdiagrammen sind jedoch auch in der Grundschule möglich. TinkerPlots bietet die Möglichkeit, Kreisdiagramme für Untergruppen zu erstellen. In Abbildung 31 sehen wir den Anteil der Spielekonsolenbesitzer:innen in der Teilgruppe der Jungen (links) und der der Mädchen (rechts). Diese Darstellung erlaubt es, vergleichende qualitative Aussagen zu den Anteilen zu treffen:

Der Anteil der Spielekonsolenbesitzer:innen ist bei den Jungen deutlich höher als bei den Mädchen. Wenn man Stützpunktvorstellungen zu Anteilen eingeführt hat, kann man sagen, dass bei beiden Gruppen der Anteil größer als die Hälfte ist oder sogar, dass mehr als drei Viertel der Jungen Spielekonsolenbesitzer sind, während dieser Anteil bei den Mädchen deutlich unter drei Viertel, aber über der Hälfte liegt.

Die einzelnen Punkte in Abbildung 31 rechts entsprechen den fehlenden Werten. Was als fehlend zählt, ist hier etwas komplizierter. Es kann die Angabe zum Geschlecht fehlen und/oder die Angabe zur Spielekonsole. Ist ein Punkt rechts violett oder grün, kennt man die Ausprägung von *Spielekonsole*. Es muss also beim *Geschlecht* ein fehlender Wert vorliegen (sonst würde der Punkt nicht rechts stehen, sondern Teil der Grafik sein). Ist er grau, so kennt man den Wert des Merkmals *Spielekonsole* nicht. Das Geschlecht kann bekannt sein oder nicht. Die entsprechende Anteilsgrafik von CODAP findet sich in Abbildung 32. (Legt man sie Grundschüler:innen vor, müssen diese die Prozentachse ignorieren).

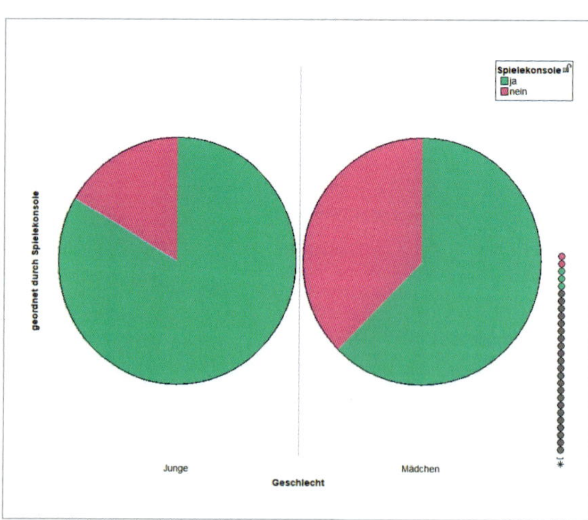

Abbildung 31: Zwei Kreisdiagramme zur Untersuchung des Zusammenhangs zwischen *Geschlecht* und *Spielekonsole(nbesitz)* (Teilgruppe der Jungen links, der Mädchen rechts) im Datensatz D#4 in TinkerPlots – Erstellung siehe Erklärvideo V#13

CODAP berücksichtigt in dieser Grafik im Unterschied

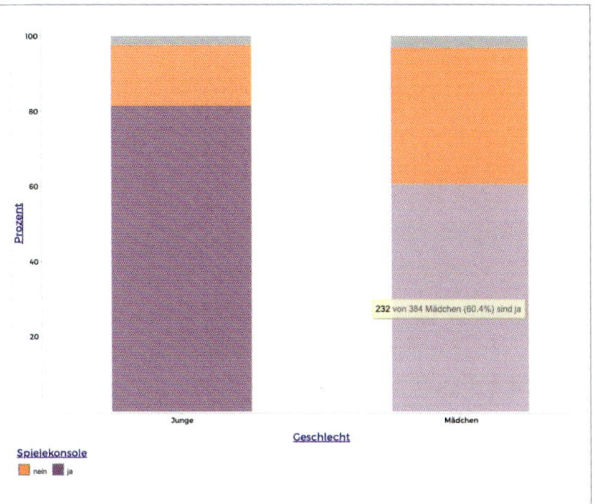

Abbildung 32: Zwei rechteckbezogene Anteilsdiagramme in CODAP zur Untersuchung des Zusammenhangs zwischen *Geschlecht* und *Spielekonsole(nbesitz)* (Teilgruppe der Jungen links, der Mädchen rechts) im Datensatz D#5 – Erstellung dieser Darstellung mit CODAP siehe Erklärvideo V#14

zu TinkerPlots fehlende Werte bei der Bestimmung der relativen Häufigkeiten (vgl. Abschnitt 2.1.6). Sie werden durch die graue Fläche am oberen Rand repräsentiert.

Wir drehen die Perspektive jetzt wieder um und vergleichen die Jungen / Mädchenanteile in den Teilgruppen der Spielekonsolebesitzer:innen und der Nicht-Spielekonsolebesitzer:innen: Die zu Abbildung 29 (rechts) (Zeilenprozente) passende Kreisdiagrammabbildung sehen wir in Abbildung 33 (links in TinkerPlots) und 33 (rechts in CODAP). Das Ergebnis zu Abbildung 29 ist nun auch visuell klar repräsentiert: *Mehr als die Hälfte der Spielekonsolebesitzer:innen sind männlich und mehr als die Hälfte der Nichtbesitzer:innen sind weiblich.*

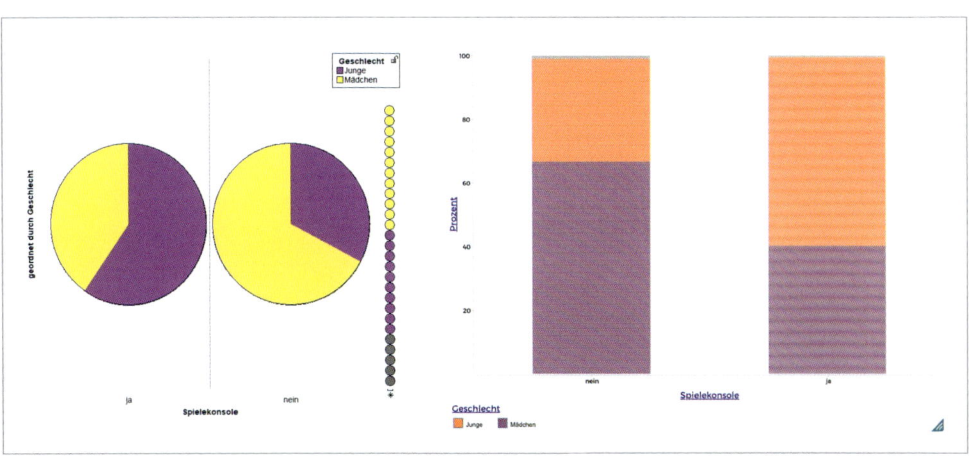

Abbildung 33: Kreisdiagramme zum Zusammenhang zw. *Geschlecht* und *Spielekonsole(nbesitz)* (Teilgruppe Spielekonsolenbesitzer:innen links, Nicht-Spielekonsolenbesitzer:innen rechts) in D#4 (links TinkerPlots) und rechteckbezogene Anteilsdiagramme zum Zusammenhang zw. *Geschlecht* und *Spielekonsole(nbesitz)* (Teilgruppe Spielekonsolenbesitzer:innen rechts, Nicht-Spielekonsolenbesitzer:innen links) in D#5 (rechts CODAP)

3.3 Komplexe Zusammenhänge zwischen zwei kategorialen Merkmalen explorieren

Betrachten wir nun ein komplexeres Beispiel. Wie hängt das Merkmal *Wie_zur_Schule* mit dem Merkmal *Dorf_Stadt_Großstadt* zusammen? Wir verwenden die schülernahe Kurzform der Merkmalsbezeichnungen. Man könnte natürlich auch z. B. vom Gemeindetyp des Schulortes sprechen, was wir im Folgenden gelegentlich verwenden. Im Unterricht könnten zu dieser Frage bereits vor der Datenauswertung Vermutungen geäußert werden, z. B. dass in Dorfschulen ein größerer Anteil der Kinder zu Fuß oder mit dem Fahrrad kommt.

Wir können nun folgende Forschungsfrage stellen: Wie verteilen sich die Kinder auf die Fortbewegungsmittel abhängig vom Gemeindetyp des Schulorts? Gibt es Unterschiede? Nehmen wir zunächst eine Darstellung (siehe Abbildung 34), die uns die Verteilung des Merkmals *Wie_zur_Schule* für den gesamten Datensatz *Grundschüler_innen_NRW* (D#4–6) zeigt und bei der das Merkmal auf die horizontale Achse gelegt wurde. Die Säulen sind bereits absteigend nach Häufigkeit sortiert.

Die Daten sind nach dem Merkmal *Wie_zur_Schule* eingefärbt, was jedoch keine zusätzlichen Informationen bietet, da die Daten schon nach diesen Kategorien geordnet sind. Wie kann man nun das Merkmal *Dorf_Stadt_Großstadt*

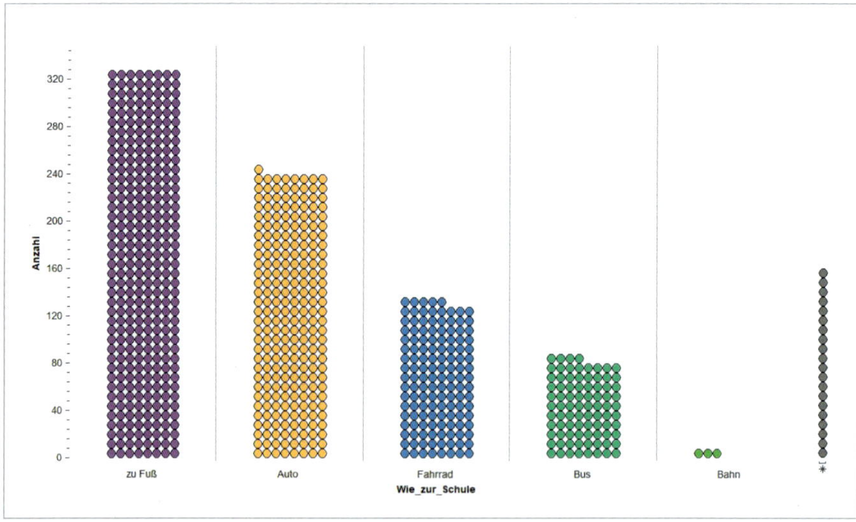

Abbildung 34: TinkerPlots-Diagramm zur Verteilung des Merkmals *Wie_zur_Schule* (getrennt und gestapelt) im Datensatz D#4

in diesem Diagramm repräsentieren? Wir wählen in den Datenkarten das Merkmal *Großstadt_Stadt_Dorf* durch Anklicken aus: Nun werden die Dorfkinder, die Stadtkinder und die Großstadtkinder in verschiedenen Farben eingefärbt (Abbildung 35, oben). Man kann in dieser Grafik noch kein Muster erkennen. Hier kann auch das „Ordnen" helfen (Abbildung 35, unten). In

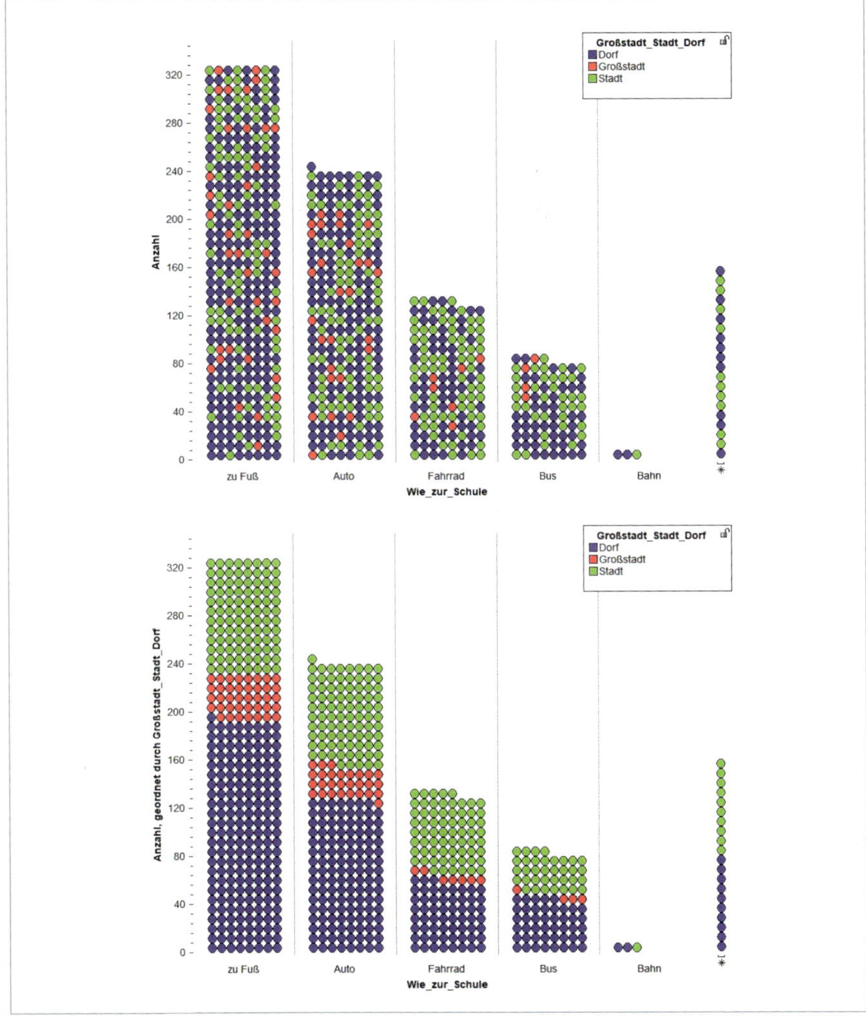

Abbildung 35: TinkerPlots-Graph zur Verteilung des Merkmals *Wie_zur_Schule* (getrennt und gestapelt) im Datensatz D#4 – eingefärbt nach dem Merkmal *Großstadt_Stadt_Dorf* (oben: ungeordnet, unten: geordnet)

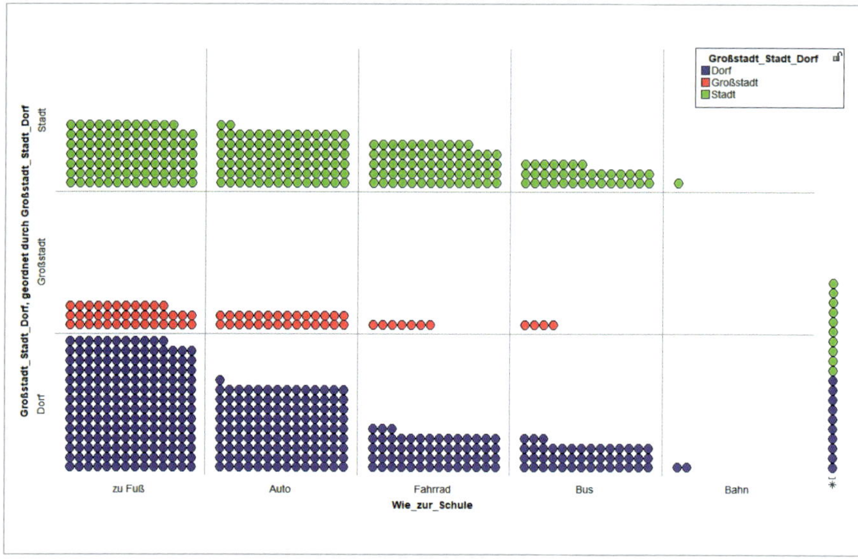

Abbildung 36: TinkerPlots-Diagramm zur Untersuchung des Zusammenhangs zwischen den Merkmalen *Wie_zur_Schule* und *Großstadt_Stadt_Dorf* im Datensatz D#4

diesem Fall ordnet die Software innerhalb der einzelnen Ausprägungen (*zu Fuß, Auto, Fahrrad, Bus, Bahn*) nach *Dorf, Stadt* und *Großstadt.*

In Abbildung 35 sind in allen Gruppen die Dorfkinder am stärksten vertreten, dann folgen die Stadtkinder, danach die Großstadtkinder, was deren absoluten Häufigkeiten entspricht. Feinheiten sind nicht zu erkennen.

Die Antwort auf Frage 2 (Aufteilung nach Verkehrsmitteln in den drei Gruppen *Dorf, Stadt, Großstadt*) ist in Abbildung 35 nicht so gut zu erkennen: Man kann die violette, rote und grüne Verteilung nicht gut miteinander vergleichen. Um dem entgegenzuwirken, ist es sinnvoll, die Gruppen vertikal zu trennen und jeweils waagerechte Bezugslinien zu haben, durch die man die Verteilungen besser vergleichen kann. Dies wird in Abbildung 36 erreicht. Technisch wird diese Abbildung realisiert, indem das Merkmal *Dorf_Stadt_Großstadt* in diesem Fall auf die vertikale Achse gezogen wird.

Nun haben wir drei Verteilungen des Merkmals *Wie_zur_Schule*: jeweils für die Dorfkinder, die Stadtkinder und für die Großstadtkinder. Betrachtet man die Form der jeweiligen Verteilung, so lassen sich bereits erste Rückschlüsse auf die Fragestellung ziehen. Die Reihenfolge der Verkehrsmittel nach Häufigkeit ist bei allen drei Gruppen gleich. Bei den Dorfschüler:innen scheint der Anteil der Fußgänger größer zu sein als in den anderen beiden Gruppen, aber das kann man visuell nicht sicher sagen. Wir haben Anteile rein visuell beur-

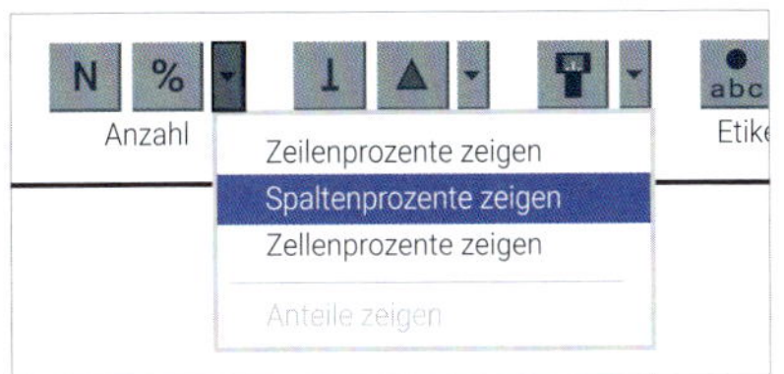

Abbildung 37: Optionsmenü zur Auswahl der verschiedenen Prozente in TinkerPlots

teilt. Man könnte sich diese Anteile auch mit dem Menüpunkt *Anzahl* anzeigen lassen. Die Nutzung von zahlenmäßigen Anteilen (wenn auch nicht realisierbar im Mathematikunterricht der Primarstufe) kann, wie bereits im obigen Beispiel, weitere Einblicke bieten. Es lassen sich Zeilen-, Spalten- und Zellenprozente mithilfe von TinkerPlots berechnen. Im Untermenü zu „Anzahl" findet man hier die Möglichkeit, sich verschiedene Anteile anzuzeigen (siehe Abbildung 37). Das bedeutet z. B., dass man die Prozente bei Zeilenprozenten zeilenweise berechnet, also zeilenweise auf 100% kommt. Die Anteile werden also stets in Bezug auf die jeweilige der drei Teilgruppen berechnet. Man erhält so die Abbildung 38, die sich für die Exploration unserer Fragestellung besser eignet. Die komplexen Informationen aus Abbildung 38 können auf verschiedene Weisen zusammengefasst werden, z. B. folgendermaßen:

- Die Gruppe der Fußgänger:innen ist in allen drei Gemeindetypen die relativ größte: 45% bei Dorf, 50% bei Großstadt und 34% bei Stadt. Man könn-

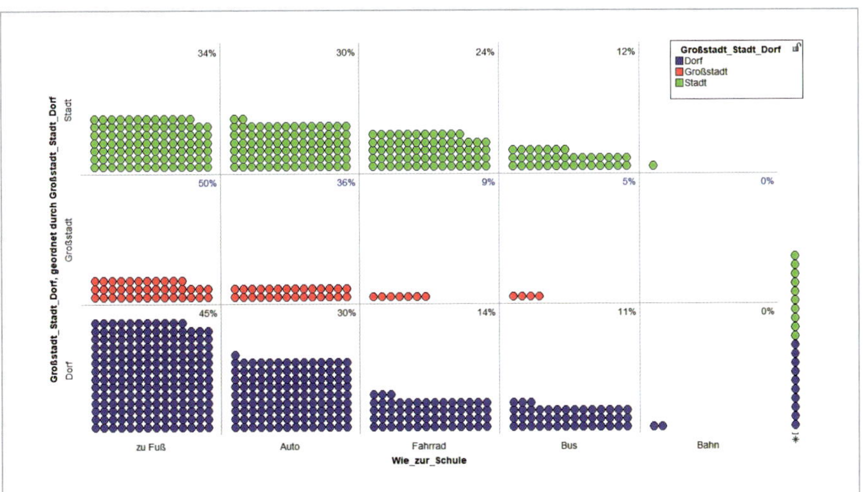

Abbildung 38: TinkerPlots-Diagramm zur Untersuchung des Zusammenhangs zwischen den Merkmalen *Wie_zur_Schule* und *Großstadt_Stadt_Dorf* im Datensatz D#4 mit Zeilenprozenten

te über die Gründe spekulieren, warum es bei Stadt am niedrigsten ist. Es kann aber auch an den speziellen Lagen der Grundschulen liegen, die in Städten liegen.

- Die Gruppe der mit dem Auto gebrachten ist in allen drei Gemeindetypen die zweitgrößte: 30% bei Dorf, 36% bei Großstadt und 30% bei Stadt.
- Fahrradfahrer:innen haben in der Stadt den vergleichsweise größten Anteil (24%) im Vergleich zu 9% (Großstadt) und 14% (Dorf). Vielleicht wird Fahrradfahren in der Großstadt als zu gefährlich eingeschätzt und im Dorf ist die Schule auch oft zu Fuß zu erreichen. Um diese Hypothese zu prüfen, müsste man die Schulkinder nach ihren Motiven zur Wahl des Fortbewegungsmittels interviewen.

Diese Vergleiche hätte man mit den bisherigen Darstellungen rein visuell wohl kaum – auch nicht qualitativ vergleichend – anstellen können. Da in der Grundschule kein Prozentbegriff vermittelt wird, sollte man einen qualitativen (komparativen) Anteilsvergleich hier wieder in TinkerPlots mit Kreisdiagrammen machen, wie wir sie in Abbildung 39 oben dargestellt haben. Jedes Kreisdiagramm bildet die Verteilung des Merkmals *Wie_zur_Schule* für die jeweiligen Teilgruppen Dorf (links), Stadt (mittig), Großstadt (rechts) ab. Nun kann man die Anteile jeweils qualitativ vergleichen, indem man die Größe der gleichfarbigen Stücke vergleicht. Man erhält dann auch visuell die Vergleichsergebnisse aus den drei obigen Spiegelstrichen, ohne dass Prozentangaben gemacht werden müssen. Mit CODAP erhält man Anteilsdiagramme auf Rechteckbasis in Abbildung 39 unten. Wenn auch im Mathematikunterricht der Primarstufe etwas ungewöhnlicher, lassen sich auch anhand der Anteilsdiagramme auf Rechteckbasis die jeweiligen Anteile qualitativ vergleichen.

Der Vollständigkeit halber zeigen wir auch die Visualisierung bzw. Darstellung der anderen Prozentangaben, auch wenn diese für die obige Fragestellung nicht zielführend sind. Es lassen sich zunächst auch entsprechend die Spalten- (Abbildung 40 unten, S. 64) und Zellenprozente (Anteil an der Gesamtgruppe) (Abbildung 40 oben) berechnen – in CODAP kann das analog erfolgen. In CODAP und in TinkerPlots lassen sich, wie wir bereits oben erfahren haben, entsprechende Grafiken zu den Spaltenprozenten als rechteckbasierte Anteilsgrafiken bzw. Kreisdiagramme erstellen (Abbildung 41 unten, S. 65). Aus Vollständigkeitsgründen haben wir die entsprechende TinkerPlots-Abbildung (Abbildung 41 oben) ebenfalls eingefügt. Es lassen sich hier wieder anhand der Kreisdiagramme oder der Rechtecksanteilsdiagramme Aussagen formulieren wie: „Mehr als die Hälfte der Autofahrer:innen sind Kinder, die aus einem Dorf kommen", „Mehr als die Hälfte der Busfahrer:innen sind Kinder, die aus einem Dorf kommen", „Ungefähr die Hälfte der Fahrradfahrer:innen kommen aus der Stadt", etc.

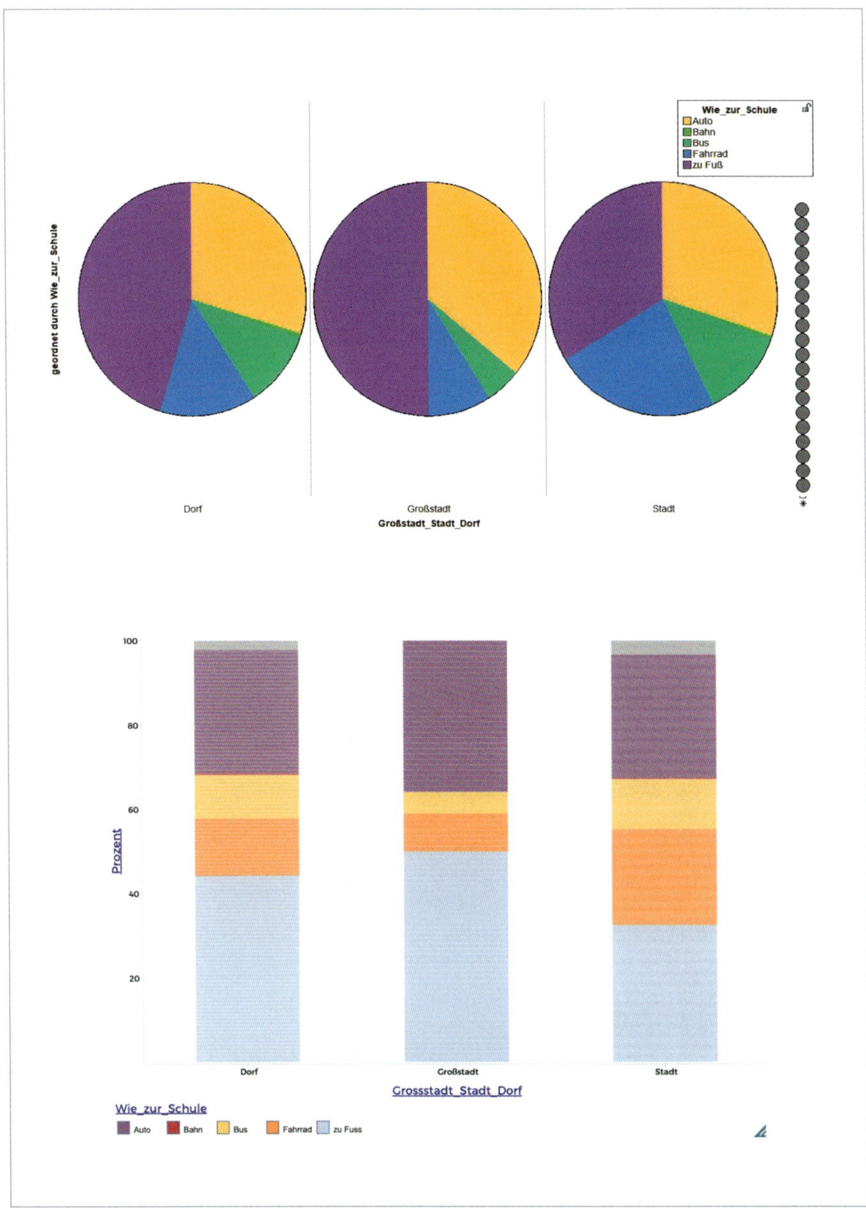

Abbildung 39: TinkerPlots-Diagramm zur Untersuchung des Zusammenhangs zwischen den Merkmalen *Wie_zur_Schule* und *Großstadt_Stadt_Dorf* im Datensatz D#4 mithilfe von Kreisdiagrammen (oben) und rechteckbasierte Anteilsgrafik in CODAP (unten) zur Untersuchung des Zusammenhangs zwischen den Merkmalen *Wie_zur_Schule* und *Großstadt_Stadt_Dorf* im Datensatz D#5 – eingefärbt nach dem Merkmal *Wie_zur_Schule*

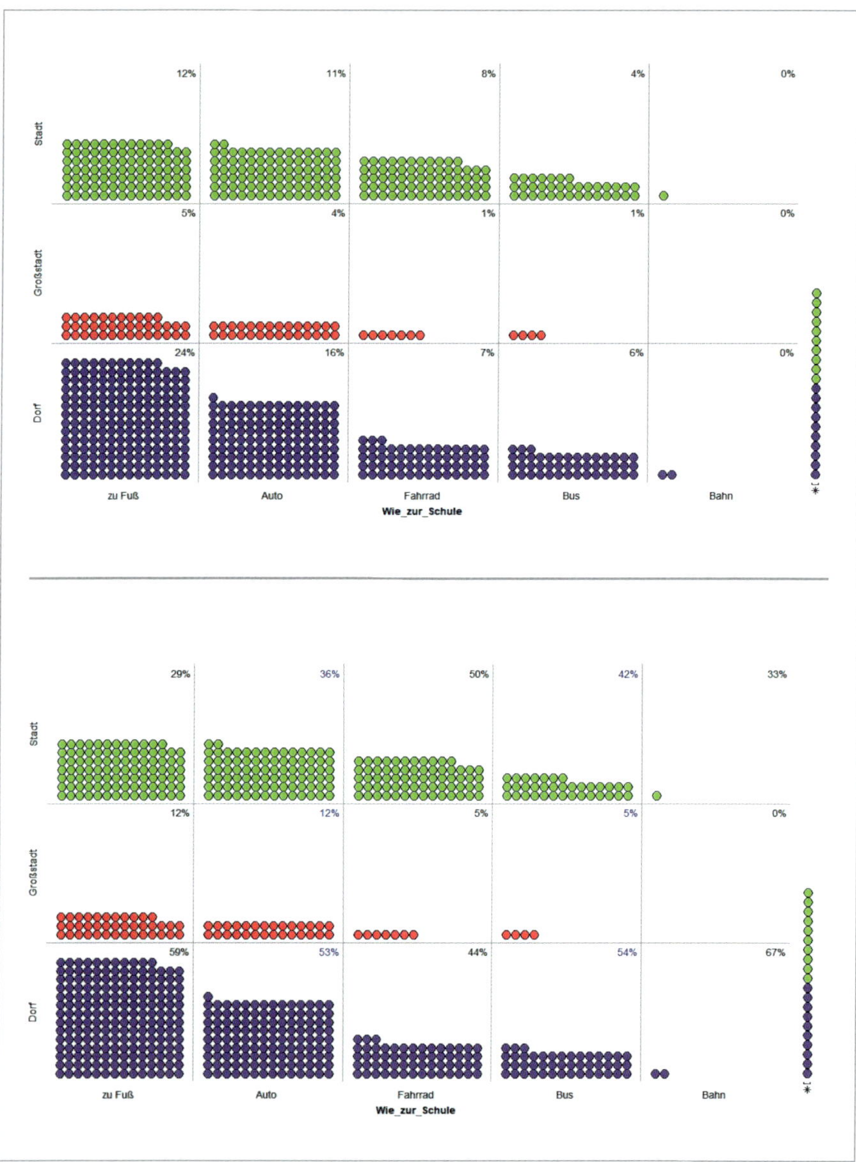

Abbildung 40: TinkerPlots-Graph zur Untersuchung des Zusammenhangs zwischen den Merkmalen *Wie_zur_Schule* und *Großstadt_Stadt_Dorf* im Datensatz D#4 mit Spaltenprozenten (unten) und Zellenprozenten (oben)

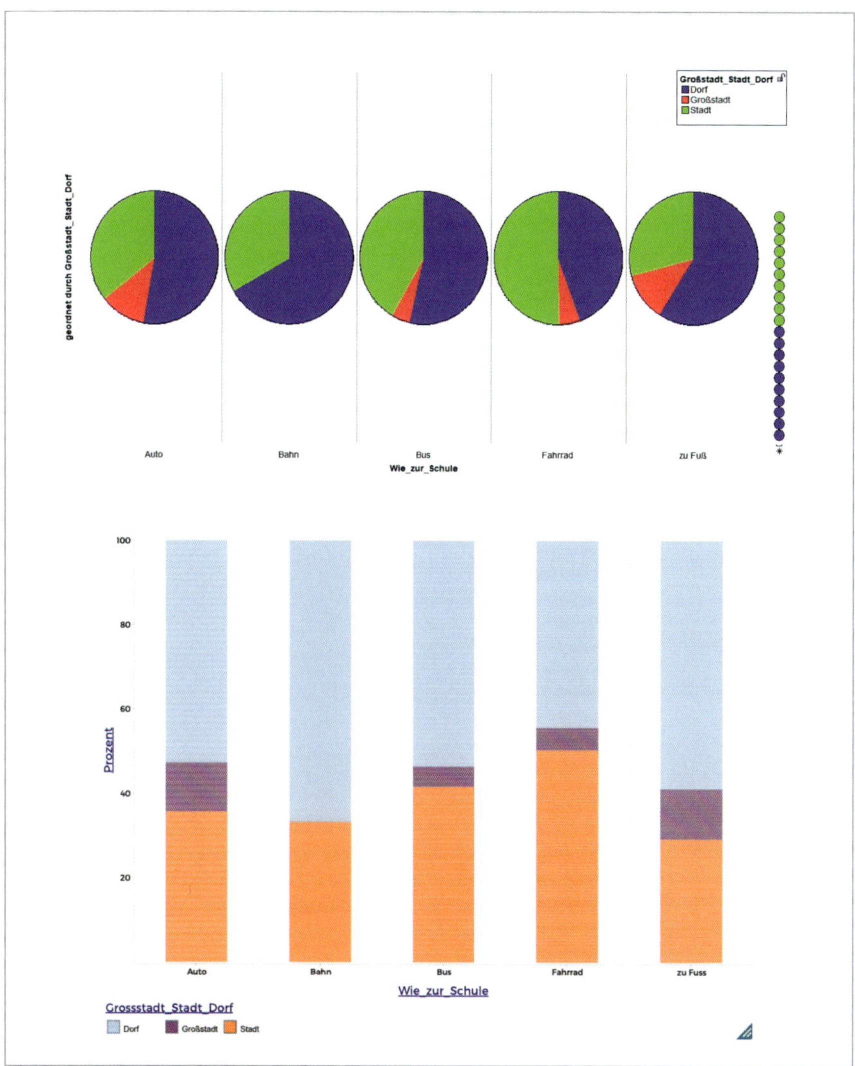

Abbildung 41: TinkerPlots Kreisdiagramme zur Untersuchung des Zusammenhangs zwischen den Merkmalen *Wie_zur_Schule und Großstadt_Stadt_Dorf* im Datensatz D#4 (oben); Rechteck-basierte Anteilsgrafik in CODAP zur Untersuchung des Zusammenhangs zwischen den Merkmalen *Wie_zur_Schule* und *Großstadt_Stadt_Dorf* im Datensatz D#5 (unten), eingefärbt nach dem Merkmal *Großstadt_Stadt_Dorf*

4 Verteilung numerischer Merkmale

Numerische Merkmale sind beispielsweise *Körpergewicht, Körpergröße, Taschengeld in Euro, Anzahl von WhatsApp-Nachrichten am Tag* oder *Stunden Sport pro Woche*. Die wesentlichen Darstellungen der Verteilung numerischer Merkmale sind *Wertebalkendiagramme* und *gestapelte Punktdiagramme*. Wir erläutern gleich, was wir mit diesen Bezeichnungen meinen.

Ähnlich wie wir es bei den Daten der Klasse 4b (der Leonhard-Euler-Grundschule Klasse 4b – Stichprobe aus dem Datensatz Grundschüler_innen_NRW) in Kapitel 1 kennengelernt haben, lassen sich Ausprägungen numerischer Merkmale auch auf Datenkarten notieren und in Standarddatentabellen repräsentieren. Die Körpergrößen der Kinder der Klasse 4b finden wir in Tabelle 16 notiert.

Name	Körpergröße in cm
Nemo	149
Howedes	139
Lena	148
Frei mit den Tieren	143
Lewandowski	148
Lisa	136
Stropi	138
Sarh	143
Schirwah	142
Fabien	139
Pippi Langstumpf	132
Fran	136
Oskar	137
Miriam Madeleine	137
Marie	138
Manuel	156
Hausaufgaben-freßer	126
Sarah	142
Miriam	134

Tabelle 16: Übersicht über die Körpergrößen der Schüler:innen der Klasse 4b (*Leonhard_Euler_GS_Klasse*) Datensatz D#10

In TinkerPlots klicken wir für eine erste Darstellung das Merkmal *Körpergröße_incm* an. Dann öffnen wir einen Graphen: Jede:r Schüler:in wird wieder durch einen kleinen Kreis repräsentiert, der durch eine Grundfarbe eingefärbt wird je größer die Körpergröße, desto intensiver. Dies sieht man in Abbildung 42, wo wir zuvor noch als Beschriftung den Namen ausgewählt hatten. Wir können durch die im Vergleich zu *Nemo* schwächere Farbintensität von *Hausaufgabenfreßer* erkennen, dass *Hausaufgabenfreßer* eine geringere *Körpergröße* hat als *Nemo*. Diese Information lässt sich natürlich auch der Datentabelle in TinkerPlots entnehmen.

4.1 Das Wertebalkendiagramm

Fragen wie „Wer ist das größte/kleinste Kind?“ können mithilfe von Tabelle 16 beantwortet werden. Die Farbabstufungen in Abbildung 42 lassen jedoch

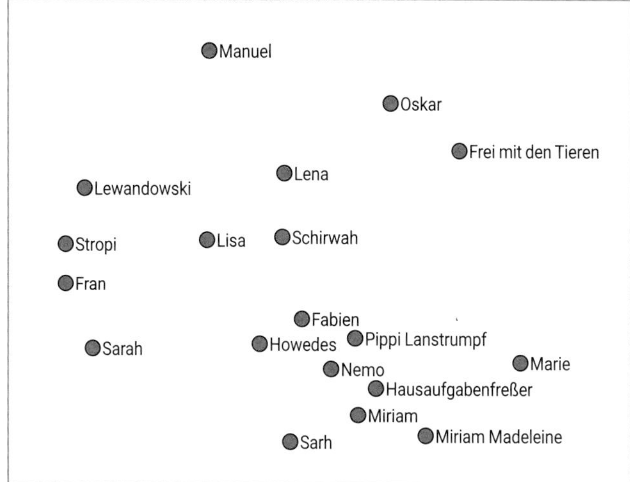

Abbildung 42: TinkerPlots-Graph mit den 19 Kindern der Klasse 4b (*Leonhard_Euler_GS_Klasse*). Datensatz D#10

keine sichere Aussage zu. Man kann aber auch jede:m Schüler:in einen Balken zuordnen, dessen Länge der Körpergröße entspricht (siehe Abbildung 43). Diese Balken nennen wir Wertebalken. Wir nennen das Diagramm *Wertebalkendiagramm*, um es sprachlich von Balkendiagrammen zu unterscheiden, die Häufigkeiten darstellen (siehe 2.1.5). Man könnte auch ein entsprechendes Wertesäulendiagramm konstruieren. Das Wertebalken- oder Wertesäulendiagramm ist eher für kleine Datensätze geeignet. Diese Darstellung erlaubt im Prinzip (durch Ablesen und Vergleichen) Aussagen wie „Manuel ist das größte Kind der Klasse", „Acht Kinder sind größer als 140 cm" usw. Man kann diese Grafik aber verbessern, indem man die Schüler:innen nach der Länge der Balken, also nach ihrer Körpergröße sortiert. Das allein kann schon eine aussagekräftige Darstellung sein. Auch der Vergleich der Körpergröße zweier Schüler:innen wird dadurch erleichtert. Bei der Arbeit an der Tafel würde eine solche Sortierung einen völlig neuen Tafelanschrieb erfordern. Mit TinkerPlots ist das einfacher.

Die Abbildung 43 realisieren wir in TinkerPlots, indem wir von der Situation in Abbildung 42 ausgehen und dann im Graph-Menü unten links die Option *Wertebalken waagerecht* auswählen und die Namen durch Einschalten der Funktion „Etikett" anzeigen lassen. Über das Untermenü kann dann die Platzierung der Beschriftung angepasst werden (z. B. rechts vom Datenpunkt). Die Farbgebung ist in ihrer Intensität dabei wieder proportional zur Ausprägung des Merkmals *Körpergröße_incm*.

Ein Ordnen der Wertebalken – aufsteigend nach der Körpergröße der Kinder – lässt sich nun mittels der Operation *Ordnen* in der Arbeitsleiste zum

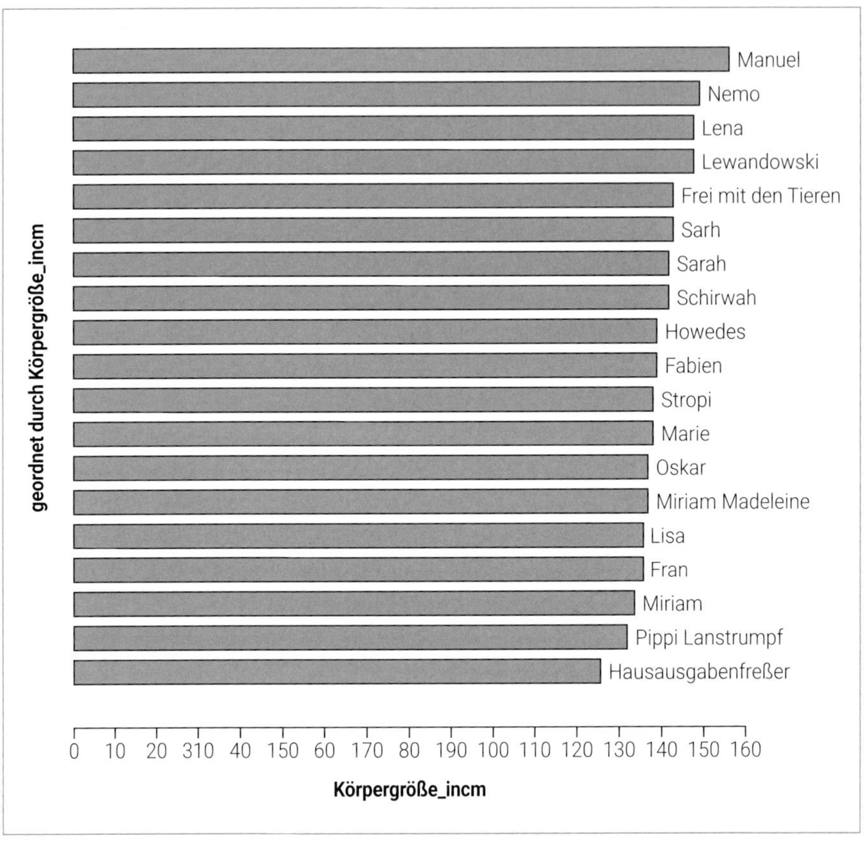

Abbildung 43: Wertebalken-Diagramm zur Verteilung des Merkmals *Körpergröße_incm* in TinkerPlots (ungeordnet) im Datensatz D#10

Graph-Fenster umsetzen. Wir erhalten die Abbildung 43. Anhand von Abbildung 43 können wir beispielsweise erkennen, dass *Lena* und *Lewandowski* gleich groß sind. Ebenso können wir beispielsweise erkennen, dass *Manuel* mit 156 cm das größte Kind und *Hausaufgabenfresser* mit 126 cm das kleinste Kind ist, und man sieht insgesamt die Kinder nach der Körpergröße geordnet. In CODAP erstellt man ein Wertebalkendiagramm in zwei Schritten: Man zieht zunächst das Merkmal (hier *Körpergröße_incm*) auf die waagerechte Achse in einem voreingestellten Standardgraphen. Durch das Seitenmenü des Graphen (Säulendiagramm-Icon) wird ein Wertebalkendiagramm erstellt, das wir in Abbildung 44 sehen.

Ähnlich wie in TinkerPlots können die Namen der Kinder zu den Wertebalken in CODAP zugeordnet werden (siehe Abbildung 45). Das erreicht man,

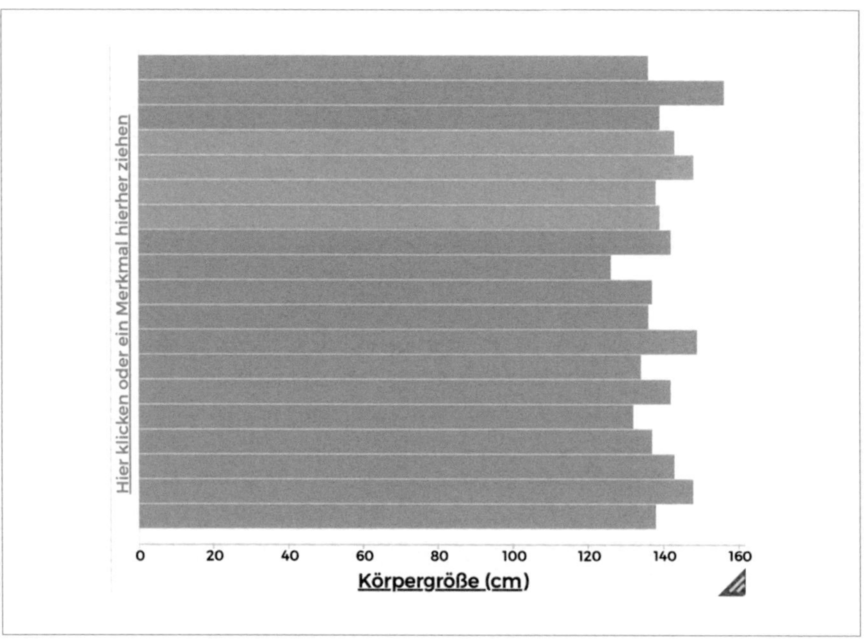

Abbildung 44: Ungeordnetes Wertebalkendiagramm zur Verteilung des Merkmals *Körpergröße_incm* in CODAP im Datensatz D#11

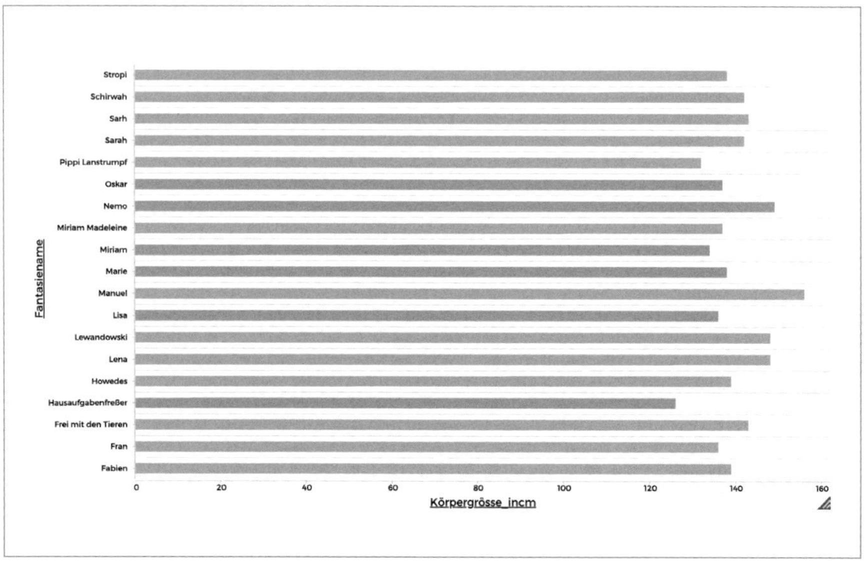

Abbildung 45: Ungeordnetes Wertebalkendiagramm zur Verteilung des Merkmals *Körpergröße_incm* mit Fantasienamen der Kinder in CODAP im Datensatz D#11

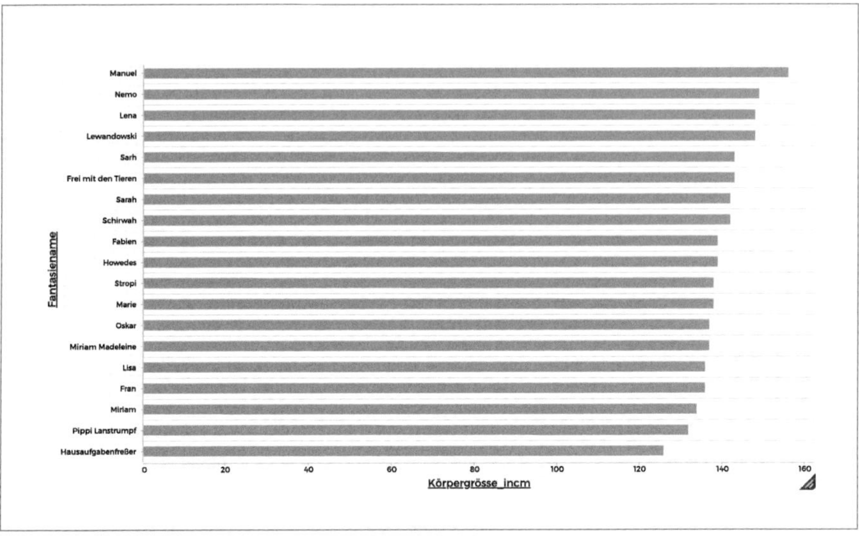

Abbildung 46: Geordnetes Wertebalkendiagramm in CODAP zur Verteilung des Merkmals *Körpergröße_incm* im Datensatz D#11

indem man das Merkmal *Fantasiename* auf die y-Achse zieht.Möchte man Abbildung 45 durch eine auf- bzw. absteigende Sortierung der Merkmalsausprägungen des Merkmals *Körpergröße* verbessern, so steht in CODAP leider keine Sortierfunktion zur Verfügung, sondern es muss manuell (Auswählen und Verschieben der Namen) sortiert werden, um Abbildung 46 zu erhalten.

4.2 Das gestapelte Punktdiagramm

4.2.1 Varianten des gestapelten Punktdiagramms

Für die kategorialen Merkmale wurden folgende Fragen gestellt, die mithilfe eines Säulendiagramms mit Häufigkeiten beantwortet werden konnten: Welche Merkmalsausprägungen kommen überhaupt vor? Wie häufig treten die einzelnen Ausprägungen auf? Welche Ausprägung kommt am häufigsten, am zweithäufigsten, am seltensten vor? Diese Fragen können mithilfe von Wertebalkendiagrammen nicht gut beantwortet werden. Die Fragen sprechen nur Zahlenwerte an, nicht aber, zu welchem / r Schüler:in sie gehören. Kann man eine Darstellung analog zum kategorialen Fall entwickeln? Die Schüler:innen könnten auf die Idee kommen, alle vorkommenden Werte waagerecht anzuordnen und darüber so viele Punkte darzustellen, wie vor-

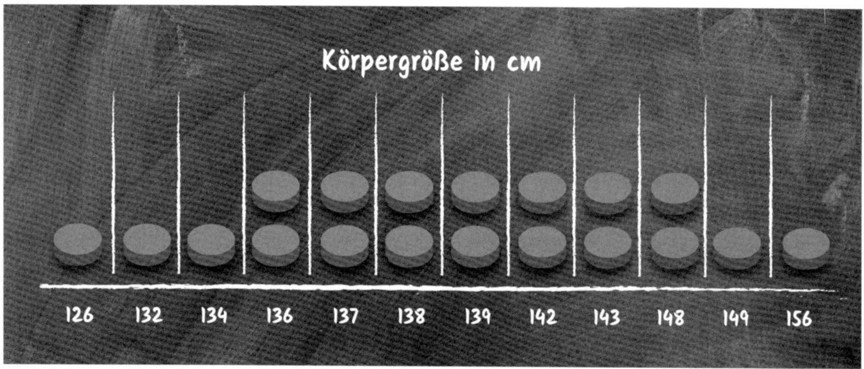

Abbildung 47: Tafelbild zur Verteilung des Merkmals *Körpergröße_incm* im Datensatz D#10

kommen. Man erhält dann Abbildung 47. Der waagerechte Strich hat eine grafische Funktion, kann aber nicht als ein Stück eines Zahlenstrahls interpretiert werden, da die Zahlen unterschiedliche Differenzen haben.

In der Statistik ist es jedoch üblich, einen Zahlenstrahl zu verwenden, auf dem die vorkommenden Werte dargestellt und bei mehrfachem Auftreten gestapelt werden. Das hat den Vorteil, dass auch nicht vorgekommene, aber prinzipiell mögliche Zahlenwerte mit angezeigt werden und die Lücken zwischen den Ausprägungen sichtbar werden. Dies ist auch für den Vergleich zweier numerischer Verteilungen essenziell, da die numerischen Werte ja immer leicht anders ausfallen können. Dieses Diagramm nennt man auch das *gestapelte Punktdiagramm* (siehe Abbildung 48). Manchmal wird auch die Bezeichnung „eindimensionales Streudiagramm" verwendet. Die drei oben genannten Fragen können mithilfe dieses Diagramms direkt durch Ablesen beantwortet werden. Das gestapelte Punktdiagramm ist die Basisgrafik für numerische Merkmale, wenn man sich nur für die Verteilung der Werte in

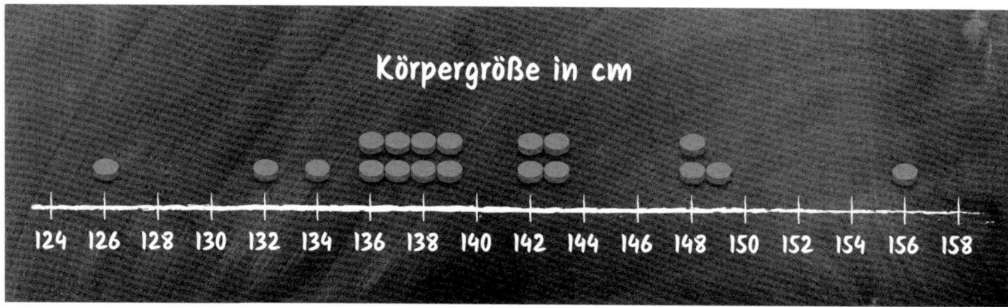

Abbildung 48: Tafelbild zum gestapelten Punktdiagramm zur Verteilung des Merkmals *Körpergröße_incm* im Datensatz D#10

der Grundgesamtheit interessiert, nicht aber dafür, zu welchen Merkmalsträgern (hier: Schüler:innen) die Werte gehören.

4.2.2 Erstellen eines gestapelten Punktdiagramms in TinkerPlots und in CODAP

Es gibt zwei Möglichkeiten, ein gestapeltes Punktdiagramm für die Verteilung eines numerischen Merkmals in TinkerPlots zu erstellen. Die schnelle Variante ist, einfach das numerische Merkmal *Körpergröße_incm* im Datenkartenstapel auszuwählen, dann werden die Punkte im Graphen eingefärbt (siehe Abbildung 49), dann einen beliebigen Punkt mit der Maus auszuwählen, die Maustaste gedrückt zu halten, den Punkt ganz nach rechts zu ziehen (bis unten eine Achse erscheint) und danach die Funktion *Stapeln* aus

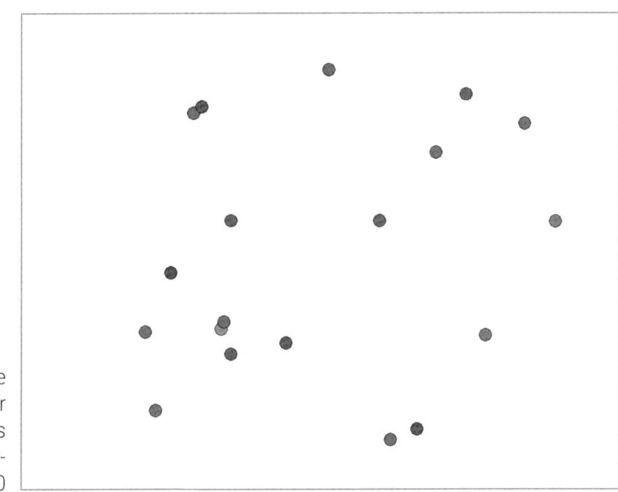

Abbildung 49: Punkte eingefärbt nach der Verteilung des Merkmals *Körpergröße_incm* in TinkerPlots im Datensatz D#10

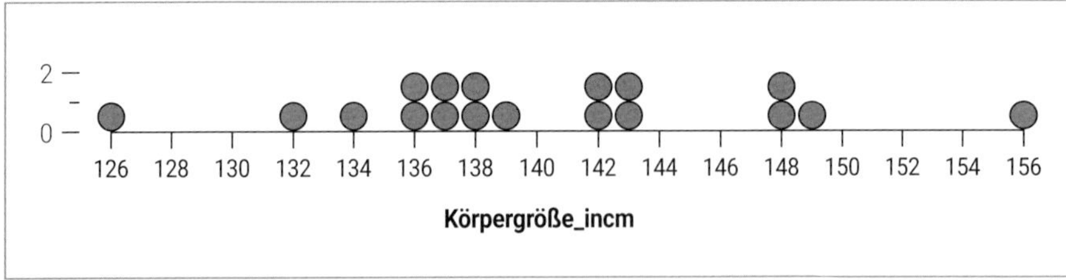

Abbildung 50: Gestapeltes Punktdiagramm zur Verteilung des Merkmals *Körpergröße_incm* in TinkerPlots im Datensatz D#10

dem oberen Menü auszuwählen. TinkerPlots erzeugt dann ein gestapeltes Punktdiagramm der Verteilung des Merkmals *Körpergröße_incm*, wie in Abbildung 50 zu sehen ist. Eine Grafik, die in TinkerPlots zwischendurch erscheint, ist in Abbildung 51 zu sehen. Wir empfehlen, sie zunächst nicht zu benutzen und nur als Übergangsgrafik zu betrachten. Es handelt sich um eine Klasseneinteilung der vorkommenden Werte, die wir später besprechen werden. In CODAP lässt sich dies ähnlich über ein *pick & drag & drop* des Merkmals auf die horizontale Achse realisieren (Abbildung 52).[1]

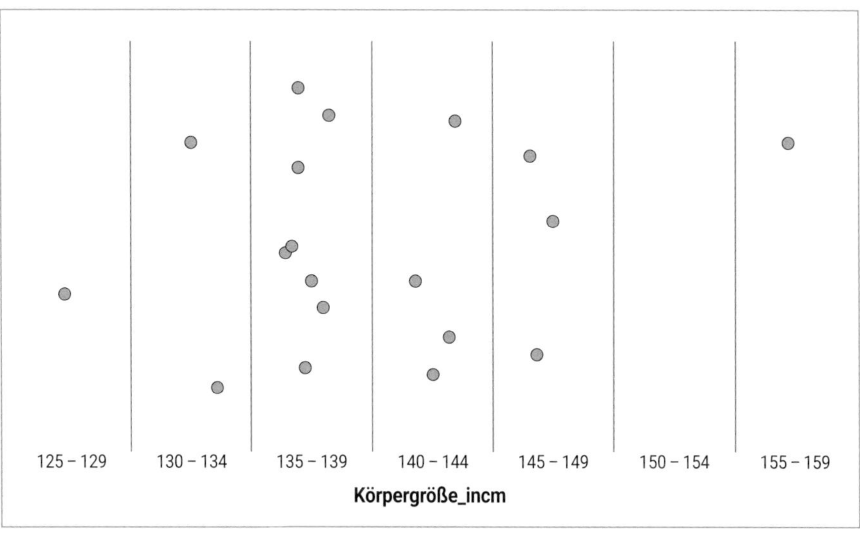

Abbildung 51: Vorstufe zum gestapelten Punktdiagramm zur Verteilung des Merkmals *Körpergröße_incm* in TinkerPlots Datensatz D#10

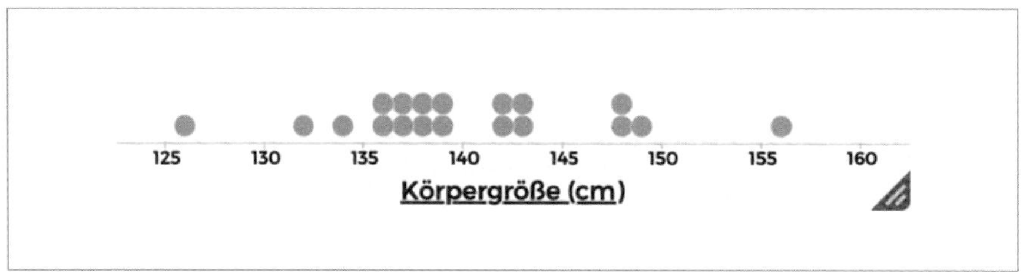

Abbildung 52: Gestapeltes Punktdiagramm zur Verteilung des Merkmals *Körpergröße_incm* in CODAP im Datensatz D#11

1 Bei TinkerPlots „verursacht" ein pick & drag & drop nur das Aufteilen in zwei Gruppen.

4.2.3 Schrittweises Erstellen eines Punktdiagramms aus einem Wertebalkendiagramm in TinkerPlots

Ein gestapeltes Punktdiagramm kann auch aus einem Wertebalkendiagramm (wie in Abbildung 43) durch bestimmte TinkerPlots-Operationen erzeugt werden, was nützlich sein kann, um diese neue Darstellungsform im Unterricht einzuführen und sie mit dem Balkendiagramm (2.1.5) zu kontrastieren. Der erste Schritt besteht darin, den Wertebalken durch einen Punkt

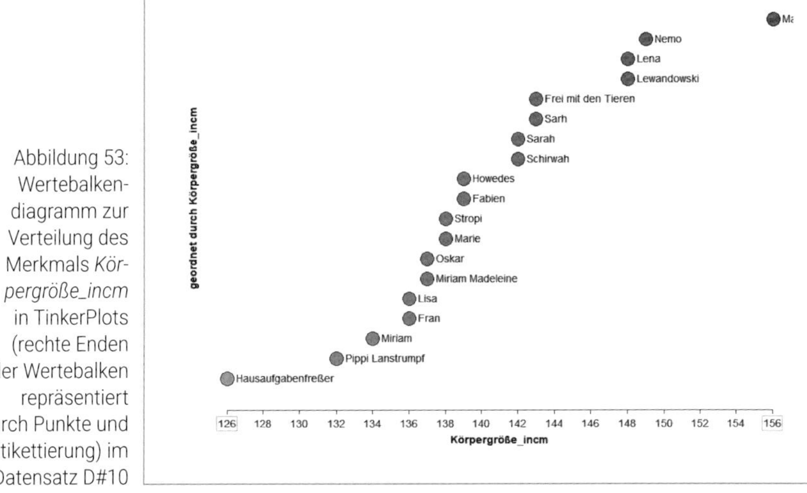

Abbildung 53: Wertebalkendiagramm zur Verteilung des Merkmals *Körpergröße_incm* in TinkerPlots (rechte Enden der Wertebalken repräsentiert durch Punkte und Etikettierung) im Datensatz D#10

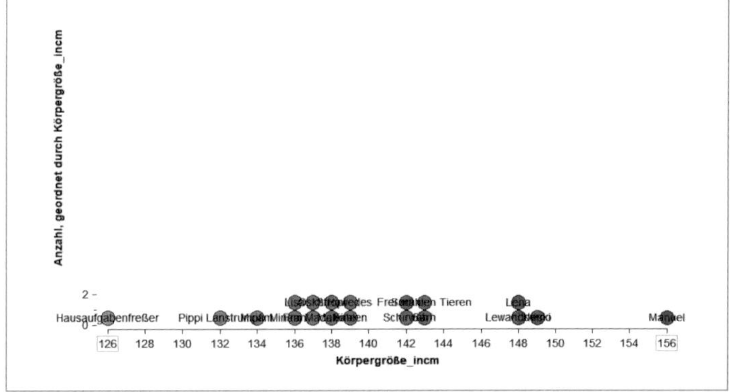

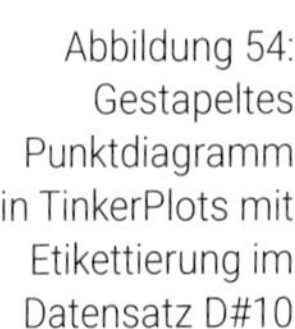
Abbildung 54: Gestapeltes Punktdiagramm in TinkerPlots mit Etikettierung im Datensatz D#10

an der Stelle des rechten Balkenendes zu ersetzen, wie in Abbildung 53 zu sehen ist (dies wird erreicht, indem die Darstellungsart unter dem Diagramm im TinkerPlots-Graph von Wertebalken auf Kreissymbol umgestellt wird). Stapelt man nun die Punkte in TinkerPlots mit der Stapeloperation, so erhält man ein gestapeltes Punktdiagramm mit Beschriftung (Abbildung 54), die in einem nächsten Schritt auch wieder ausgeblendet werden könnte. Die Realisierung kann auch im Erklärvideo V#15 nachvollzogen werden.

4.3 Klasseneinteilungen und Histogramme bei einem numerischen Merkmal

4.3.1 Histogramme in TinkerPlots

Bei größeren Datensätzen wird das gestapelte Punktdiagramm unübersichtlich. Wir betrachten das Merkmal *Anzahl_Spiele_auf_Smartphone* aus dem Datensatz *Grundschüler_innen_NRW* (D#4), der ja 809 Fälle hat. Abbildung 55 zeigt die Basisgrafik des bereits ausgewählten Merkmals – auch hier könnte man technisch die Symbole mit den Namen der Kinder beschriften, was aber bei dieser Vielzahl von Fällen nicht sinnvoll ist.

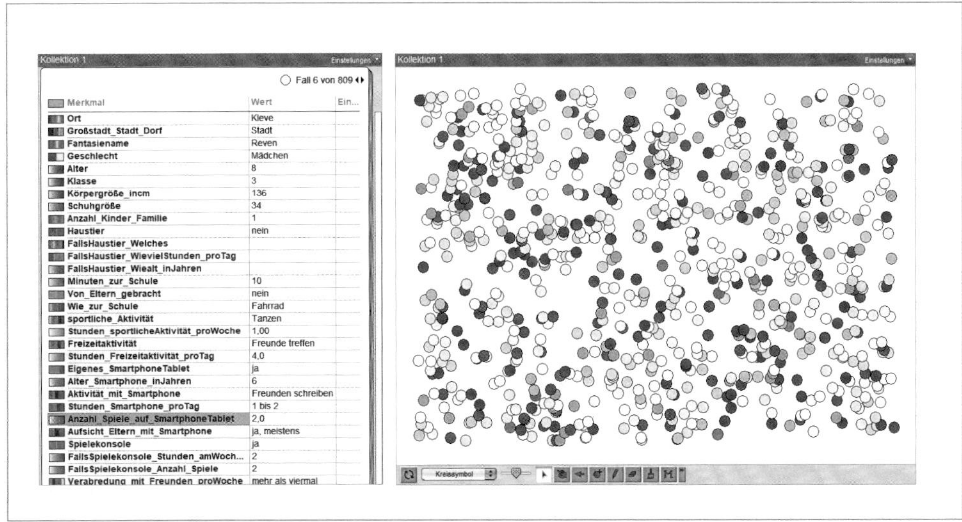

Abbildung 55: Datenkarte (links) und Graph (rechts) in TinkerPlots bei der Exploration der Verteilung eines numerischen Merkmals im Datensatz D#4

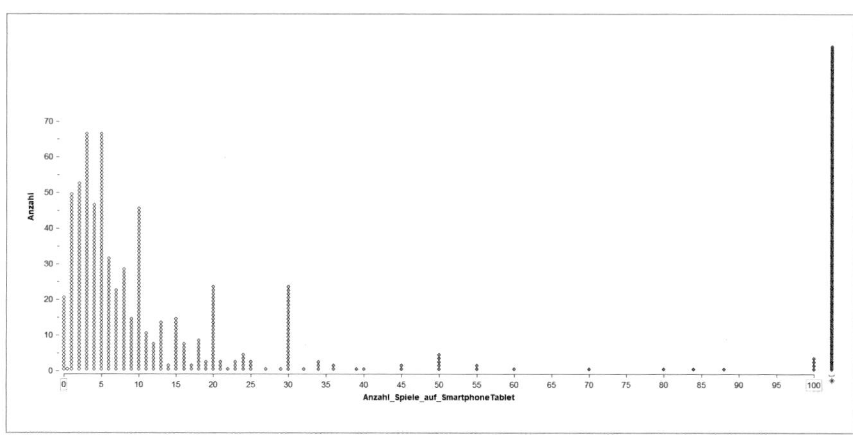

Abbildung 56: Gestapeltes Punktdiagramm zur Verteilung des Merkmals *Anzahl_Spiele_auf_SmartphoneTablet* in TinkerPlots im Datensatz D#4

Wir ziehen einen der Punkte so lange nach rechts, bis die numerische Achse erscheint und wählen dann *stapeln* und erhalten die Darstellung in Abbildung 56.

In der Statistik werden für numerische Merkmale noch weitere Darstellungen verwendet, die nicht die einzelnen Daten, sondern die Häufigkeiten in bestimmten Klassen (Teilmengen) von Daten darstellen. Abbildung 57

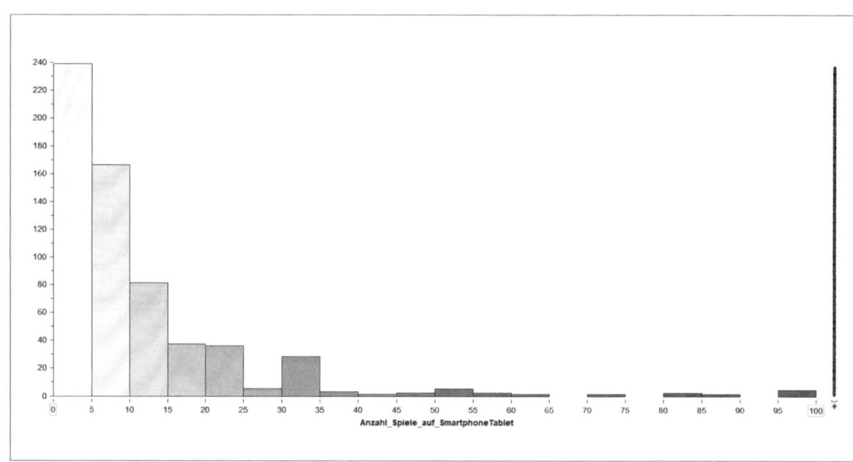

Abbildung 57: Histogramm in TinkerPlots zur Verteilung des Merkmals *Anzahl_Spiele_auf_SmartphoneTablet* im Datensatz D#4

zeigt eine solche mit TinkerPlots erzeugte Darstellung, das sogenannte *Histogramm*. Grafisch handelt es sich um ein Säulendiagramm, aber da es sich um ein numerisches Merkmal handelt, werden die Klassen auf der horizontalen Achse nahtlos aneinandergereiht; sie werden gleichsam auf den Zahlenstrahl gesetzt. Dieses spezielle Säulendiagramm wird als Histogramm bezeichnet.

Auf die genaue praktische Erstellung wird später eingegangen, zunächst wird der Aufbau dieses Histogramms erläutert. Die horizontale Achse ist eine numerische Achse. Bei jedem Vielfachen von 5 wird eine Markierung gesetzt. Über jedem Intervall zwischen 0 und 5, 5 und 10 usw. wurde eine Säule errichtet, deren Höhe die Häufigkeit der Daten in diesem Intervall repräsentiert. Dabei wurde darauf geachtet, dass Daten nicht doppelt dargestellt werden: Wenn es z. B. Daten mit dem Wert 5 gibt (d. h. Personen mit genau 5 Spielen), dann werden sie in die Säule eingetragen, die bei 5 beginnt. Man kann auch formulieren, dass die erste Säule die Häufigkeit (hier ca. 240) im Intervall *von 0 bis unter 5* repräsentiert. Entsprechendes gilt für die anderen Intervalle, bis auf das letzte Intervall, in dem auch der rechte Randpunkt einbezogen wird. Mathematisch spricht man von halboffenen Intervallen mit den Bezeichnungen [0,5), [5,10), ..., [90,95). Das letzte Intervall ist aber dann das Intervall [95,100], das beide Randpunkte einschließt. Eine eckige Klammer bedeutet, dass der Wert zu dem Intervall gehört, eine runde Klammer, dass er nicht dazu gehört. Das Intervall [0,5) enthält alle reellen Zahlen z, für die gilt $0 \leq z < 5$. Mit diesen Intervallen decken wir die Achse von 0 bis einschließlich 100 lückenlos und überschneidungsfrei ab. Man spricht hier auch von einer *Klasseneinteilung* der Daten mit der *Breite* 5, dem *Anfangswert* 0 und dem *Endwert* 100.

Es können auch andere Startwerte und Breiten gewählt werden. Welche Möglichkeiten sinnvoll sind und welche Vor- und Nachteile das Punktdiagramm und das Histogramm haben, soll weiter unten erläutert werden. In Abbildung 58 sind jeweils noch die absoluten (Abbildung 58 oben) und relativen (Abbildung 58 unten) Häufigkeiten der Fälle in den einzelnen Klassen angezeigt.

Anhand der Histogramme in Abbildung 58 können wir nun ablesen, dass beispielsweise 239 (bzw. 39 %) der Schüler:innen weniger als 5 Spiele auf dem Smartphone / Tablet haben; 166 (bzw. 27 %) der Schüler:innen haben 5, 6, 7, 8 oder 9 Spiele, 81 (bzw. 13%) haben 10, 11, 12, 13 oder 14 Spiele auf dem Smartphone/Tablet etc. Für die Entwicklung eines ganzheitlichen Blicks auf Daten kann es sich anbieten, Häufigkeiten aus nebeneinanderliegenden Säulen zusammenzufassen – das lässt sich im Histogramm sehr gut umsetzen, z. B. könnte man sagen, dass 239 + 166 + 81 (bzw. 39 % + 27 % + 13 %) der Schüler:innen 0 bis 14 (einschließlich) Spiele auf dem Smartphone / Tablet haben.

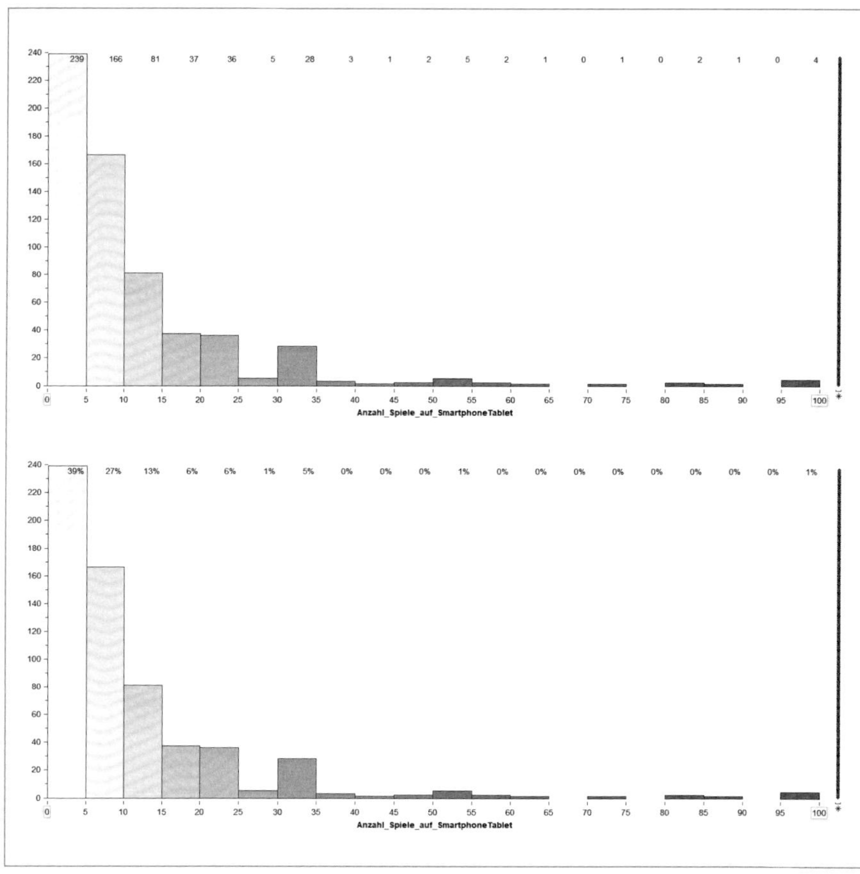

Abbildung 58: Histogramm in TinkerPlots Verteilung des Merkmals *Anzahl_Spiele_auf_Smartphone-Tablet* im Datensatz D#4 mit absoluten Häufigkeiten (oben) und relativen Häufigkeiten (unten)

4.3.2 Histogramme in CODAP

Als Ausgangs- bzw. „Default“-Diagramm zur Verteilung einer numerischen Variablen muss man in CODAP das gestapelte Punktdiagramm wählen (Abbildung 59).

Im *Graphmenü* (siehe Abbildung 60 rechts, ist aber auch in Abb. 59 aufrufbar) kann man nun die Option *in Klassen einteilen* auswählen. Dabei kann sowohl die Klassenbreite (hier in diesem Beispiel 20) sowie auch der Startwert ausgewählt werden. Wie in Abbildung 60 bei der Beschriftung der waagerechten Achse zu sehen ist, erzeugt bei dieser Auswahl CODAP immer linksgeschlossene und rechts-offene Intervalle, auch im letzten Intervall und das

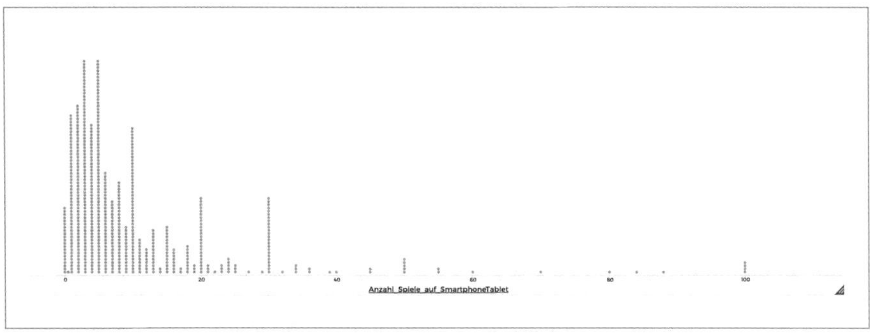

Abbildung 59: Gestapeltes Punktdiagramme in CODAP zur Verteilung des Merkmals *Anzahl_Spiele_auf_SmartphoneTablet* im Datensatz D#5

im Unterschied zu TinkerPlots. Dies ist zunächst noch eine Darstellung wie bei einem kategorialen Merkmal, denn es gibt noch keine numerische Achse. Wir nennen es *gestapeltes Punktdiagramm mit quasi-kategorialer Achse.* Ein letzter Schritt zum Histogramm ist dann die Auswahl *Punkte rechteckig* im Graphmenü, die aber nicht nur die Punkte rechteckig macht, sondern auch eine numerische Achse hinzufügt, die für ein Histogramm charakteristisch ist (Abbildung 61). Die Klasseneinteilung kann man beliebig verändern, wenn man wieder das Graphikmenü aufruft. Im Unterricht kann es didaktische Vorteile bieten, erst eine quasi-kategoriale Darstellung wie in Abbildung 60 zu thematisieren und dann bewusst zu einer Darstellung mit numerischer

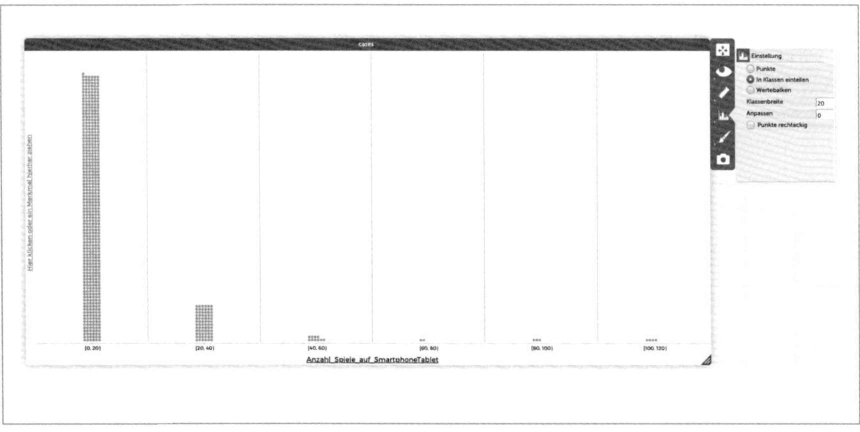

Abbildung 60: Gestapeltes Punktdiagramme mit quasi-kategorialer Achse in CODAP zur Verteilung des Merkmals *Anzahl_Spiele_auf_SmartphoneTablet* im Datensatz D#5

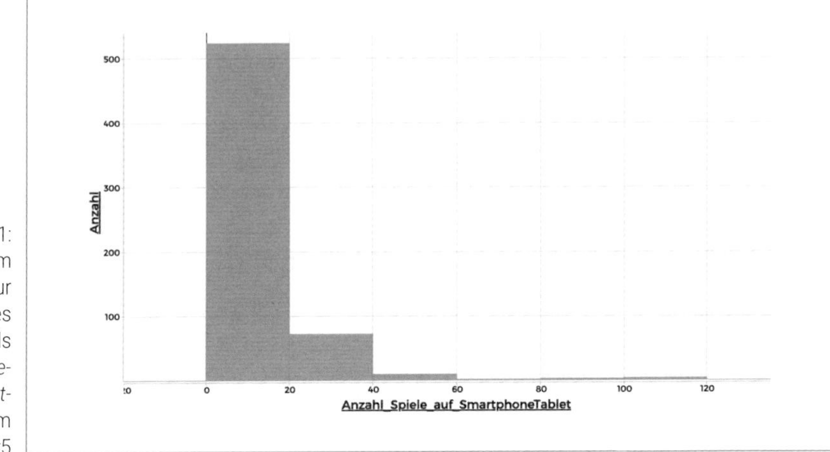

Abbildung 61: Histogramm in CODAP zur Verteilung des Merkmals *Anzahl_Spiele_auf_SmartphoneTablet* im Datensatz D#5

Achse überzugehen. Man beachte, dass CODAP immer Intervalle wählt, die den linken Randpunkt enthalten, den rechten aber nicht; deshalb endet das Histogramm in Abbildung 61 auch mit der Klasse [100,120), in dem in diesem speziellen Fall nur Werte enthalten sind, die exakt 100 sind.

4.3.3 Histogramme mit Wahl der Klasseneinteilung in TinkerPlots

In Tabelle 17 ist die Schrittfolge zur Erstellung von Histogrammen in TinkerPlots dargestellt.

Ähnlich wie bei CODAP erhält man in TinkerPlots „richtige“ Histogramme mit numerischer Achse erst nach dem Verschmelzen der Punkte.

4.3.4 Schrittweise Hinführung zum Histogramm in TinkerPlots

Studien haben gezeigt, dass Kinder oft Schwierigkeiten haben, Histogramme zu verstehen, insbesondere in Bezug auf die korrekte Interpretation der horizontalen Achse. Man kann sagen, dass Histogramme aus zwei verschiedenen Konzepten entstanden sind. Beide können technisch in TinkerPlots umgesetzt werden.

1. Man baut aus den Daten schrittweise unterschiedliche Klasseneinteilungen auf.
2. Man geht von einem gestapelten Punktdiagramm aus und führt darauf bezogen eine Klasseneinteilung ein, zu der dann ein Histogramm erzeugt wird. Diesen Weg haben wir in 4.3.3 dargestellt.

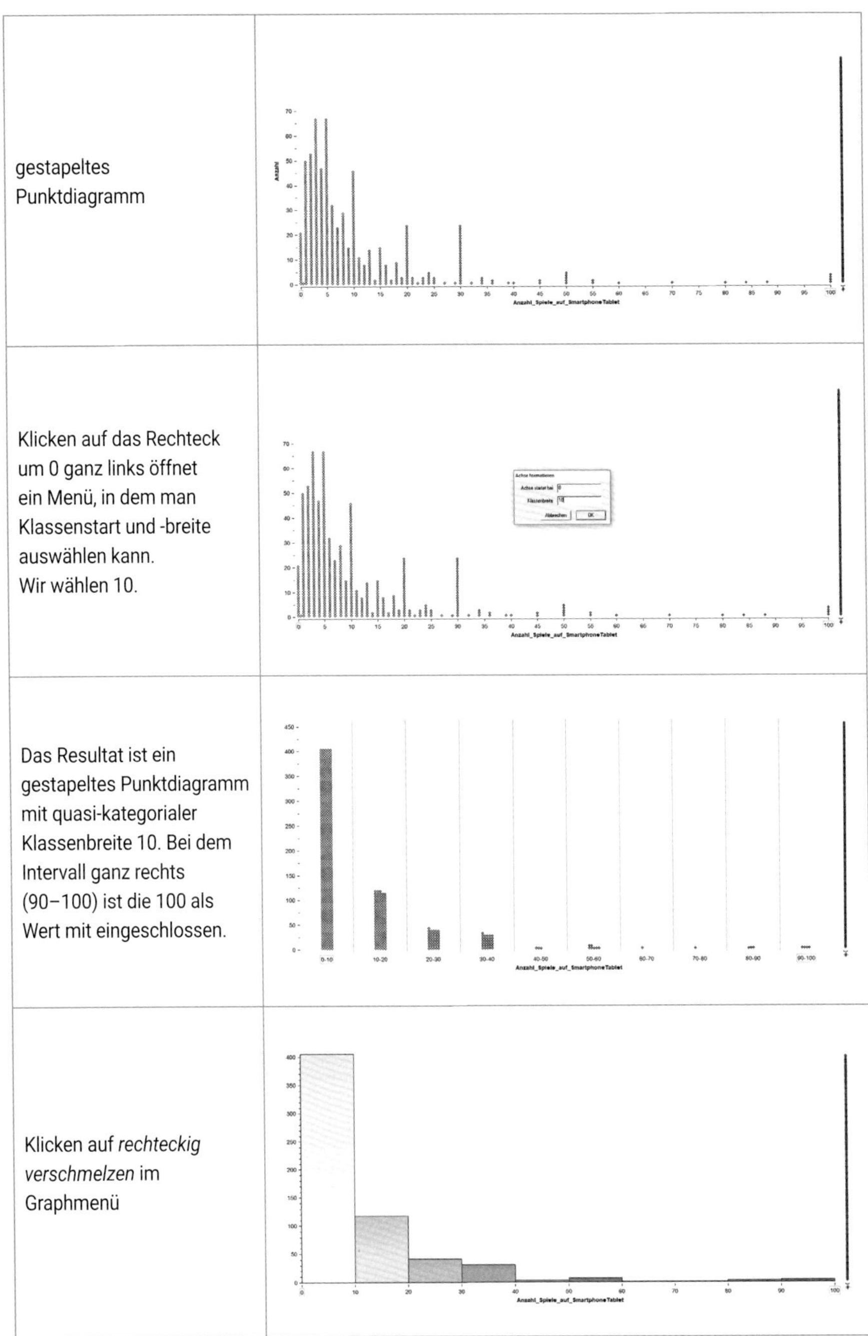

Schritt
gestapeltes Punktdiagramm
Klicken auf das Rechteck um 0 ganz links öffnet ein Menü, in dem man Klassenstart und -breite auswählen kann. Wir wählen 10.
Das Resultat ist ein gestapeltes Punktdiagramm mit quasi-kategorialer Klassenbreite 10. Bei dem Intervall ganz rechts (90–100) ist die 100 als Wert mit eingeschlossen.
Klicken auf *rechteckig verschmelzen* im Graphmenü

Tabelle 17: Schrittfolge zur Erstellung von Histogrammen in TinkerPlots, Datensatz D#4

Im Folgenden wird nun noch der erste Ansatz vorgestellt. Durch die Operation „Trennen“ im Menü oder durch die Auswahl einzelner Datenpunkte wird ein numerisches Merkmal automatisch in Kategorien unterteilt, zunächst automatisch in zwei gleich breite Klassen (siehe Abbildung 62 oben). Wir haben auf diese Weise das numerische Merkmal *Anzahl_Spiele_auf_Smartphone-Tablet* kategorisiert, es gleichsam in die beiden Kategorien *0 bis 49,9 (jeweils*

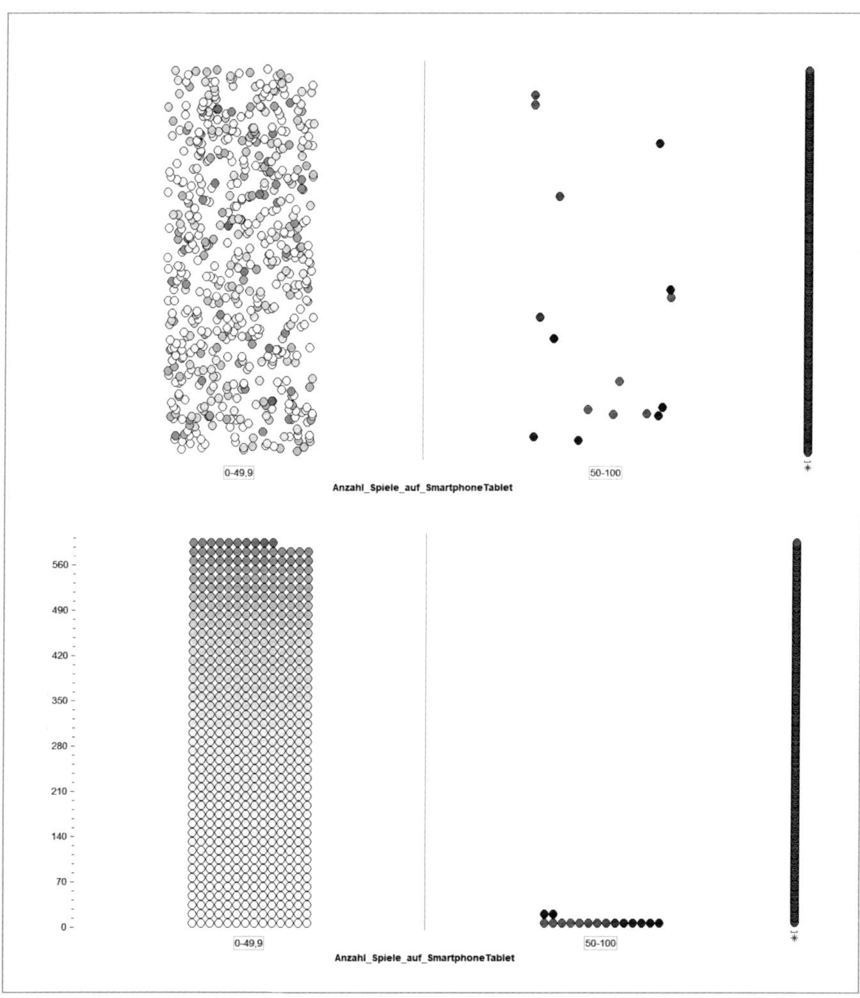

Abbildung 62: TinkerPlots-Graph zur Verteilung des Merkmals *Anzahl_Spiele_auf_SmartphoneTablet* (getrennt, oben) und TinkerPlots-Graph zur Verteilung des Merkmals *Anzahl_Spiele_auf_Smartphone-Tablet* (getrennt und gestapelt, unten), Datensatz D#4

einschließlich) und *50 bis 100 (jeweils einschließlich)* eingeteilt. In der Statistik spricht man auch von der Kategorisierung eines numerischen Merkmals. Jetzt kann *Stapeln* eine Übersicht wie in Abbildung 62 (unten) liefern, hier eben mit deutlich unterschiedlichen Häufigkeiten in diesen beiden Klassen.

Durch wiederholte Anwendung der Operation *Trennen* können wir die Einteilung der Klassen und somit die Kategorisierung immer weiter verfeinern (Abb. 63). Ein entscheidender Punkt ist, dass hier die Achsen zunächst quasi-kategorial sind (und damit die Verwandtschaft zur Darstellung kategorialer Merkmale erkennbar wird). Die Kategorien werden automatisch durch Intervalle bezeichnet (z. B. „0 – 49,9“), die abgeschlossen gemeint sind, also ihren rechten und linken Randpunkt enthalten. Die Intervalle werden überschneidungsfrei gewählt: Der rechte Randpunkt ist immer verschieden vom linken Randpunkt des nächsten Intervalls.

Die Wahl der Klassenbreite sowie des Startwertes und Endwertes kann auch manuell und direkt eingestellt werden. Dies geschieht durch einen Doppelklick auf das linke (kleinste Klasse) oder rechte (größte Klasse) Kästchen – hier in Abbildung 64 wurde die Klassen-

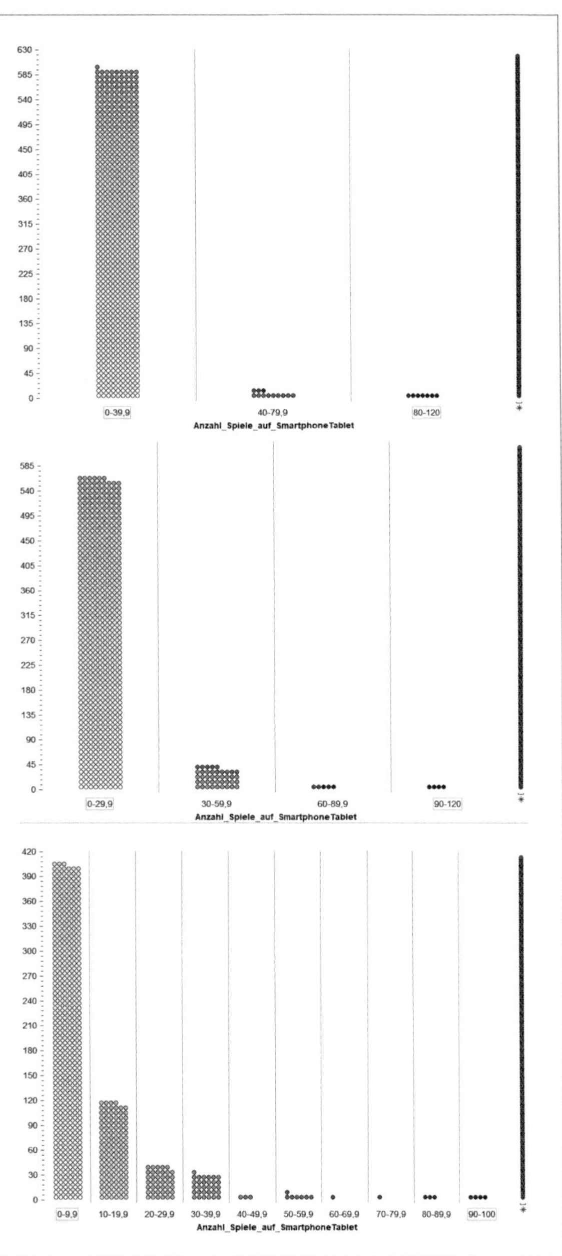

Abbildung 63: Verteilung des Merkmals *Anzahl_Spiele_auf_SmartphoneTablet* im Datensatz D#4 in TinkerPlots, mit unterschiedlichen Klasseneinteilungen. Die Intervallgrenzen sind jeweils „einschließlich“ zu verstehen.

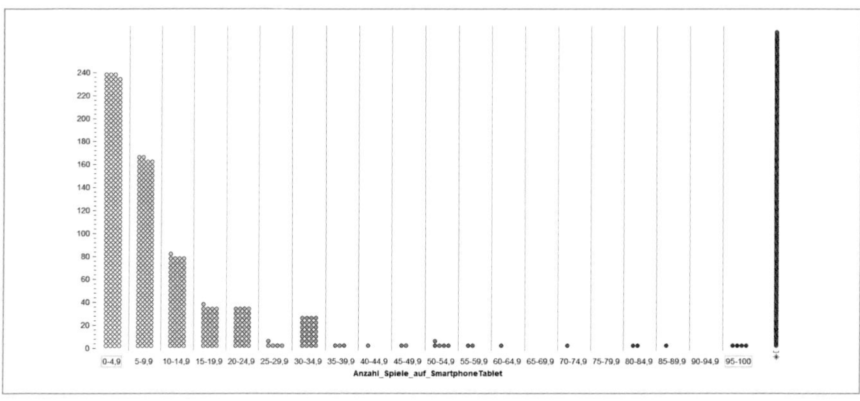

Abbildung 64: Verteilung des Merkmals *Anzahl_Spiele_auf_SmartphoneTablet* im Datensatz D#4 in TinkerPlots mit der Klassenbreite 5

breite 5 gewählt. Die Achse in Abbildung 64 ist noch in einzelne Behälter bzw. Klassen unterteilt, z. B. von 0 – 4,9; 5 – 9,9; 10 – 14,9 etc. Somit ist die Verteilung des Merkmals *Anzahl_Spiele_auf_dem_Smartphone/Tablet* in Abbildung 64 immer noch kategorisiert. Durch die Operation *Verschmelzen* der Symbole im Menü unten lassen sich dann die Säulen des Histogramms (Abb. 65) erstellen. Diese Aktion hat dann zur Folge, dass sich auch die Art der Achse ändert. Hier liegt nun eine Klasseneinteilung (Abb. 65) vor mit links-geschlossenen und rechts-offenen Intervallen, in diesem Fall [0,5); [5,10); [10,15) etc., bis auf das letzte, was auch den rechten Randpunkt umfasst, auf dem in diesem Fall

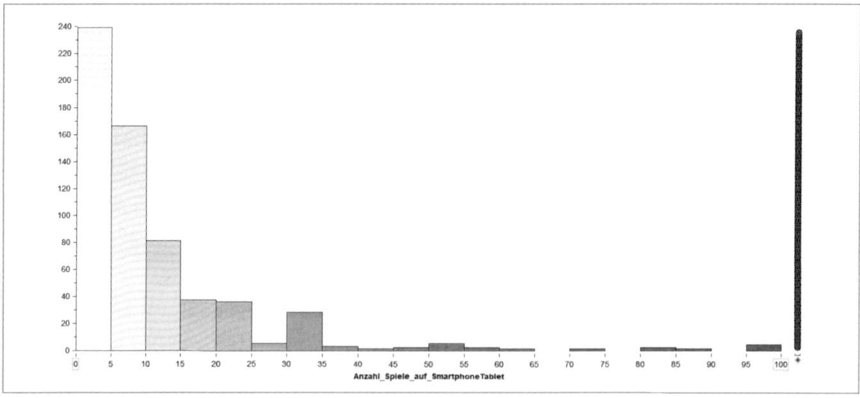

Abbildung 65: Histogramm zur Verteilung des Merkmals *Anzahl_Spiele_auf_SmartphoneTablet* im Datensatz D#4 in TinkerPlots mit der Klassenbreite 5

Werte liegen, was im Allgemeinen aber nicht der Fall sein muss (siehe z. B. das mittlere Diagramm in Abbildung 63).

4.4 Mehrere Histogramme mit unterschiedlichen Klasseneinteilungen

Wir haben gesehen, wie man Klasseneinteilungen ändern kann. In der Abbildung 66 sehen wir mehrere mit TinkerPlots erzeugte Histogramme. Links oben ist das gestapelte Punktdiagramm mit verschmolzenen Rechtecken zum Vergleich aufgeführt.

Man kann man in allen Varianten gut erkennen, dass sich ein sehr großer Teil der befragten Schüler:innen auf der linken Seite des Graphen ballt. Es gibt weitere Auffälligkeiten in den Diagrammen: Neben den Schüler:innen, die 50 oder mehr Spiele auf ihrem Smartphone / Tablet haben (sog. *Ausreißern*), gibt es auch viele Kinder, die genau 20 oder 30 Spiele auf dem Smartphone / Tablet haben. Diese Vielfachen von 10 sind typisch für Schätzungen (sog. *populäre Werte*). Vermutlich haben die Kinder ihre Apps nicht präzise gezählt, sondern geschätzt. Dies ist nur in dem Histogramm links oben zu erkennen. Die einzelnen Werte sind nun in den drei anderen Histogrammen nicht mehr sichtbar, auch die populären nicht. Das genaue Aussehen der Ver-

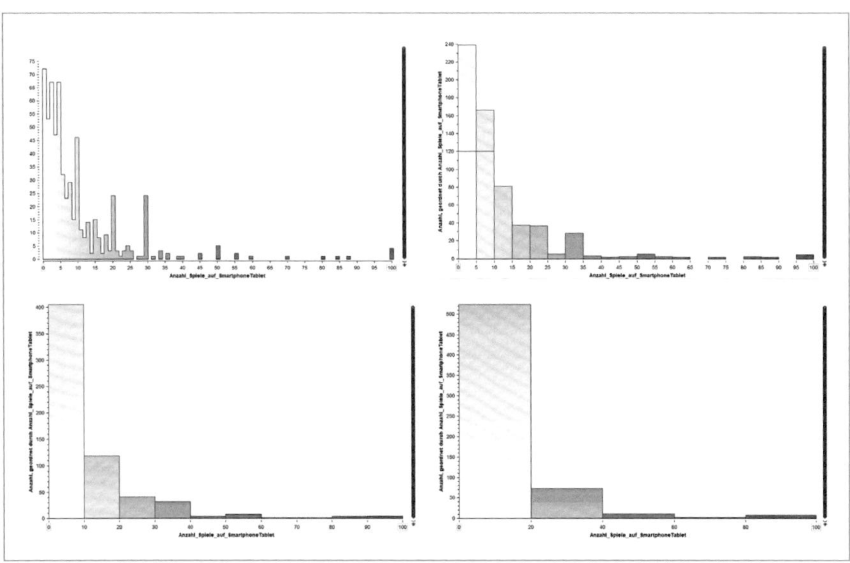

Abbildung 66: Verschiedene Histogramme in TinkerPlots zum Datensatz D#4

teilung hängt offensichtlich von der Klasseneinteilung ab. Die Entscheidung über die konkrete Anzahl von Klassen, die gewählt werden sollen, muss von Fall zu Fall getroffen werden. Im Allgemeinen gibt es keine beste Wahl und es ist in der Regel sinnvoll, mehrere Histogramme simultan zu verwenden. Bei zu vielen Klassen tritt der Effekt der Datenreduktion nicht hinreichend stark auf, bei sehr wenigen Klassen geht zu viel Information verloren.

4.5 Häufigkeiten in beliebigen Intervallen mit TinkerPlots und CODAP ermitteln

In einem Histogramm sind die Klassen vorgegeben. Die Häufigkeiten in diesen Intervallen kann man einblenden. Durch Aufsummieren kann die Häufigkeit auch in größeren Intervallen angegeben werden, sofern das Intervall an einer der Klassengrenzen startet und endet. Für bestimmte Datenanalysen werden jedoch beliebige Häufigkeiten benötigt. In gestapelten Punktdiagrammen mit vielen Punkten kann man theoretisch durch aufwendiges Zählen Häufigkeiten in beliebigen Intervallen ermitteln. Man kann diese mit der Software ermitteln, indem man zunächst ein gestapeltes Punktdiagramm zur Verteilung des Merkmals *Anzahl_Spiele_auf_Smartphone Tablet* in TinkerPlots erzeugt (Abbildung 67). Mithilfe der in TinkerPlots zur Verfügung gestellten sogenannten *Einteiler* kann man absolute und relative Häufigkeiten in links-geschlossenen und rechts-offenen Intervallen ermitteln: Will man z. B. herausfinden, wie viele der Befrag-

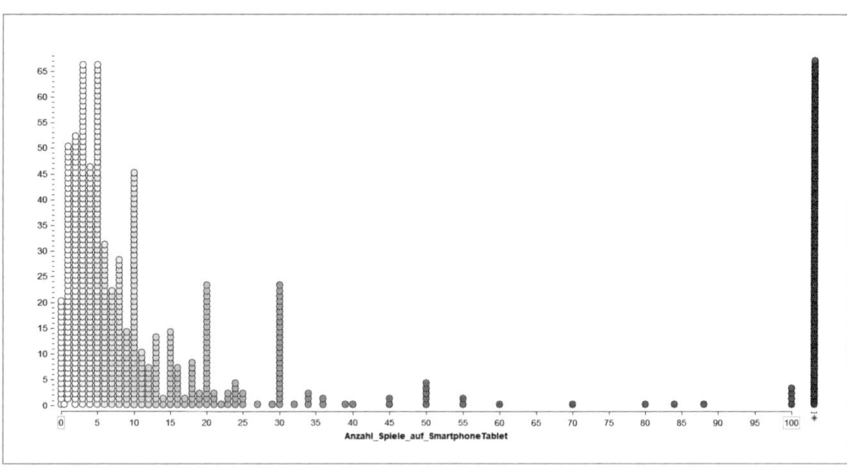

Abbildung 67: Gestapeltes Punktdiagramm zur Verteilung des Merkmals *Anzahl_Spiele_auf_SmartphoneTablet* im Datensatz D#4 in TinkerPlots

ten zwischen 0 und unter 10 Spiele auf dem Smartphone haben, so kann man diese Einteiler über den gewünschten Bereich (es ist hier anzumerken, dass TinkerPlots das als rechtsoffenes Intervall interpretiert. Also wenn man die 10 einbeziehen will, muss man den zweiten Einteiler etwas rechts vom Stapel bei 10 wählen. Die exakte Position der Einteiler kann durch einen Doppelklick auf das weiße Kästchen – siehe Hervorhebung in Abbildung 68 – am oberen Rand der Einteiler, welches die Justierung der Einteiler ermöglicht, eingegeben werden) legen (dieser färbt sich dann grau ein) und in Kombination mit der *Anzahl/Anteil-Funktion* die entsprechende Anzahl bzw. den entsprechenden Anteil an Fällen in diesem Bereich durch die Software berechnen lassen (siehe Abbildungen

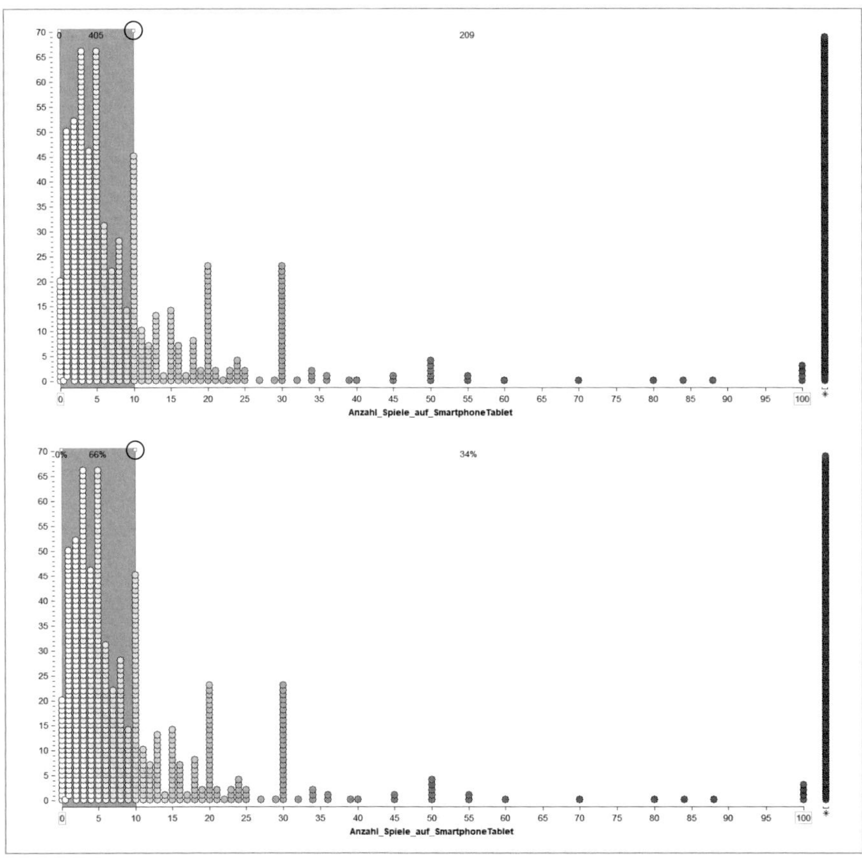

Abbildung 68: Punktdiagramm zur Verteilung des Merkmals *Anzahl_Spiele_auf_SmartphoneTablet* mit *Einteilern* bei 0 und 10 und absoluten (oben) und relativen (unten) Häufigkeiten. Datensatz D#4 in TinkerPlots

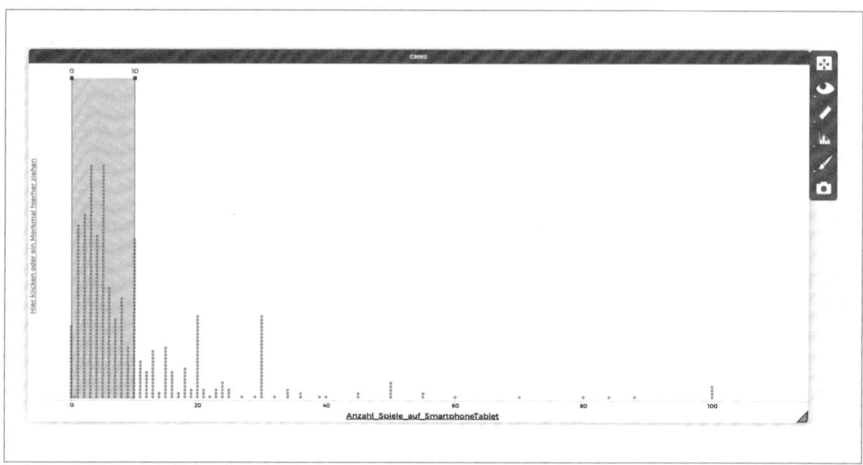

Abbildung 69: Punktdiagramm zur Verteilung des Merkmals *Anzahl_Spiele_auf_SmartphoneTablet* mit beweglichen Werten über dem Intervall [0;10) im Datensatz D#5 in CODAP

68 oben und 68 unten). Wir können der Grafik in Abbildung 68 entnehmen, dass 405 der befragten Grundschulkinder unter 10 Spiele auf ihrem Smartphone/Tablet haben. Weiterhin können wir beispielsweise der Grafik in Abbildung 68 entnehmen, dass dies 66 % derjenigen sind, die auf diese Frage geantwortet haben. Ebenfalls können wir sagen, dass hingegen 34 % der befragten Grundschulkinder 10 oder mehr Spiele auf ihrem Smartphone / Tablet haben. Die genaue Funktionsweise von Einteilern sowie ihre präzise Justierung werden im Erklärvideo V#16 beschrieben. Wie TinkerPlots bietet auch CODAP den *Einteiler* an – bei CODAP findet sich dieser im *Graphmenü* und heißt *beweglicher Wert*. In Abbildung 69 wurden zwei bewegliche Werte bei 0 und bei 10 eingezeichnet. Im Unterschied zu TinkerPlots werden die Werte explizit als Zahlen angezeigt. Die Erstellung und genaue Funktionsweise des beweglichen Werts in CODAP werden im Erklärvideo V#17 aufgegriffen. Mit dem Kommando „Beweglichen Wert hinzufügen“ sowie „Zeigen (Anzahl)“ oder „Zeigen (Prozent)“ können wir die Häufigkeiten in den durch die bewegli-

Tabelle 18: Mit dem Einteiler in CODAP abgelesene Häufigkeiten (siehe Abbildung 70)

Intervall	absolute Häufigkeit	relative Häufigkeit
exakt 0	21	3%
(0,10]	430	70%
(10, 100]	163	27%
[0,100]	614	100%

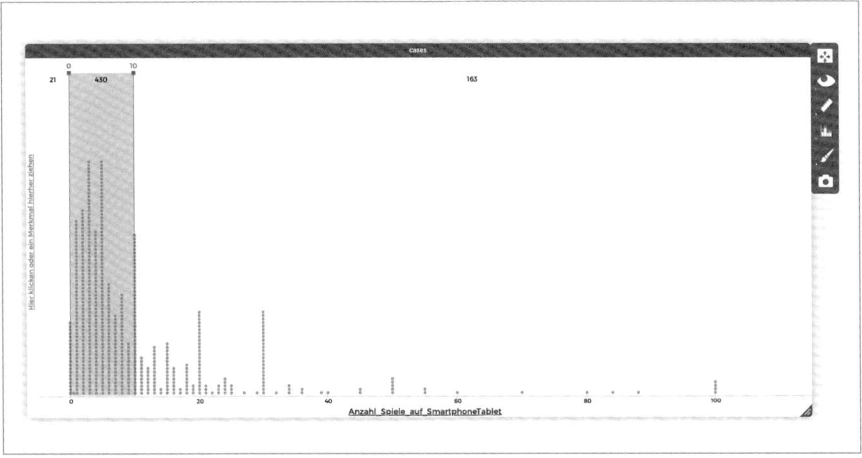

Abbildung 70: Punktdiagramm zur Verteilung des Merkmals *Anzahl_Spiele_auf_SmartphoneTablet* mit beweglichen Werten sowie absoluten Häufigkeiten im Datensatz D#5 in CODAP

chen Werte markierten Bereiche anzeigen lassen (Abbildung 70). Wir haben sie nochmal mit den zugehörigen Intervallen in Tabelle 18 dargestellt.

Man erkennt, dass die Werte, die exakt 0 sind, extra aufgeführt werden. Die Häufigkeit von 430 bezieht sich auf das links-offene Intervall (0,10].

4.6 Kennzahlen für Verteilungen eines numerischen Merkmals

4.6.1 Überblick über die Kennzahlen für Verteilungen eines numerischen Merkmals

In der Statistik werden Kennzahlen wie Mittelwerte und Streuungsmaße zur Beschreibung von Verteilungen verwendet. In diesem Abschnitt werden die auch für die Grundschule wichtigen Kennzahlen und ihre Eigenschaften elementar erläutert. Abschließend behandeln wir auch die sogenannten *modalen Klumpen* und die *mittlere Hälfte*. Ein *modaler Klumpen* (siehe z. B. Konold et al. 2002) meint im Unterschied zu einem Modalwert einen ganzen Bereich, in dem die Daten gehäuft auftreten. Das ist ein nützliches Konzept, das als eine intuitive Kombination aus Mittelwert und Streuungsmaß interpretiert und von den Schüler:innen selbst entwickelt werden kann. Man kann dieses Konzept präzisieren zur „mittleren Hälfte": Das ist ein Konzept, das auch im Boxplot verwendet wird, eine Darstellungsform, die im heutigen Statistikunterricht der Sekundarstufe I üblich ist. Der arithmetische Mittelwert oder Durchschnitt ist allgemein bekannt: Man addiert alle Werte und teilt die Summe durch die Anzahl der Werte. Dieser Begriff wird auch außerhalb der Statistik in Alltag und Medien verwendet. Aus statistischer Sicht ist es jedoch wichtig, den Mittelwert als zusammenfassende Beschreibung einer Verteilung zu interpretieren und seinen Wert in Verteilungsgrafiken einzutragen, um zu verdeutlichen, dass der Mittelwert einen Wert in der Verteilung kennzeichnet, um den die Daten (unterschiedlich stark) streuen (siehe z. B. Konold und Pollatsek 2002; Makar 2018). Ein weiterer wichtiger Wert in der Statistik, der „die Mitte" einer Verteilung beschreibt, ist der Median oder Zentralwert. Er wird ermittelt, indem die Daten der Größe nach geordnet werden und der Wert in der Mitte ausgewählt wird, also bei sieben Datenwerten derjenige Wert, der an der vierten Position bei der Sortierung liegt. Eine allgemeine Definition auch für eine gerade Anzahl von Datenpunkten wird weiter unten genauer erläutert. Der Median kann bereits in der Grundschule vermittelt werden, da nur sortiert und gezählt werden muss, während der arithmetische Mittelwert ohne digitale Hilfsmittel (z. B. Taschenrechner) schwieriger zu bestimmen ist. Der Median wird in der Statistik neben dem arithmetischen Mittelwert verwendet. Er ist oft ein besserer „typischer Wert" für eine Verteilung als der arithmetische Mittelwert, der durch einzelne Ausreißer leicht verzerrt werden kann. Eine quantitative Bestimmung der Streuung über die Spannweite (Differenz zwischen Maximum und Minimum) hinaus ist in der Grundschule eher unüblich. Wir zeigen jedoch, wie man sich dem Thema Streuungsmaße auch in der Grundschule anschaulich nähern kann, indem man die Breite der mittleren Hälfte thematisiert. Dazu verwenden wir Verteilungsdarstellungen ähnlich dem Boxplot, der in den meisten Lehrplänen der Sekundarstufe I zu finden ist.

4.6.2 Der Median

Um den Median einer Datenreihe zu bestimmen, müssen die Werte zunächst der Größe nach geordnet werden. Der Median ist dann der Wert in der Mitte der geordneten Reihe. Wenn die Anzahl der Werte ungerade ist, ist damit der Median schon bestimmt. Bei einer geraden Anzahl von Werten liegen zwei Werte in der Mitte, und als Median wird das arithmetische Mittel dieser beiden Werte bezeichnet.

Betrachten wir zunächst den Median der Verteilung des Merkmals *Anzahl Spiele_auf_SmartphoneTablet*. Aus dem Datensatz *Grundschüler_innen_NRW* haben wir eine Stichprobe von 17 Schüler:innen mit den folgenden Werten gezogen: 20, 40, 30, 110, 500, 0, 40, 300, 40, 30, 70, 390, 90, 10, 70, 45, 55.

Wir ordnen den Datensatz der Größe nach: 0, 10, 20, 30, 30, 40, 40, 40, 45, 55, 70, 70, 90, 110, 300, 390, 500. Als Wert in der Mitte, als Median, ergibt sich der 9. Wert von links, der ist 45. Er liegt insofern in der „Mitte“, als dass 8 Werte rechts und 8 Werte links von ihm liegen. Die genaue Größe der Zahlenwerte selbst spielt bei der Bestimmung keine Rolle, es kommt nur auf die Reihenfolge an. Der Wertebereich reicht von 0 und 500. Dessen *Wertebereichsmitte* liegt bei 250. Sie wird häufig mit dem Median verwechselt. Nehmen wir an, wir erhöhen die Stichprobe um eine:n Schüler:in, der / die 100 Spiele auf dem Gerät hat. Dann erhalten wir den folgenden (bereits sortierten) Datensatz mit 18 Werten: 0, 10, 20, 30, 30, 40, 40, 40, 45, 55, 70, 70, 90, 100, 110, 300, 390, 500.

Diesen Datensatz kann man in zwei gleich große Teile mit jeweils 9 Daten aufteilen: bis 45 und ab 55 – umgangssprachlich kann man also von zwei Werten in der Mitte sprechen (45 und 55). Als Median legt man die Zahl fest, die genau in der Mitte dazwischen liegt, also: Median = (45 + 55) / 2. Wenn man einen im Umfang überschaubaren Datensatz hat, kann man den Schüler:innen folgende Regeln zur Bestimmung des Medians an die Hand geben:

1. Ordne die Zahlen (die Werte) der Größe nach.
2. Lege deinen linken Zeigefinger auf das Minimum und deinen rechten Zeigefinger auf das Maximum.
3. Bewege nun gleichmäßig und schrittweise entlang der Zahlen beide Zeigefinger aufeinander zu.
4. Der Median ist dort bei der Zahl, wo sich beide Finger treffen: Entweder direkt auf einem Wert oder genau zwischen den zwei Werten, auf denen die Finger liegen.

Zur Präzisierung ist es nützlich, das Konzept der *Positionsnummer* in einem sortierten Datensatz einzuführen. Bei unseren 17 Datenpunkten hatte der Median die Positionsnummer 9 und den Wert 45.

Wert	0	10	20	30	30	40	40	40	45	55	70	70	90	110	300	390	500
Positions-nummer	1	2	3	4	5	6	7	8	9	10	11	12	13	14	15	16	17

Bei unseren 18 Datenpunkten liegt der Median zwischen den Positionsnummern 9 und 10 und hat den Wert 50.

Wert	0	10	20	30	30	40	40	40	45	55	70	70	90	110	300	390	500
Positions-nummer	1	2	3	4	5	6	7	8	9	10	11	12	13	14	15	16	17

Kann dies zu einer formalen Definition des Medians verallgemeinert werden? Angenommen, wir verfügen über n bereits sortierte Datenpunkte, denen wir jeweils eine Positionsnummer zugeordnet haben. Bei welcher Positionsnummer liegt dann der Median? Das ist leicht zu überlegen:

- n ungerade: Der Median ist gleich dem Wert mit der Positionsnummer $(n + 1)/2$
- n gerade: Der Median liegt genau zwischen den Werten mit der Positionsnummer $n/2$ und $n/2 + 1$.

Der Median hat eine wichtige Eigenschaft, die *Halbierungseigenschaft* genannt wird: Es gibt genauso viele Datenpunkte links wie rechts vom Median. Diese Aussage kann jedoch etwas komplizierter werden, wenn mehrere Datenpunkte den gleichen Wert wie der Median haben. Dies wird weiter unten näher erläutert. Bei größeren Datensätzen ist es ratsam, den Median mit digitalen Werkzeugen zu berechnen.

Der Median in TinkerPlots

In TinkerPlots lässt sich der Median leicht berechnen, wenn eine Verteilungsgrafik vorliegt. Dazu betätigt man den Schalter *Mittelwerte* in der Arbeitsleiste und wählt dann den Median als Mittelwert aus. Seine Lage wird durch eine rote Linie in der Grafik angezeigt.

Durch die Option *Wert anzeigen* wird dann auch der numerische Wert des Medians in der Grafik eingeblendet. Wie in Abbildung 71 (oben) zu sehen ist, liegt der Median der Verteilung des Merkmals *Anzahl_Spiele_auf_SmartphoneTablet* bei 6. Bei der Bestimmung des Medians werden sinnvollerweise die fehlenden Werte bei der Datenanzahl nicht berücksichtigt. Es gibt zu diesem Merkmal 614 Angaben. Wir haben also 809 – 614 = 195 fehlende Werte. Das heißt, der Median liegt in der Mitte zwischen den Werten mit den Positionsnummern 307 und 308 in der nach Größe geordneten Datenliste der Länge 614.

Wir stellen fest, dass die befragten Schüler:innen im Datensatz *Grundschüler_innen_NRW* (D#4) im Median 6 Spiele auf ihrem Smartphone bzw. Tablet haben.

Der Median in CODAP

In CODAP lässt sich der Median einfach über das *Graph-Menü* durch Auswahl der Option *Median* bestimmen. Der Median wird dann als rote vertikale Linie an seiner entsprechenden Stelle auf der x-Achse eingezeichnet. Wählt man zusätzlich noch die Option *Werte anzeigen*, so wird auch der numerische Wert des Medians eingeblendet (Abbildung 71 unten).

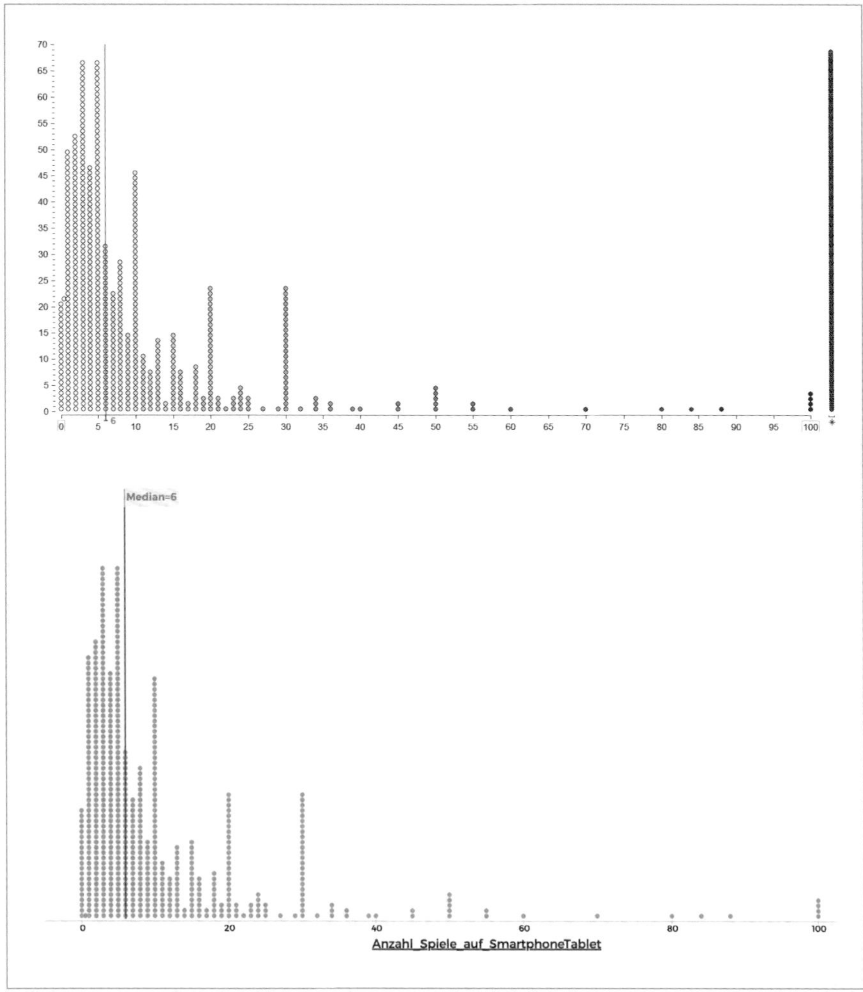

Abbildung 71: Median in TinkerPlots, Datensatz D#4 (oben) und Median in CODAP, Datensatz D#5 (unten)

Die Halbierungseigenschaft des Medians

Um die *Halbierungseigenschaft* des Medians genauer zu untersuchen, werfen wir nun einen genaueren Blick auf ein reales Beispiel (siehe Abbildung 72). Das, was wir jetzt erarbeiten, ist als fachliches Hintergrundwissen für die Lehrkraft gedacht; es soll i. A. kein Unterrichtsstoff der Grundschule sein, ist aber trotzdem für den Unterricht nützlich, weil für Lehrkräfte Situationen auftreten können, in denen dieses Wissen benötigt wird. Der Medi-

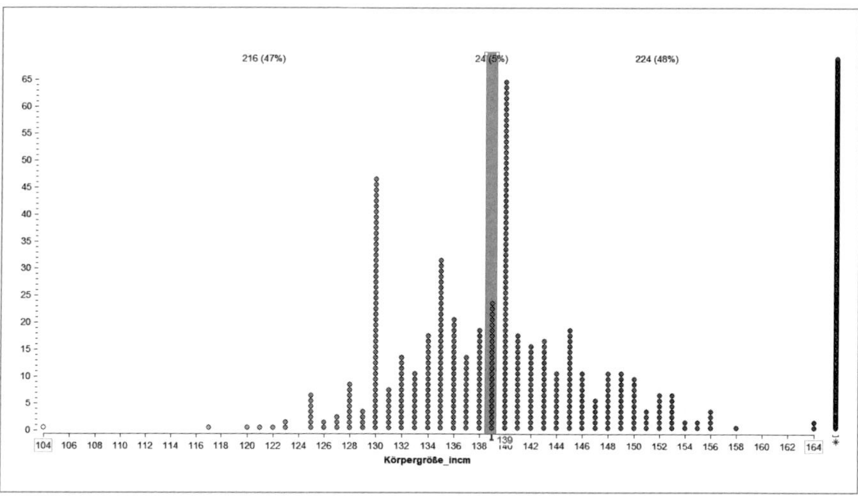

Abbildung 72: Der Median in der Verteilung des Merkmals *Körpergröße_incm* im Datensatz D#13 in TinkerPlots

an der Körpergröße in der betrachteten Verteilung ist 139. Die Anzahl der Schüler:innen, die zur Körpergröße Angaben gemacht haben, ist 464. Müssten dann nicht 232 Punkte einen Wert kleiner als 139 haben und 232 einen Wert größer als 139? Das ist aber nicht der Fall.

In der Darstellung des Merkmals *Körpergröße_incm* (wie in Abbildung 72 mit 464 Datenpunkten gezeigt) entsprechen 24 der Werte genau dem Medianwert von 139 cm, was 5 % der gesamten Datenmenge ausmacht. 216 Werte sind kleiner als der Median (47 %) und 224 sind größer als der Median (48 %). Wie ist das nun zu erklären? Der Median liegt genau zwischen dem Datenwert mit der Stellennummer 232 und 233. Beide haben den Wert 139, der Median ist also gleich 139. Da insgesamt 24 Punkte den Wert 139 haben (das Phänomen nennt man in der Statistik „Bindungen im Median"), haben weniger als 50 % (nur 216 Punkte) einen Wert echt kleiner als der Median und weniger als 50 % (nur 224) einen Wert echt größer. Aufgrund dieses Phänomens muss man die *Halbierungseigenschaft* etwas schwächer (allerdings auch komplizierter) formulieren:

Halbierungseigenschaft des Medians	Im Beispiel
Echt kleiner als der Median sind höchstens 50% der Datenwerte.	47 %
Echt größer als der Median sind höchstens 50% der Datenwerte.	48 %
Kleiner oder gleich dem Median sind mindestens 50% der Datenwerte.	52 %
Größer oder gleich dem Median sind mindestens 50% der Datenwerte.	53 %

Es lässt sich allgemein nachweisen, dass diese Eigenschaften auf jeden Datensatz zutreffen. Allerdings beschränken wir uns hier auf die Demonstration dieser Eigenschaften anhand eines spezifischen Beispiels.

Median und fehlende Werte. Es ist wichtig, noch einmal hervorzuheben, dass in unserem realen Beispiel einige fehlende Werte auftreten. Genau 464 Personen haben Angaben zu ihrer Körpergröße gemacht, und nur diese Daten wurden für die Ermittlung des Medians herangezogen und entsprechend geordnet. Die Prozentangaben, die sich auf die Eigenschaft der Halbierungseigenschaft beziehen, basieren ausschließlich auf dieser Gruppe von 464 Personen als Grundgesamtheit.

4.6.3 Der Modalwert

Modalwert (Definition und Beispiele)

Der Modalwert eines Merkmals wird als der Wert definiert, der in einem Datensatz am häufigsten auftritt. Dieses Konzept lässt sich auf Verteilungen sowohl kategorialer als auch numerischer Merkmale anwenden. In unserem Beispiel der Verteilung des Merkmals *Anzahl_Spiele_auf_dem_SmartphoneTablet* in 4.6.2 kann der Modalwert wie folgt ermittelt werden. Man geht die geordnete Liste durch und bestimmt den Wert, der am häufigsten in der Datenreihe auftritt. Das ist hier die 40.

0, 10, 20, 30, 30, 40, 40, 40, 45, 55, 70, 70, 90, 110, 300, 390, 500

Es ist möglich, dass ein Datensatz mehrere Modalwerte aufweist. Im speziellen Fall, in dem alle Datenpunkte verschieden sind, gilt jeder einzelne Wert als Modalwert, da alle Werte mit der gleichen, maximalen Häufigkeit von 1 auftreten.

Modalwert in TinkerPlots und CODAP

Modalwerte lassen sich in TinkerPlots und CODAP im Allgemeinen nicht automatisch bestimmen. Man muss sie manuell in einem gestapelten Punktdiagramm ermitteln. Im Datensatz *Grundschüler_innen_NRW* sind die Modalwerte für die Verteilung des Merkmals *Anzahl_Spiele_auf_SmartphoneTablet* 3 und 5, wie man aus Abbildung 73 entnimmt: Man kann TinkerPlots nutzen, um den / die Modalwert(e) einzublenden (Menü Mittelwerte in der Arbeitsleiste). In CODAP ist man auf die Nutzung der Grafik angewiesen und muss den Modalwert händisch ermitteln.

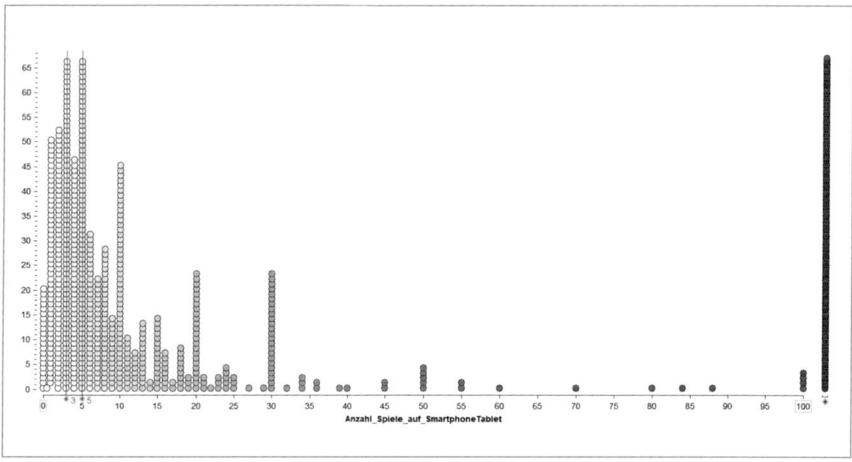

Abbildung 73: Modalwert in TinkerPlots im Datensatz D#4

4.6.4 Das arithmetische Mittel

In diesem Abschnitt definieren wir das arithmetische Mittel und stellen einige Eigenschaften vor, die auch für die Einführung dieses Mittelwertes in der Schule relevant sind. Wir sprechen immer vom arithmetischen Mittel oder arithmetischen Mittelwert, da es auch andere Mittelwerte wie den geometrischen oder den harmonischen Mittelwert gibt. Diese spielen jedoch in der Statistik und insbesondere im Mathematikunterricht der Primarstufe kaum eine Rolle.

Das arithmetische Mittel (Definition und Beispiele)

Da wir immer auch von fehlenden Werten in einem Datensatz ausgehen müssen, können wir den arithmetischen Mittelwert nicht einfach wie folgt definieren: Man bilde die Summe aller Werte und teile diese durch die Anzahl. Vielmehr müssen wir sagen:

$$\text{Arithmetischer Mittelwert von Merkmal X}$$
$$= \frac{\text{Summe aller Merkmalsausprägungen von Merkmal X}}{\text{Anzahl der Merkmalsträger, die Werte zu diesem Merkmal angegeben haben}}$$

Im Nenner darf also nur die Anzahl der tatsächlich vorhandenen Werte stehen, es darf nicht durch die Größe der Grundgesamtheit geteilt werden. Es ist weiterhin mit Blick auf die Formel des arithmetischen Mittels anzumerken, dass Merkmalsausprägungen ja mehrfach im Datensatz vorkommen können – in der Summe kommen sie dann natürlich entsprechend mehrfach vor. Wir betrachten das arithmetische Mittel des Merkmals *Anzahl_Spiele_auf_SmartphoneTablet* am Beispiel der Klasse 4 im Datensatz *Grundschüler_innen_NRW* (D#10–12). Dabei schauen wir uns die Daten der Kinder der Klasse 4 der Marienschule zunächst tabellarisch an (siehe Tabelle 19).

Fantasiename	Eigenes Smartphone / Tablet	Anzahl der Spiele auf dem Smartphone/Tablet
Marie	Ja	2
Lewandowski	Ja	4
Sarh	Ja	3
Miriam M	Nein	-
Pippi Langstrumpf	Nein	-
Schirwah	Zugang über Eltern	11
Miriam	Nein	-
Nemo	Zugang über Eltern	50
Fran	Nein	-
Oskar	Ja	0
Hausaufgabenfreßer	Nein	-
Sarah	Ja	4
Fabien	Ja	30
Stropi	Ja	4
Lena	Ja	3
Frei mit den ...	Ja	7
Howedes	Zugang über Eltern	39
Manuel	Ja	9
Lisa	Ja	1

Tabelle 19: Verteilung des Merkmals *Eigenes_SmartphoneTablet* und des Merkmals *Anzahl_Spiele_auf_SmartphoneTablet* der Klasse 4 der Marienschule im Datensatz *Grundschüler_innen_NRW* (D#10–12)

Das arithmetische Mittel des Merkmals *Anzahl_Spiele_auf_SmartphoneTablet* berechnet sich dann wie folgt:

$(2+4+3+11+50+0+4+30+4+3+7+39+9+1)/14 = 167/14 \approx 11{,}92$

Es darf also nicht durch 19, die Anzahl der Schüler:innen, geteilt werden.

Das bedeutet, dass die Kinder dieses Datensatzes, welche Zugang zu einem Smartphone/Tablet besitzen, im Durchschnitt 167/14 Spiele, also 11,92 Spiele auf dem Smartphone/Tablet haben. Wir sehen in diesem Beispiel bereits, dass das arithmetische Mittel eine fiktive Größe darstellt und nicht notwendigerweise als Wert (11,92) im Datensatz selbst vorhanden sein muss. Außerdem kann die Anzahl der Spiele auch nur mit natürlichen Anzahlen angeben werden; es macht keinen Sinn, von 11,92 Spielen zu sprechen. Man könnte hier also auf 12 aufrunden. Allerdings kann man dann nicht die Gesamtanzahl der Spiele rekonstruieren. Es ist $14 \cdot 12 = 168$. Es sind aber insgesamt 167 Spiele, die sich exakt aus dem exakten arithmetischen Mittel rekonstruieren lassen: 167/14 • 14 = 167. Bei größeren Grundgesamtheiten kann der Unterschied in der Summe noch gravierender sein.

Das arithmetische Mittel in TinkerPlots

Das arithmetische Mittel lässt sich auch in TinkerPlots berechnen. Wir lassen es zunächst in die Verteilung einzeichnen (Abb. 74 oben). Dazu betätigt man den Schalter *Mittelwerte* in der Arbeitsleiste und wählt dann *arithmeti-*

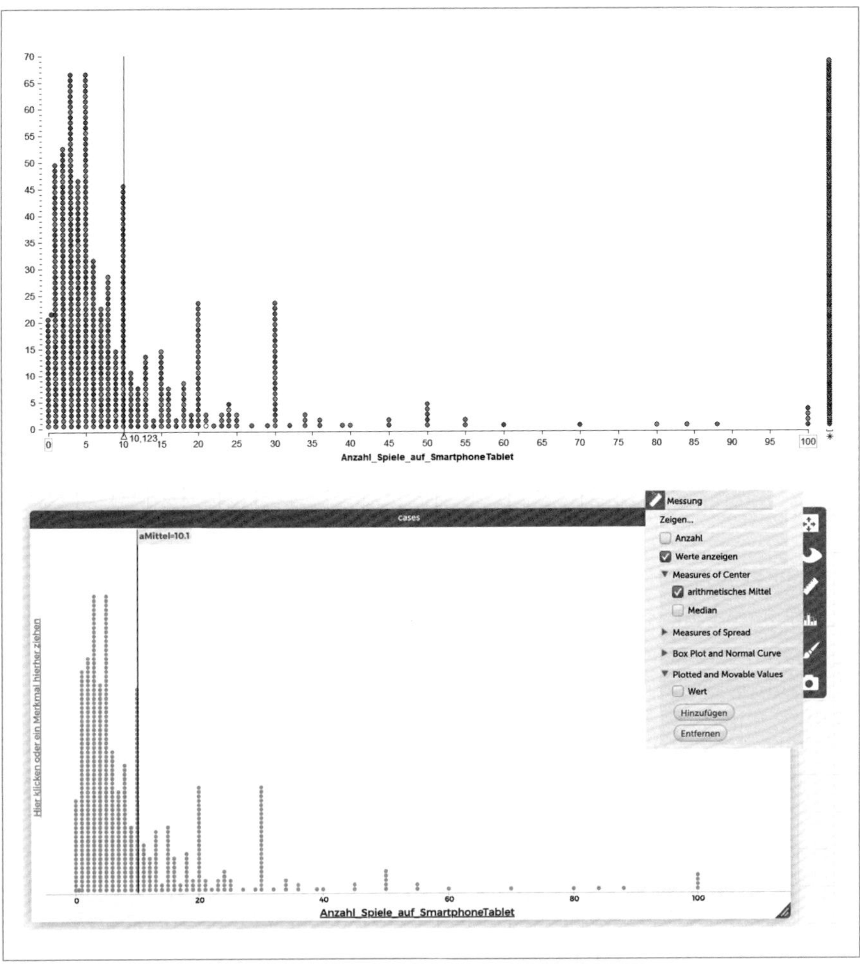

Abbildung 74: Arithmetisches Mittel der Verteilung des Merkmals *Anzahl_Spiele_auf_SmartphoneTablet* in TinkerPlots im Datensatz D#4 (oben) und arithmetisches Mittel der Verteilung des Merkmals *Anzahl_Spiele_auf_SmartphoneTablet* in CODAP im Datensatz D#5 (unten)

sches Mittel als Mittelwert aus. Die Stelle wird auch durch ein kleines Dreieck symbolisiert. Durch Betätigung der Option *Wert anzeigen* wird dann dessen numerischer Wert in der Grafik angezeigt.
Wir können der Abbildung 74 (oben und unten) entnehmen, dass im umfangreichen *Grundschüler_innen_NRW*-Datensatz die Kinder, die zu der Anzahl der Spiele Angaben gemacht haben, durchschnittlich 10,1 Spiele auf dem Smartphone / Tablet haben. Auch in CODAP lässt sich das arithmetische Mittel ähnlich und auch „per Knopfdruck" einfach berechnen, indem man im Menü in der Arbeitsleiste rechts vom Graphen die Option *arithmetisches Mittel* auswählt (Abb. 74 unten).

Das arithmetische Mittel von 10,1 liegt in diesem Fall deutlich über dem Median von 6, was auf eine asymmetrische Verteilung der Werte innerhalb ihres Wertebereichs zurückzuführen ist. Eine detaillierte Erklärung dieses Phänomens kann über die Schwerpunkteigenschaft des arithmetischen Mittels gelingen, die wir weiter unten thematiseren.

Darüber hinaus gilt beim arithmetischen Mittel auch die Halbierungseigenschaft nicht, was oft fälschlich angenommen wird. Mit *Einteilern* könnte man ermitteln: 73 % der Daten sind kleiner als 10,1; 27 % sind größer.

Eigenschaften des arithmetischen Mittels

Im weiteren Verlauf werden die grundlegenden Eigenschaften des arithmetischen Mittels erläutert. Dieser Wert, oft auch einfach als Durchschnitt bekannt, begegnet uns regelmäßig in Schlagzeilen und im täglichen Leben. Ein anschauliches Beispiel hierfür ist die Aussage: „Grundschulkinder haben im Durchschnitt 10 Spiele auf ihrem Smartphone." Doch was genau bedeutet diese Aussage?

Um diese Frage zu klären, ist es wesentlich, sich mit den Charakteristika des arithmetischen Mittels auseinanderzusetzen, die nachfolgend detailliert besprochen werden. Es ist entscheidend zu verstehen, dass es eine Vielzahl unterschiedlicher Verteilungen geben kann, die alle denselben Mittelwert, beispielsweise 10, aufweisen. Häufig neigt man dazu, das arithmetische Mittel als einen repräsentativen Wert zu betrachten, um den herum sich die anderen Werte mit nur geringen Abweichungen gruppieren. Wie jedoch Abbildung 74 (unten) verdeutlicht, trifft diese Annahme nicht unbedingt zu. Es ist von großer Bedeutung, das arithmetische Mittel (sowie den Median) stets im Kontext der gesamten Verteilung zu betrachten. Dieses Verständnis sollten Schüler:innen bereits frühzeitig erlernen. Dies ist insbesondere mit dem Ziel, ein Denken in Verteilungen zu entwickeln und die Schüler:innen zu einem ganzheitlichen Blick auf die Daten zu führen, von großer Bedeutung.

Gleichverteilungseigenschaft
Eine erste wesentliche Eigenschaft des arithmetischen Mittels ist die *Gleichverteilungseigenschaft*. Damit ist Folgendes gemeint:

Gleichverteilungseigenschaft des arithmetischen Mittels
Wenn wir die Gesamtsumme der Werte eines Merkmals gleichmäßig auf alle Träger mit Angaben zu diesem Merkmal aufteilen, erhält jeder Einzelne das arithmetische Mittel zugewiesen.

Nehmen wir wieder unser Beispiel des Merkmals *Anzahl_Spiele_auf_SmartphoneTablet* (in der Stichprobe der Kinder in Klasse 4b der Leonhard-Euler-Grundschule des Datensatzes *Grundschüler_innen_NRW*, D#10 – 12). Welchen Wert erhalten wir, wenn wir die Summe aller Spiele gleichmäßig auf alle Kinder aufteilen? Die Summe haben wir eben schon mit 167 berechnet. Diese gilt es nun auf alle Kinder gleichmäßig zu verteilen – „pro Kopf" hätten die Kinder also 167/14 Spiele auf dem Smartphone, was genau dem arithmetischen Mittel entspricht.

In der Realität könnte man dann jeder:m Schüler:in 11 Spiele zuordnen. $11 \cdot 14 = 154$. 13 Spiele könnten nicht verteilt werden. Hätte man beliebig teilbare Größen, so ließe sich die Summe vollständig verteilen. Es ist trotzdem oft sinnvoll, den Wert des arithmetischen Mittels mit allen Dezimalstellen oder als Bruch anzugeben, weil man damit die Summe wieder rekonstruieren kann: $167/14 \cdot 14 = 167$; während $11 \cdot 14$ nur gleich 154 ist.

Als weiteres Beispiel nehmen wir die Verteilung des Merkmals *Körpergröße_incm* der Kinder – die Verteilung des Merkmals können wir der Tabelle 16 entnehmen. Das Aufaddieren zur Gesamtkörpergröße und die anschließende Umverteilung ist auch hier natürlich ein reines Gedankenexperiment.

$$138+148+143+137+132+142+134+149+136+$$
$$137+126+142+139+138+148+143+139+156+136=2663$$

Die gesamte Körpergröße der Kinder in Klasse 4b der Leonhard-Euler-Grundschule beträgt dann 2663 cm. Das arithmetische Mittel ist $2663/19 \approx 140{,}16$. Die Verteilung des Merkmals *Körpergröße* der Kinder der Klasse 4 sieht grafisch wie folgt aus (siehe Abbildung 75).

Hier liegt das arithmetische Mittel (mit 3 Nachkommastellen auf 140,158 errechnet) nahe an der Wertebereichsmitte und nahe am Median (den man als 139 errechnen kann), was bei Verteilungen, die sich einigermaßen symmetrisch im Wertebereich verteilen, in der Regel der Fall ist.

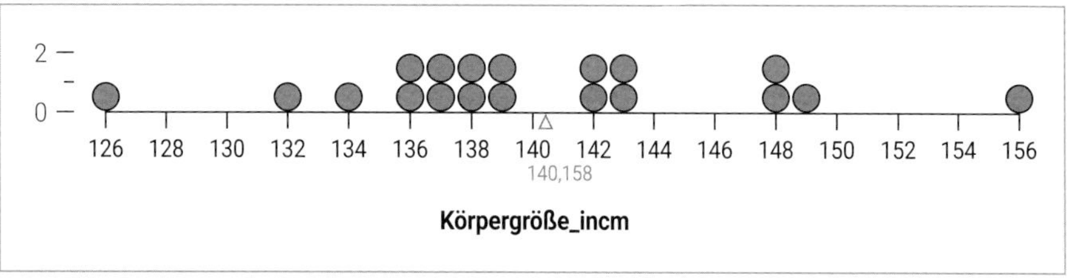

Abbildung 75: Verteilung des Merkmals *Körpergröße_incm* der Schüler:innen der Klasse 4 Leonhard-Euler-Grundschule im Datensatz D#10 in TinkerPlots

Wir begründen nun die Gleichverteilungseigenschaft allgemein. Dazu ist es nützlich, für die Daten Variablennamen einzuführen: Seien $x_1, x_2, x_3, ..., x_n$ unsere numerischen Daten. Dann ist

$$aMittel(x_1, x_2, x_3, ..., x_n) = \frac{x_1 + x_2 + x_3 + ... + x_n}{\text{n}}$$

Multipliziert man beide Seiten mit n, so ergibt sich

$$n \cdot aMittel(x_1, x_2, x_3, ..., x_n) = x_1 + x_2 + x_3 + ... + x_n$$

Die linke Seite lässt sich auch als die Summe von n identischen Zahlen verstehen, die alle dem arithmetischen Mittel entsprechen (ein hypothetischer Datensatz mit ausschließlich gleichen Werten), wobei deren Gesamtsumme der Summe der ursprünglichen Daten entspricht. Die Eigenschaft der Gleichverteilung erlaubt für sich genommen noch keine konkrete Aussage über die Position des arithmetischen Mittels innerhalb einer Verteilung. Dies ermöglicht jedoch die Ausgleichseigenschaft des arithmetischen Mittels.

Ausgleichseigenschaft des arithmetischen Mittels
Nehmen wir jetzt das Beispiel der Verteilung des Merkmals *Körpergröße_incm* der Klasse 4b der Leonhard-Euler-Grundschule. Das arithmetische Mittel des Merkmals *Körpergröße_incm* lässt sich bei den Kindern der Klasse 4b wie folgt berechnen:

$$\text{aMittel}(\textit{Körpergröße\_incm})$$

$$= \frac{138+148+143+137+132+142+134+149+136+137+126+142+139+138+148+143+139+156+136}{19}$$

$$= \frac{2663}{19} = 140{,}16$$

Fantasiename	Körpergröße in cm	Abweichung vom arithmetischen Mittel nach unten | nach oben		Richtung	Gerichtete Abweichung
Marie	138	2,16		Nach unten	- 2,16
Lewandowski	148		7,84	Nach oben	+ 7,84
Sarh	143		3,84	Nach oben	+ 3,84
Miriam M	137	2,84		Nach unten	- 2,84
Pippi Langstrumpf	132	8,16		Nach unten	- 8,16
Schirwah	142		1,84	Nach oben	+ 1,84
Miriam	134	6,16		Nach unten	- 6,16
Nemo	149		8,84	Nach oben	+ 8,84
Fran	136	4,16		Nach unten	- 4,16
Oskar	137	3,16		Nach unten	- 3,16
Hausaufgabenfreßer	126	14,16		Nach unten	- 14,16
Sarah	142		1,84	Nach oben	+ 1,84
Fabien	139	1,16		Nach unten	- 1,16
Stropi	138	2,16		Nach unten	- 2,16
Lena	148		7,84	Nach oben	+ 7,84
Frei mit den ...	143		2,84	Nach oben	+ 2,84
Howedes	139	1,16		Nach unten	- 1,16
Manuel	156		15,4	Nach oben	+ 15,4
Lisa	136	4,16		Nach unten	- 4,16

Tabelle 20: Tabelle mit Übersicht über die Verteilung des Merkmals *Körpergröße_incm* der Klasse 4b der Leonhard-Euler-Grundschule im Datensatz *Grundschüler_innen_NRW* (D#10–12) mit Abweichung vom arithmetischen Mittel von 140,16, Richtung der Abweichung sowie die entsprechende gerichtete Abweichung.

Wenn nun alle 19 Kinder fiktiv die gleiche Körpergröße von 140,16 [cm] erhalten, dann sind einige kleiner und einige größer geworden. Da die Summe gleichbleiben muss, muss die Summe der Veränderungen zu größeren Körpergrößen gleich der Summe der Veränderungen zu kleineren Körpergrößen sein.

Es lohnt sich also, die Abweichungen der Daten von dem arithmetischen Mittel (Abweichung ist ein besseres Wort als Veränderung, da die Körpergröße ja nicht wirklich verändert werden kann) in den Blick zu nehmen. Marie ist 138 [cm] groß, ihre Abweichung nach unten vom arithmetischen Mittel beträgt also 2,16 [cm], Lewandowski ist 148 [cm] groß, seine Abweichung nach oben beträgt 7,84 [cm] - siehe Tabelle 20.

Wenn man nachrechnet, sind die Summen der beiden Unterspalten der Spalte „Abweichung" gleich. Wir können auch die *gerichteten Abweichungen* x_i - *aMittel* berechnen (letzte Spalte).

Ausgleichseigenschaft des arithmetischen Mittelwerts – Formulierung 1

Die Summe der Abweichungen aller Datenwerte, die oberhalb des Mittelwerts liegen, ist gleich der Summe der Abweichungen aller Datenwerte, die unterhalb des Mittelwerts liegen.

Deren Vorzeichen geben die Richtung der Abweichung an. Die Ausgleichseigenschaft lässt sich dann mathematisch eleganter formulieren, setzt aber die in der Grundschule nicht verfügbaren negativen Zahlen voraus.

Ausgleichseigenschaft vom arithmetischen Mittelwert – Formulierung 2

Die Gesamtsumme der gerichteten Abweichungen aller Datenwerte vom arithmetischen Mittel beträgt 0.

Die Schwerpunkteigenschaft des arithmetischen Mittels

Das arithmetische Mittel lässt sich als der Schwerpunkt einer Verteilung interpretieren, wenn man annimmt, dass jeder Datenpunkt gleichmäßig gewichtet wird. Man kann sich das so vorstellen: Die Datenpunkte, alle von gleichem Gewicht, werden an ihren jeweiligen Positionen auf einem skalierten Brett entlang der entsprechenden Achse platziert. Das Ziel ist es, das Brett an dem Punkt zu balancieren, an dem es im Gleichgewicht bleibt. Dieser Punkt, an dem die Wirkungen der Gewichte sich perfekt ausgleichen, wird in der Physik als Schwerpunkt bezeichnet. Aus der Ausgleichseigenschaft können wir die Schwerpunkteigenschaft herleiten. Dies setzt jedoch ein Verständnis davon voraus, wann eine Waage im Gleichgewicht ist, was wiederum auf dem Hebelgesetz aus der Physik beruht. Das Schwerpunktprinzip ist sehr nützlich, um einen arithmetischen Mittelwert in einer Verteilung anschaulich zu lokalisieren. Wir müssen uns deshalb kurz damit befassen, wann eine Waage im Gleichgewicht ist bzw. wo der

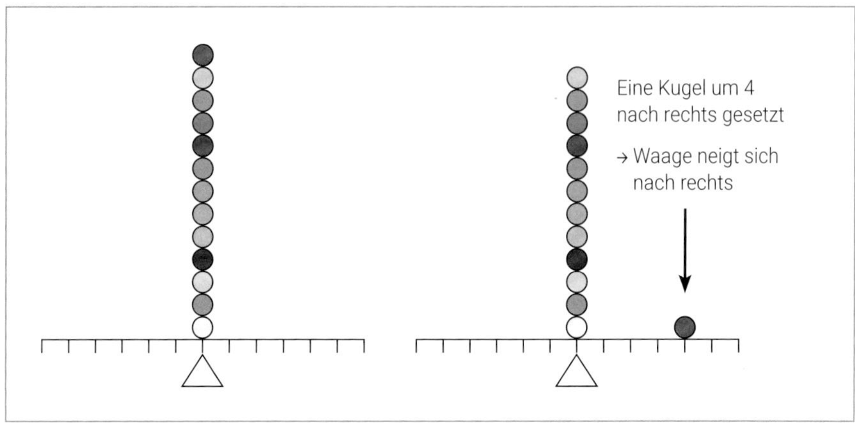

Abbildung 76: Veranschaulichung der Schwerpunkteigenschaft des arithmetischen Mittels (erste Situation)

Schwerpunkt einer Gewichtsverteilung liegt. Dieses lässt sich im Unterricht auch mit einer Hebelwaage und verschiedenen Gewichten ausprobieren. So lässt sich das Hebelgesetz informell auch über enaktive Übungen erkunden. Die Waage in Abbildung 76 (links) ist trivialerweise im Gleichgewicht. Wir versetzen eine Kugel vier Schritte nach rechts (Abbildung 76 rechts). Die Waage ist dann nicht mehr im Gleichgewicht. Wie kann sie wieder ins Gleichgewicht gebracht werden? Wenn man das Hebelgesetz ausnutzt, ergeben sich die folgenden einfachen Möglichkeiten (bezogen auf die rechte Abbildung):

- Eine der Kugeln von dem Stapel nehmen und 4 Schritte nach links setzen.
- Zwei Kugeln von dem Stapel nehmen und jeweils zwei Schritte nach links setzen.
- Vier Kugeln von dem Stapel nehmen und jeweils einen Schritt nach links setzen.

Es gilt $4 = 4$; $2+2 = 4$, $1+1+1+1 = 4$. Die Aufteilung $2+1+1 = 4$ führt zu einer weiteren Gleichgewichtsposition (Abbildung 77).

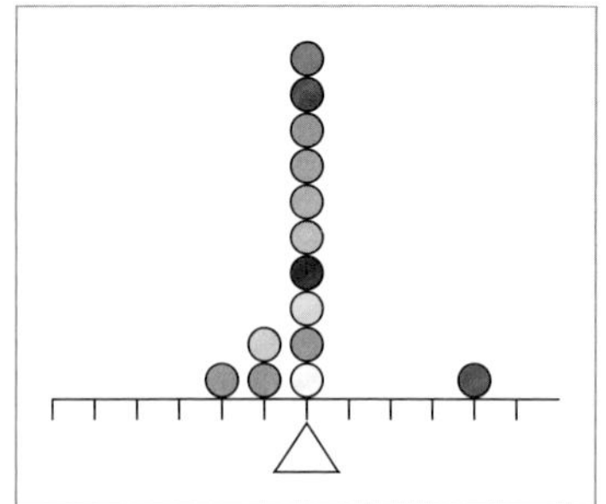

Abbildung 77: Veranschaulichung der Schwerpunkteigenschaft des arithmetischen Mittels (zweite Situation)

Wir haben folgendes Prinzip berücksichtigt: *Die Waage ist im Gleichgewicht, wenn die Summe aller Abstände zum Unterstützungspunkt der links davon liegenden Kugeln gleich der Summe der Abstände der rechts davon liegenden Kugeln ist.*

Dieses Prinzip folgt aus dem Hebelgesetz, das auch für Abstände gilt, die nicht ganzzahlig sind. Zugleich entspricht diese Formulierung der ersten Formulierung der Ausgleichseigenschaft, wenn man Abweichungen durch Abstände zum Unterstützungspunkt ersetzt.

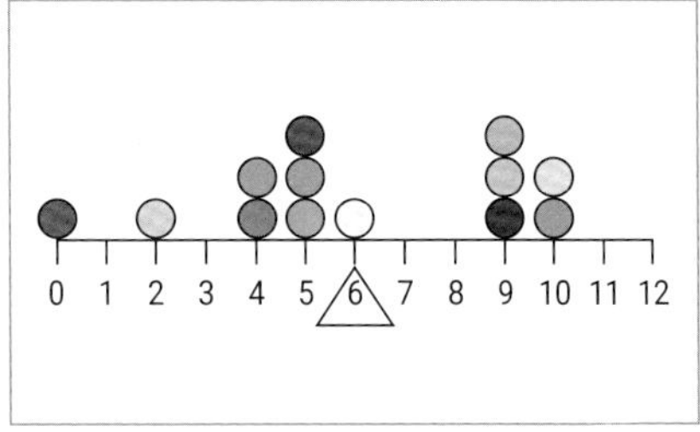

Abbildung 78: Veranschaulichung der Schwerpunkteigenschaft des arithmetischen Mittels (dritte Situation)

Die Deutung des arithmetischen Mittels als Gleichgewichts- oder Schwerpunkt einer Verteilung (auf einer Waage) ist eine inhaltlich über die Ausgleichseigenschaft hinausgehende weitere wichtige Deutung. Das Hebelgesetz wird in der Physik meist noch allgemeiner für beliebige Abstände und Gewichte angewendet. Aber in dem Spezialfall, dass nur ganzzahlige Abstände möglich sind und alle Kugeln das Gewicht 1 haben, ist unsere Formulierung dazu äquivalent. Den Gleichgewichtspunkt nennt man auch Schwerpunkt. Wir betrachten folgenden Datensatz (siehe Abbildung 78):

Man rechnet leicht nach, dass das arithmetische Mittel 6 ist, und in der Tat gilt für die Abstände $6+4+2+2+1+1+1=3+3+3+4+4$.

Es gibt einen Punkt, der den Wert 6 hat, also den Abstand 0. Diese Punkte werden bei der Berechnung nicht berücksichtigt.

Schwerpunkteigenschaft des arithmetischen Mittelwerts

Wenn man Datenpunkte als gleichschwere Gewichte auf einem Brett mit einem darauf markierten Zahlenstrahl betrachtet, befindet sich das Brett im Gleichgewicht, wenn es im arithmetischen Mittel, dem Schwerpunkt, unterstützt wird.

Die Tatsache, dass für das arithmetische Mittel die Schwerpunkteigenschaft gilt, erklärt auch, warum TinkerPlots für das arithmetische Mittel das Dreieckssymbol (Unterstützungspunkt bei einer Waage) verwendet.

4.6.5 Das arithmetische Mittel und der Median

Arithmetisches Mittel und Median im Vergleich

Ein wesentlicher Punkt, der den Median vom arithmetischen Mittel unterscheidet, ist die Empfindlichkeit (des arithmetischen Mittels) bzw. die Robustheit (des Medians) gegenüber Ausreißern. Dies soll anhand des ersten

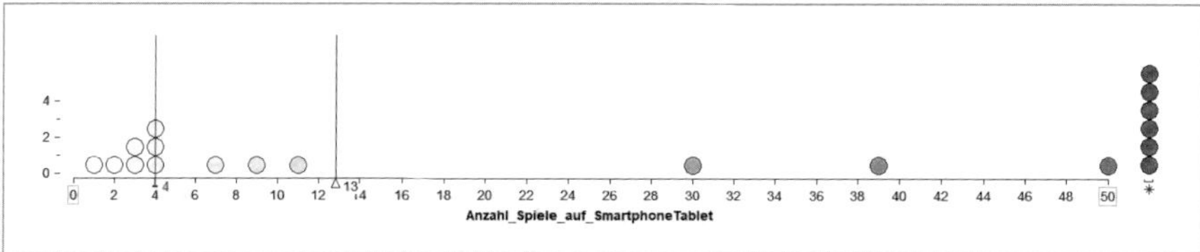

Abbildung 79: Verteilung des Merkmals *Anzahl_Spiele_auf_SmartphoneTablet* der Klasse 4b der Leonhard Euler-Grundschule im Datensatz D#10 mit eingezeichneten Median und arithmetischen Mittel in TinkerPlots

Beispiels – nämlich der *Anzahl_Spiele_auf_SmartphoneTablet* der Klasse 4b der Leonhard-Euler-Grundschule (D#10–12) verdeutlicht werden. Berechnen wir nun die beiden Mittelwerte mit der Software TinkerPlots (siehe Abbildung 79): Der Medianwert der Anzahl der Spiele, die Schüler:innen der 4b auf ihren Smartphones oder Tablets haben, liegt bei 4, während der Durchschnittswert bei etwa *12,85 Spielen* (in Abbildung 79 ist dieser auf 13 gerundet) liegt. Nun stellt sich die Frage, wie es zu erklären ist, dass sich die beiden Mittelwerte so eklatant unterscheiden – in diesem Beispiel ist das arithmetische Mittel mehr als dreimal so groß wie der Median. Man kann sich das mit der Schwerpunkteigenschaft veranschaulichen. Links und rechts des Medians liegen etwa gleich viele Datenpunkte. Legt man hier den Unterstützungspunkt einer Waage an, so kippt diese nach rechts: Die hohen Werte bei 30, 39 und 50 werden nicht ausgeglichen. Dazu muss der Unterstützungspunkt zu

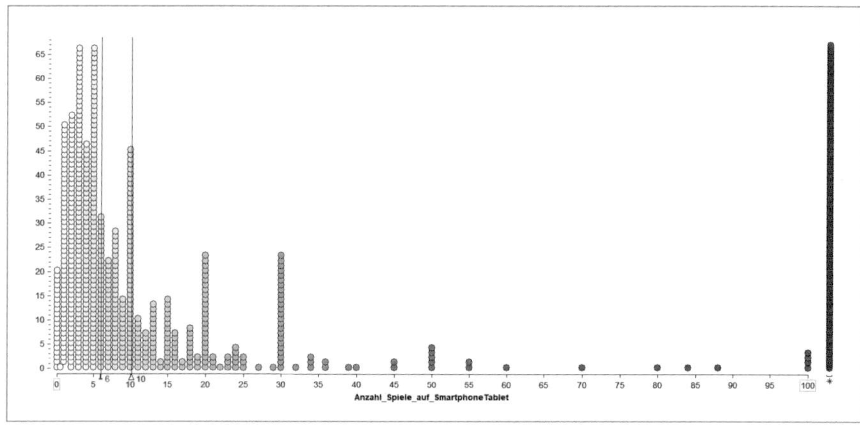

Abbildung 80: Verteilung des Merkmals *Anzahl_Spiele_auf_SmartphoneTablet* im Datensatz D#4 mit eingezeichnetem Median (rot) und arithmetischem Mittel (blau) in TinkerPlots

höheren Werten verschoben werden. Erst bei 12,85 wäre das Gleichgewicht erreicht: Die 3 Abweichungen nach oben: 50 – 12,85, 39 – 12,85 und 30 – 12,85 werden durch die 10 Abweichungen nach unten ausgeglichen. Ähnlich erklärt sich der Unterschied zwischen arithmetischem Mittelwert und Median bei demselben Merkmal in der Gesamtgruppe (Abb. 80), der allerdings geringer ausfällt als in unserem kleinen Datensatz.

Die Werte in die Verteilung einzuzeichnen (siehe Abbildung 80) ist sehr wichtig, da es oft nützlich ist, nicht die gesamte Verteilungsinformation durch einen Mittelwert zu ersetzen, sondern die Mittelwerte als Parameter und „geometrische“ Eigenschaften der Verteilung zu betrachten, die eine unvollständige, aber zusammenfassende Information über die Verteilung liefern.

4.7 Ein Hut für die Daten

4.7.1 Mittlere Hälfte eines Datensatzes

In internationalen Untersuchungen wurde festgestellt, dass Kinder manchmal intuitiv einen Bereich hervorheben, in dem sich die Daten häufen, wenn sie Verteilungen beschreiben oder vergleichen. Diese wurden von Konold et al. (2002) auch als *modal clumps* bezeichnet, was wir als *modaler Klumpen* übersetzen wollen. Diese bezeichnen Bereiche hoher Datenhäufigkeiten, erweitern also das Konzept eines einzelnen Modalwerts auf ganze Datensegmente. Damit könnte eine Antwort auf die zunächst vage Frage gegeben werden, wo sich die „meisten“ Daten befinden bzw. in welchem Bereich die Häufigkeiten besonders hoch sind. Kinder, die modale Klumpen benutzen, verstehen intuitiv, dass bei der Beschreibung die Angabe des Wertebereichs (hier von 0 bis 100) oder einzelner Werte wie Median (hier 6) oder arithmetisches Mittel (hier 10,1) noch nicht sehr aussagekräftig ist. In Abb. 81 ist ein möglicher *modaler Klumpen* hervorgehoben. Es ist sinnvoll, diesen Bereich bei 1, 2 oder 3 zu beginnen und bis 10 zu zeichnen, da danach die Häufigkeit abnimmt. Es gibt immer noch hohe Häufigkeiten bei 20 und 30, aber diese liegen eher isoliert. Durch die Hervorhebung eines solchen modalen Klumpens können sowohl Informationen über die Lage der Verteilung als auch über die Breite des Bereiches, in dem die Daten am stärksten gehäuft auftreten, vermittelt werden. Der modale Klumpen bietet somit eine intuitive Darstellung des Bereichs mit hohen Häufigkeiten, die sowohl die Lage als auch die Streuung berücksichtigt. Mit dieser begrifflichen Vagheit werden unterschiedliche Schüler:innen allerdings in der Regel zunächst unterschiedliche Bereiche markieren. Dies kann man nutzen, um eine eindeutige Begriffsfestlegung zu motivieren.

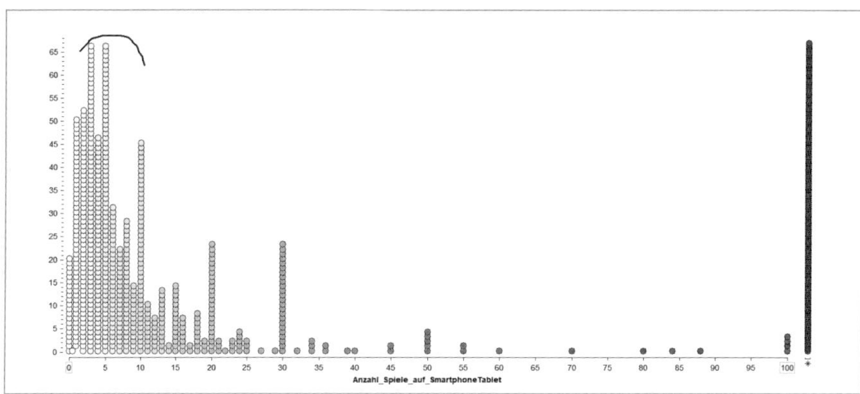

Abbildung 81: Verteilung des Merkmals *Anzahl_Spiele_auf_SmartphoneTablet* mit eingezeichneten mittleren Häufungsbereich im Datensatz D#4

Zunächst anders gelagert ist die umgangssprachliche Frage nach dem Bereich, in dem „die meisten" Daten liegen. Wenn damit etwa die Hälfte gemeint ist, gibt es natürlich sehr viele Intervalle, die mindestens 50 % der Daten umfassen. Der von Schüler:innen ausgewählte modale Klumpen wird vermutlich oft mindestens 50 % der Daten enthalten. Im Beispiel umfasst der Bereich von 3 bis 10 einschließlich der Grenzen bereits 53 %. Wenn man bei 1 oder 2 beginnen würde, wären es noch mehr. Auch wenn man mit dem Konzept des *modalen Klumpens* starten würde, entstünde schnell das Bedürfnis nach einer eindeutigen Festlegung.

In der Statistik wird dafür der *Bereich der mittleren Hälfte* genommen: Das ist der Bereich, in dem die Hälfte der Daten liegt und rechts und links davon je ein Viertel. Dieser Bereich wird ebenfalls in einem Boxplot, einer gängigen Diagrammform zur Verteilung numerischer Merkmale in der Statistik, dargestellt. Es ist jedoch möglich, dass dieser Bereich nicht mit dem übereinstimmt, was man intuitiv als den „stärksten Häufigkeitsbereich" oder einen modalen Klumpen bezeichnen würde.

Im Unterricht wird es in der Regel sinnvoll sein, das Konzept der *mittleren Hälfte* einzuführen und dann digitale Werkzeuge zu verwenden, um diesen Bereich in einer Verteilung zu kennzeichnen. Den kleinsten Wert der mittleren Hälfte nennt man das *untere Quartil (unterer Viertelwert)*, den größten das *obere Quartil (oberer Viertelwert)*. Eine Möglichkeit der Darstellung der mittleren Hälfte ist der sogenannte *Hutplot* (Watson et al. 2008). Dabei werden die Daten in drei Bereiche eingeteilt: Unteres Viertel, mittlere Hälfte, oberes Viertel. Die mittlere Hälfte wird durch die Hutkrone abgedeckt (Abbildung 82 in TinkerPlots). Die „Hutkrempe" reicht links bis zum Minimum und rechts

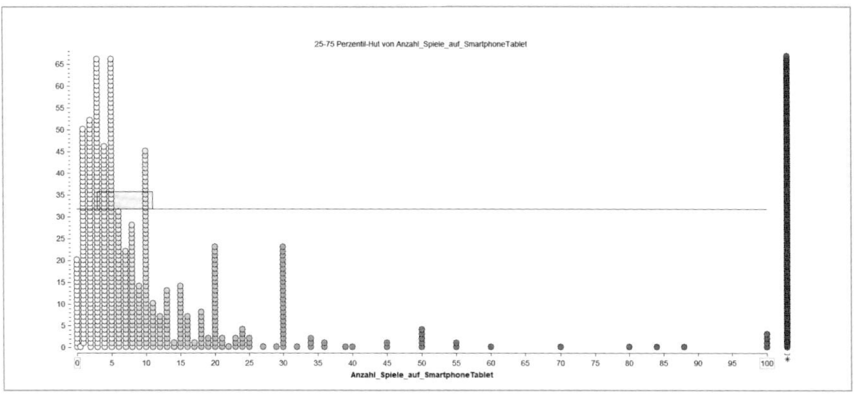

Abbildung 82: Hutplot zur Verteilung des Merkmals *Anzahl_Spiele_auf_SmartphoneTablet*, Datensatz D#4 in TinkerPlots

bis zum Maximum der Verteilung. Die Breite der mittleren Hälfte wird in der Statistik auch als *Quartilabstand* bezeichnet und ist ein anerkanntes Streuungsmaß. In der Schule kann man auch von der *mittleren Streubreite* sprechen. Die Breite vom linken Rand (Minimum) des Hutplots bis zum rechten Rand (Maximum) hatten wir bereits als *Spannweite* bezeichnet. In diesem Fall beträgt die Spannweite 100 – 0 = 100 Spiele (das Maximum des Datensatzes ist 100 Spiele, das Minimum 0 Spiele).

Der von TinkerPlots angebotene Hutplot wird in der Statistik nicht verwendet. Er stellt eine schülergerechte Vereinfachung des weit verbreiteten Box-

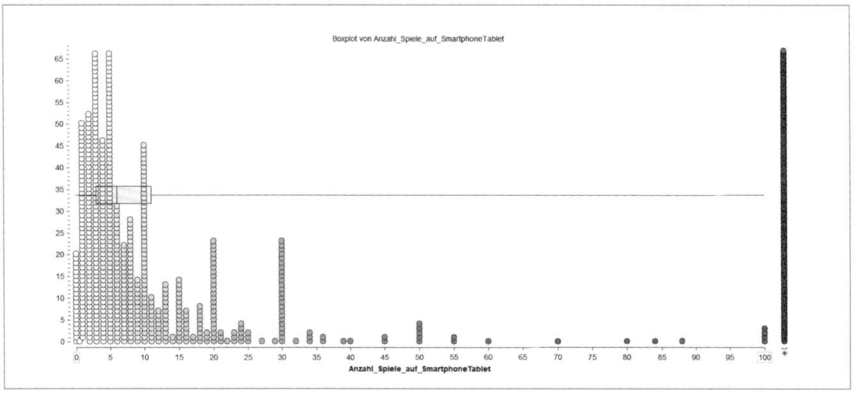

Abbildung 83: Boxplot zur Verteilung des Merkmals *Anzahl_Spiele auf_SmartphoneTablet* in TinkerPlots, Datensatz D#4

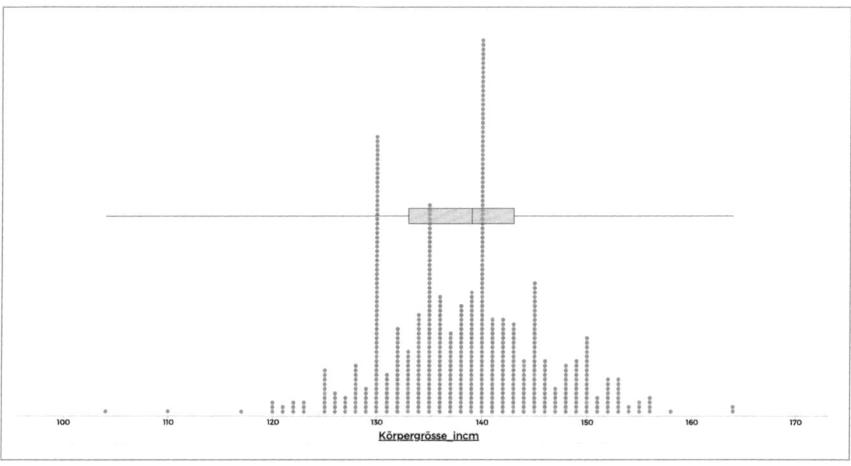

Abbildung 84: Boxplot zur Verteilung des Merkmals *Anzahl_Spiele_auf_SmartphoneTablet* in CODAP. Datensatz D#5

plots dar, der sich vom Hutplot nur dadurch unterscheidet, dass der mittlere Bereich als Box dargestellt wird und zusätzlich der Median in die Box eingezeichnet wird (Abbildung 83). Boxplots finden sich heute in den meisten Lehrplänen der Sekundarstufe I. Der Einsatz des Hutplots in der Primarstufe ist eine sinnvolle Vereinfachung von dem, was in höheren Schulstufen als Boxplot behandelt wird. TinkerPlots bietet die Möglichkeit, einen Hutplot in ein gestapeltes Punktdiagramm einzuzeichnen. Man kann dann zum Boxplot wechseln, indem man im Hutplot-Menü die Option *Boxplot anzeigen* auswählt. In CODAP ist nur der Boxplot verfügbar. Er kann über das Graphmenü ausgewählt werden, wenn man bereits ein gestapeltes Punktdiagramm ausgewählt hat (Abbildung 84).

4.7.2 Quartile (Viertelwerte) und ihre Eigenschaften

Kehren wir zum Hutplot zurück und erläutern ihn zunächst etwas genauer: Will man die Grenzen der Hutkrone numerisch genauer darstellen, kann man in TinkerPlots sogenannte bewegliche Linien einblenden. Diese können auf die linke und rechte Grenze der Hutkrone gelegt werden, sodass man die entsprechenden Werte ablesen kann, um den genauen Bereich der mittleren Hälfte zu identifizieren.

In Abbildung 84 liegt die mittlere Hälfte der Daten zwischen 3 und 11 Spielen. Die linke Markierung wird in der Statistik als *unteres Quartil* Q_u und die rechte Markierung als *oberes Quartil* Q_o bezeichnet. Links von Q_u liegt etwa ein

Viertel der Daten, rechts von Q_o ebenfalls. Auf die genaue mathematische Definition wird in Abschnitt 4.7.3 eingegangen. Ähnlich wie beim Median kann es Bindungen geben, d. h. mehrere Datenpunkte können genau auf den Quartilen liegen – die folgenden Aussagen gelten allgemein für jeden Datensatz. Diese etwas komplizierteren Aussagen ähneln denen der Halbierungseigenschaft des Medians. Wir nennen sie die

Viertelungseigenschaft der Quartile

1. Zwischen Q_u und Q_o liegt unter Einschluss der Grenzen mindestens die Hälfte der Daten.
2. Unter Q_u und über Q_o liegt maximal je ein Viertel der Daten.
3. Unterhalb von Q_u unter Einschluss von Q_u liegt mindestens ein Viertel der Daten.
4. Oberhalb von Q_o unter Einschluss von Q_o liegt mindestens ein Viertel der Daten.

Eine sinnvolle Verbalisierung des Hutplots könnte lauten: „Die Befragten haben zwischen 0 und 100 Spiele auf ihrem Smartphone / Tablet, etwa die Hälfte der Kinder in der Mitte haben zwischen 3 und 11 Spiele auf ihrem Smartphone / Tablet.“ Dies sind die wichtigsten Aussagen. Aussagen über die Breite der Hutkrone (die *mittlere Streubreite* oder im üblichen Fachjargon Quartilabstand $Q_o - Q_u$) und darüber, dass jeweils etwa ein Viertel unterhalb und oberhalb der Hutkrone liegt, sind dagegen nur für spezielle Verteilungsvergleiche relevant.

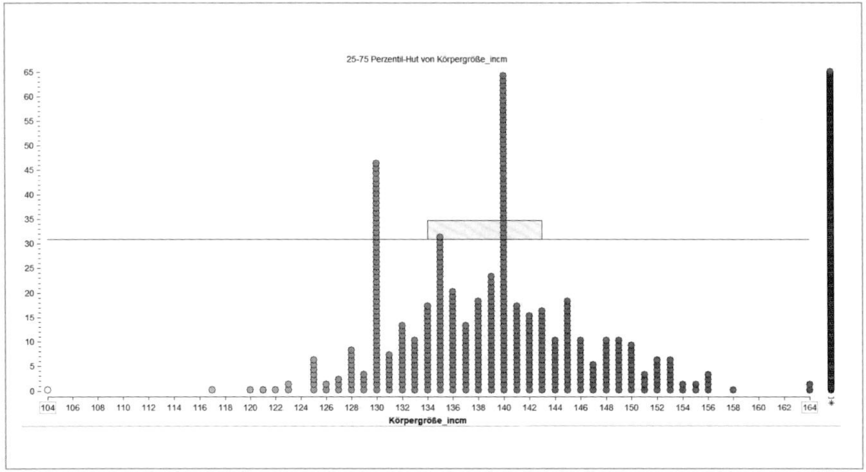

Abbildung 85: Hutplot zur Verteilung des Merkmals *Körpergröße_incm* im Datensatz D#13 in TinkerPlots

Betrachten wir ein weiteres Beispiel, nämlich die Verteilung des Merkmals *Körpergröße_incm*. Den Hutplot zur Verteilung dieses Merkmals sehen wir in Abbildung 85.

Zusammenfassend lassen sich aus dem Hutplot in Abbildung 85 folgende Aussagen ableiten, wobei zunächst die relevanten Zahlen aus der Grafik abgelesen werden:

- Die Körpergrößen in diesem Datensatz variieren von 104 cm (Minimum) bis 164 cm (Maximum). Die Spannweite beträgt 60 cm.
- Die mittlere Hälfte liegt zwischen 133 cm und 143 cm (siehe Hutkrone). Der Quartilabstand (mittlere Streubreite) beträgt 10 cm.
- Von 104 cm bis zu 133 cm liegt etwa ein Viertel, oberhalb von 143 cm bis 164 cm auch etwa ein Viertel der Daten.

4.7.3 Exkurs zur genauen Berechnung des unteren Quartils (Q_u) und des oberen Quartils (Q_o)

Auch wenn wir nicht vorschlagen, die genaue Berechnung der Quartile im Unterricht zu thematisieren, sollte man als Lehrkraft wissen, wie man diese Werte rechnerisch bestimmen kann. Intuitiv möchte man mit dem unteren Quartil Q_u ein Viertel der Daten abteilen. Dazu ordnen wir die Daten wieder ähnlich wie beim Median der Größe nach aufsteigend. Jeder Datenpunkt bekommt eine Positionsnummer. Wir müssen zwei Fälle unterscheiden: Ist die Anzahl der Datenpunkte n durch 4 teilbar, also $n/4$ ganzzahlig, werden die beiden Datenwerte, die die Positionsnummer $n/4$ und $n/4 + 1$ haben, genommen. Das untere Quartil wird festgelegt als Mitte zwischen diesen beiden Werten.

Ist die Anzahl der Datenpunkte n nicht durch 4 teilbar, zählt man von n bis zur nächsten durch 4 teilbaren Zahl weiter, die wir mit m bezeichnen. Die Positionsnummer für das untere Quartil ist dann $m/4$ (muss eine ganze Zahl sein).

Quartile werden in TinkerPlots und CODAP nach dieser Regel bestimmt. In anderen Statistikprogrammen können geringfügig andere Definitionen der Quartile verwendet werden. Wenn man die Quartile so wie hier definiert, dann gilt die oben formulierte *Viertelungseigenschaft*. Bei anderen Definitionsvarianten ist das nicht unbedingt der Fall (Bakker et al. 2005; Biehler und Kombrink 1999).

Wert	0	10	20	30	30	40	40	40	45	55	70	70	90	110	300	390	500
Positionsnummer	1	2	3	4	5	6	7	8	9	10	11	12	13	14	15	16	17

Machen wir uns zunächst den zweiten Fall an unserem Beispiel und den Daten (bereits aufsteigend der Größe nach geordnet) zu der *Anzahl_Spiele_auf _SmartphoneTablet* der Kinder der Klasse 4b der Leonhard-Euler-Grundschule (D#10–12), die Zugang zu einem Smartphone/Tablet haben, klar: Die Anzahl der Daten ist 17 und nicht durch 4 teilbar. Die nächste durch 4 teilbare Zahl ist 20: Also ist die Positionsnummer des unteren Quartils 5; das untere Quartil also 30.

Betrachten wir nun den Fall, dass wir anstatt der 17 Kinder nur die 16 Kinder haben, die mindestens 1 Spiel auf dem Smartphone haben – wir haben dann einen Datensatz mit 16 Fällen. Die Anzahl dieser Fälle ist durch 4 teilbar, und somit greift der erste Fall unserer Definition für die Berechnung des unteren Quartils. Der Wert mit der Positionsnummer $n/4 = 16/4 = 4$ ist 30, der Wert mit der Positionsnummer $n/4 + 1 = 16/4 + 1 = 5$ ist 40.

Wert	10	20	30	30	40	40	40	45	55	70	70	90	110	300	390	500
Positionsnummer	1	2	3	4	5	6	7	8	9	10	11	12	13	14	15	16

Also hat das untere Quartil den Wert $1/2 \cdot (30 + 40) = 35$. Die Berechnung des oberen Quartils geht analog.

5 Vergleich von zwei numerischen Verteilungen

Im vorhergehenden Abschnitt haben wir untersucht, wie man numerische Verteilungen darstellen und Informationen aus den Daten gewinnen kann. Wir haben verschiedene Darstellungsarten wie das gestapelte Punktdiagramm, das Histogramm, den Hut- und Boxplot kennengelernt und Mittelwerte zur Beschreibung von Verteilungen verwendet.

Es gibt verschiedene Möglichkeiten, zwei numerische Verteilungen zu vergleichen. Wir unterscheiden drei Ebenen mit unterschiedlichen Kriterien:

1. modaler Klumpen, mittlere Hälfte, Minima und Maxima, Hutplots
2. arithmetischer Mittelwert, Median, Boxplot
3. Form der Verteilungen, schwellenwertbasierte Vergleiche (mit Prozentangaben) sowie die Verschiebung zwischen zwei Verteilungen (siehe hierzu z. B. Frischemeier 2019).

Diese Elemente des Verteilungsvergleichs für die Stufen 1 und 2 können bereits im Mathematikunterricht der Primarstufe eingesetzt werden, wenn genügend Unterrichtszeit zur Verfügung steht. Die Elemente des Verteilungsvergleichs der Stufe 3 sind jedoch wegen des fehlenden Proportionsbegriffs für die Primarstufe nicht geeignet. Wir haben sie hier in der Einleitung nur der Vollständigkeit halber aufgeführt.

5.1 Erste Vergleiche anhand von modalen Klumpen, der mittleren Hälfte und des Hutplots

Im Folgenden möchten wir die Verteilungsvergleiche der ersten Stufe näher erläutern. Bereits Grundschulkinder fragen sich, ob es Unterschiede z. B. in der Anzahl der Spiele auf dem Smartphone / Tablet zwischen Dritt- und Viertklässlern gibt. Um diese Frage zu beantworten, kann man die Verteilung des Merkmals *Anzahl_Spiele_auf_SmartphoneTablet* in den beiden Gruppen betrachten und die Verteilungen zum Vergleich übereinander anordnen, wie in Abbildung 86 mit TinkerPlots dargestellt (ähnlich in CODAP). Um diese Grafik zu erstellen, wird zunächst ein gestapeltes Punktdiagramm gefertigt und dann das Merkmal *Klasse* auf die vertikale Achse gezogen.

Ein erster Vergleich kann naheliegenderweise über den Vergleich der Extremwerte (Minimum und Maximum) realisiert werden. In diesem Fall sind Minimum und Maximum in beiden Verteilungen aber gleich. Um Unterschiede zwischen den beiden Verteilungen herauszuarbeiten, könnte man

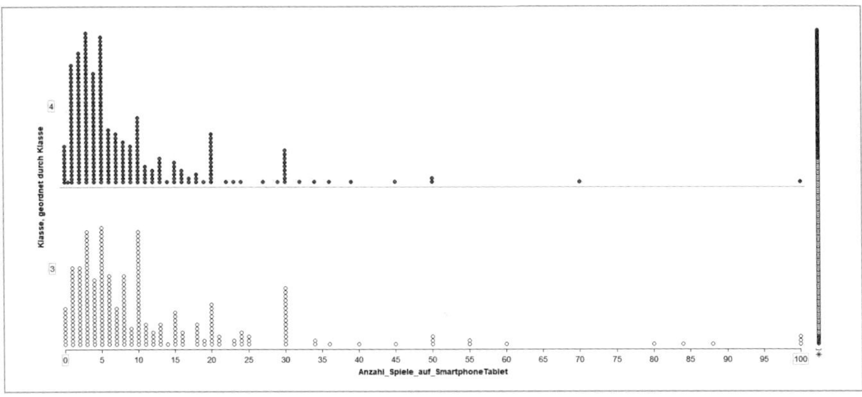

Abbildung 86: Punktdiagramme zur Verteilung des Merkmals *Anzahl_Spiele_auf_SmartphoneTablet*, getrennt nach dem Merkmal *Klasse* in TinkerPlots. Datensatz D#4

zunächst modale Klumpen in den beiden Verteilungen hervorheben und vergleichen. Das Stiftwerkzeug in TinkerPlots eignet sich gut dazu, solche modalen Klumpen in den Verteilungen zu markieren (in CODAP gibt es dazu keine Möglichkeit; man muss die Bereiche in der Grafik ermitteln und dann die Grenzen notieren). Wir bestimmen ferner die mittlere Hälfte mithilfe eines Hutplots (Abbildung 87): In der Verteilung des Merkmals *Anzahl_Spiele_auf_SmartphoneTablet* der Klasse 3 reicht die mittlere Hälfte der Verteilung von 3 bis 15, in der Verteilung des Merkmals *Anzahl_Spiele_auf_SmartphoneTablet* der Klasse 4 reicht die mittlere Hälfte von 3 bis 10.

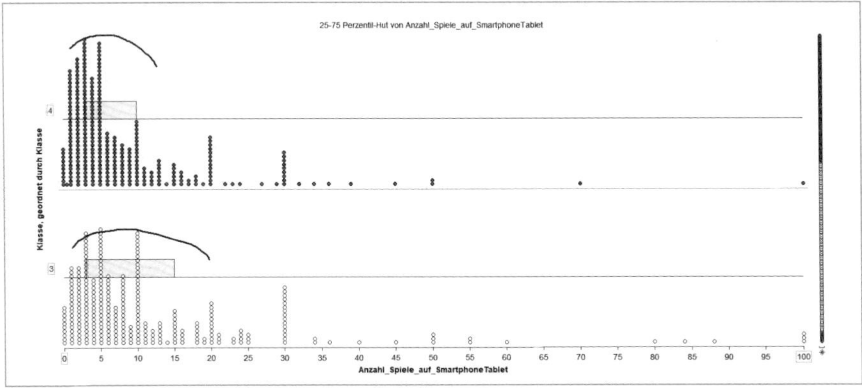

Abbildung 87: Punktdiagramme zur Verteilung des Merkmals *Anzahl_Spiele_auf_Smartphone / Tablet* getrennt nach dem Merkmal *Klasse*, mit zentralem Häufungsbereich und Hutplot. Datensatz D#4 in TinkerPlots

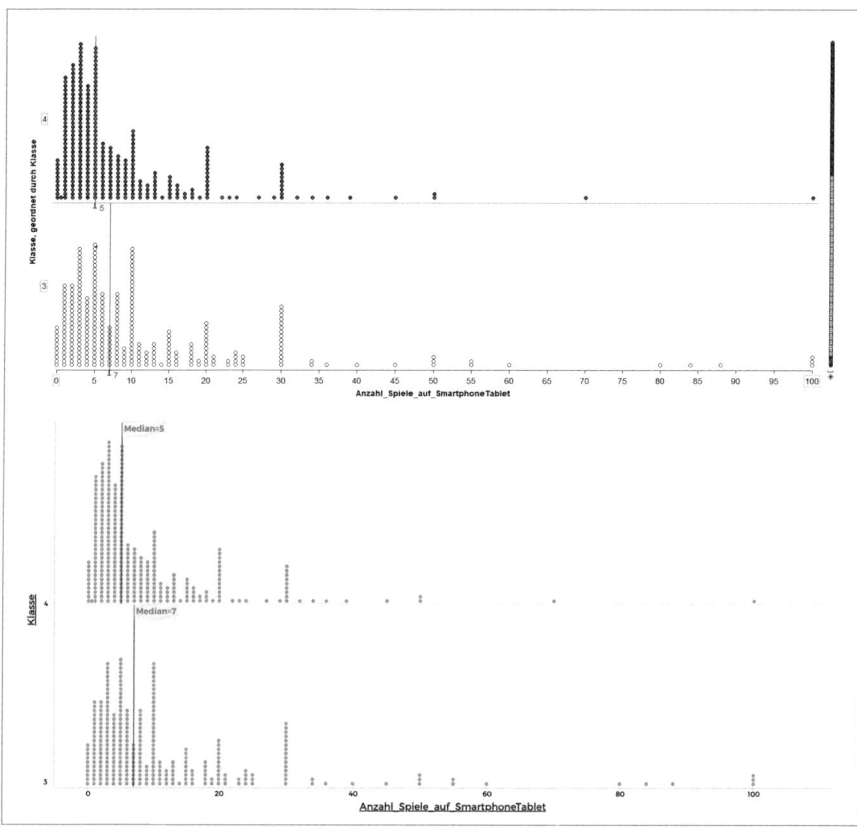

Abbildung 88: Punktdiagramme zur Verteilung des Merkmals *Anzahl_Spiele_auf_SmartphoneTablet* unterschieden nach dem Merkmal *Klasse* mit Median in TinkerPlots, Datensatz D#4 (oben) und in CODAP, Datensatz D#5 (unten).

Die mittlere Hälfte der Datenverteilung ist unter den Drittklässlern breiter als bei den Viertklässlern. Eine erste Deutung könnte sein, dass bei den Drittklässlern eine größere Vielfalt hinsichtlich der Anzahl von Spielen auf Smartphones oder Tablets besteht.

Darüber hinaus liegt die mittlere Hälfte bei den Drittklässler:innen weiter rechts als bei den Viertklässler:innen, genauer gesagt ist das obere Quartil 10 in der vierten Klasse und 15 in der dritten Klasse. Auch die Mitte der Box liegt bei den Drittklässler:innen bei (15 + 3)/2 = 9 weiter oben als bei den Viertklässler:innen, nämlich: bei (10 + 3)/2 = 6,5. In der Statistik ist es aber üblich, statt der Boxmitte den Median zum Vergleich mit heranzuziehen, welcher sich ja immer innerhalb der Box befinden muss, da er definitionsgemäß

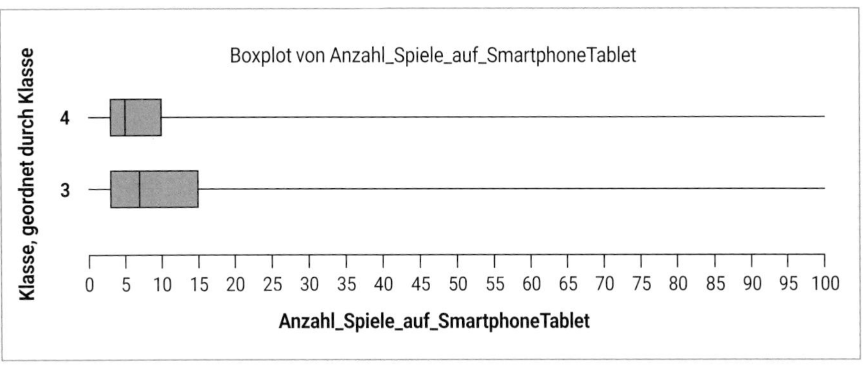

Abbildung 89: Boxplots zur Verteilung des Merkmals *Anzahl_Spiele_auf_SmartphoneTablet*, unterschieden nach dem Merkmal *Klasse* in TinkerPlots. Datensatz D#4. Zur Erstellung von Hut- oder Boxplots in TinkerPlots siehe auch das Erklärvideo V#20 und zur Erstellung von Boxplots in CODAP siehe das Erklärvideo V#21.

größer gleich Q_u und kleiner gleich Q_o ist.[2] In diesem Fall ist der Median in der dritten Klasse 7 und in der vierten Klasse 5. Die Verteilung in der 3. Klasse ist zu größeren Werten hin verschoben (nur die unteren Quartile sind gleich).

Wir formulieren, dass die Drittklässler:innen in diesem Datensatz *eher*[3] mehr Spiele auf dem Smartphone/Tablet haben als die Viertklässler:innen und machen das an den höheren Medianen und den höheren oberen Quartilen fest. Der Begriff *eher* drückt aus, dass nicht alle in der dritten Klasse mehr Spiele haben als die Schüler:innen in der vierten, es gibt aber eine „Tendenz" zu mehr Spielen in der dritten Klasse.

5.2 Vergleiche unter Einbeziehung des Medians und des Boxplots

Wir beziehen nun zusätzlich explizit den Median in den grafischen Vergleich ein (Abbildung 88).

Wenn man Hutplot und Median in einer Darstellung integrieren will, kann man auch den Boxplot als Darstellung dazu nehmen (Abb. 89). Zusammenfassend kann man festhalten:

- *Wertebereichsvergleich.* In beiden Klassenstufen schwanken die Daten zwischen 0 und 100.

2 In der Regel gilt die strenge Ungleichung, nur in Extremfällen mit vielen Bindungen kann eine Gleichheit auftreten.

3 Statistiker würden hier von „tendenziell" sprechen. Dieser Begriff eignet sich u. E. aber nicht für den Unterricht in der Primarstufe, sodass wir empfehlen, von „eher" zu sprechen.

- *Eher mehr Spiele in einer der Klassen?* Im Median haben die Drittklässler:innen 7 und die Viertklässler:innen nur 5 Spiele auf ihrem Gerät. Das obere Quartil liegt bei 15 bei den Drittklässler:innen im Vergleich zu 10 bei den Viertklässler:innen: Eher mehr Spiele auf den Geräten in der dritten Klasse.
- *Streuungsvergleich, Heterogenität.* Die mittleren Hälften gehen von 3 bis 10 (4. Klasse), bzw. 3 bis 15 (3. Klasse). Die mittlere Streubreite ist 7 (4. Klasse) im Vergleich zu 12 (3. Klasse). Die Heterogenität (Unterschiedlichkeit) ist größer in der dritten Klasse.

5.3 Vergleiche unter Einbeziehung des arithmetischen Mittelwerts

Wenn man das arithmetische Mittel im Unterricht behandelt hat, kann man es beim Vergleich mit heranziehen und es in die Boxplots oder die Verteilungen einzeichnen (Abb. 90 und 91). Die Aussage, dass die Drittklässler:innen „eher" mehr Spiele auf ihrem Gerät haben, kann jetzt zusätzlich durch die arithmetischen Mittel (12 im Vergleich zu 8) konkretisiert werden. Die arithmetischen Mittelwerte sind beide größer als der korrespondierende Median, weil die Daten unsymmetrisch nach oben streuen (vgl. auch Abschnitt 4.6.5).

5.4 Abschließende Bemerkungen zum Vergleich von Verteilungen

Zunächst erst einmal ist zu betonen, dass kein Patentrezept für Verteilungsvergleiche existiert. Ein wesentlicher Punkt, was ein Verteilungsvergleich be-

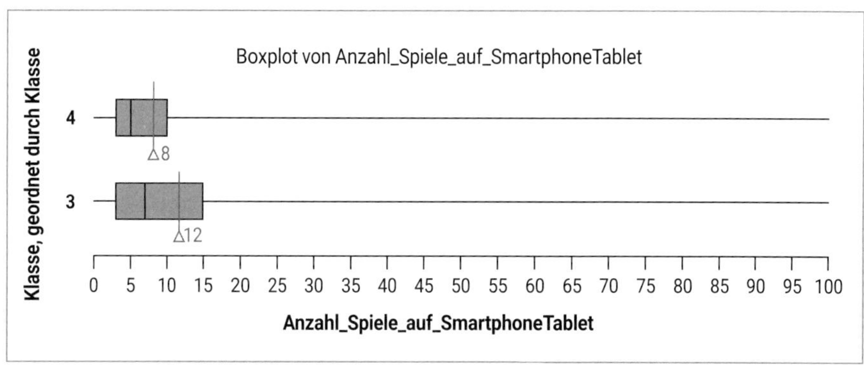

Abbildung 90: Boxplots zur Verteilung des Merkmals *Anzahl_Spiele_auf_SmartphoneTablet*, unterschieden nach Klasse, mit arithmetischen Mitteln in TinkerPlots, ähnlich auch in CODAP. Daten wurden zur Übersichtlichkeit ausgeblendet. Datensatz D#4

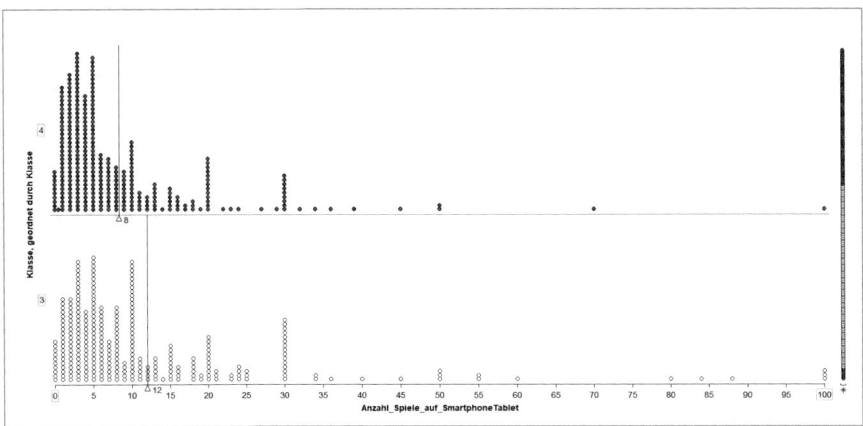

Abbildung 91: Punktdiagramme zur Verteilung des Merkmals *Anzahl_Spiele_auf_SmartphoneTablet*, unterschieden nach Klasse, mit arithmetischen Mittel in TinkerPlots, ähnlich auch in CODAP. Datensatz D#4

inhalten kann, hängt schon von der Fragestellung ab. In der Tabelle 22 sehen wir verschiedene Fragestellungen im Kontext von Verteilungsvergleichen, und wir deuten mögliche Vorgehensweisen beim Vergleich von Verteilungen an. Welche man davon verfolgt, hängt vom Sachkontext und den Interessen der Beteiligten ab. Der Vergleichsplan (Tabelle 21) listet die Aspekte auf, hinsichtlich derer zwei Verteilungen verglichen werden können. In modifizierter, vereinfachter Form kann er auch Schüler:innen an die Hand gegeben werden.

	Verteilung 1	Verteilung 2
Median		
arithmetisches Mittel		
Modalwert(e)		
Wertebereich (Minimum, Maximum)		
Spannweite		
Lage der Box / des Hutes, mittlere Hälfte		
Lage unteres Viertel		
Lage oberes Viertel		
mittlere Streubreite		
Stellen mit besonders großer Häufigkeit		
sonstige Auffälligkeiten, Form der Verteilungen		

Tabelle 21: Checkliste zum Vergleich von Verteilungen

Fragestellung	Vergleichskonzept
„In welchem Bereich schwanken / streuen die Daten?“	*Wertebereiche*
„Wie unterscheidet sich die (mittlere, durchschnittliche) Fernsehzeit von Jungen und Mädchen?“	*Mediane (mittlere), arithmetische Mittel (durchschnittliche) und ihre Differenzen*
„Ist das Fernsehverhalten in den Gruppen unterschiedlicher?“	*mittlere Streubreite und Spannweite*
„Schauen die befragten Mädchen eher mehr als die befragten Jungen fern? (zu prüfende Hypothese und Konkretisierung mit Kennzahlen)	*multipler Vergleich (Mittelwerte, Quartile, Minimum, Maximum) und anschließende Angabe der Unterschiede in den Kennzahlen, evtl. keine einheitliche Antwort*
„Inwiefern unterscheiden sich die befragten Mädchen von den befragten Jungen hinsichtlich ihres Fernsehkonsums?“	*prinzipiell alle Aspekte der Vergleichstabelle, Auswahl nach Sachkontext und Eigenschaften der Daten*

Tabelle 22: Verschiedene Fragestellungen bedingen verschiedene Untersuchungen beim Verteilungsvergleich

Kurz und prägnant lassen sich für die Daten-Spürnase folgende Hinweise zum Vergleich von Verteilungen im Mathematikunterricht der Primarstufe formulieren:

- Nicht nur Unterschiede anhand von Mittelwerten herausarbeiten (in der Primarstufe aus Gründen der Elementarisierung in der Regel nur den Vergleich von Medianen verwenden).
- Verteilungen als Ganzes betrachten, nicht nur einzelne Punkte zum Vergleich, sondern die Verteilungsgrafik heranziehen. Die Nutzung von mittleren Hälften kann einen ersten Schritt zu einer globalen Perspektive auf Verteilungen sein.
- Unterschiede in der Streuung der Verteilungen anhand der mittleren Hälften und der Breite der Hutkronen (der Boxen im Boxplot) herausarbeiten und interpretieren (eine breitere Hutkrone kann als ein heterogeneres Verhalten innerhalb der Gruppe interpretiert werden).
- Verschiedene Darstellungen (gestapelte Punktdiagramme, Hutplots, Boxplots) betrachten und diese verwenden, um Muster, Unterschiede und Ähnlichkeiten zwischen den Verteilungen zu entdecken.

Diese Tipps bieten einen ersten Zugang, um die Komplexität eines Verteilungsvergleichs – insbesondere im Hinblick auf die Thematisierung dieser Aktivität für den Mathematikunterricht in der Primarstufe – zu beschränken und Hinweise für die Datenspürnase zu geben. Bei einer explorativen Datenanalyse können diese ersten Gedanken dann mit weiteren Aspekten und Auffälligkeiten in den Daten kombiniert werden, die sich im Laufe der Datenanalyse aus den Daten selbst bzw. aus dem Kontext, aus dem die Daten stammen, ergeben.

Teil 2: Unterrichtspraktische Anmerkungen und Ideen zur Förderung einer frühen Datenkompetenz

Im zweiten Teil dieses Buches präsentieren wir konkrete Empfehlungen für den Unterricht, um die Entwicklung von Datenkompetenz schon frühzeitig mithilfe digitaler Werkzeuge zu fördern. Ein wesentliches Grundprinzip ist das Erleben und Durchlaufen eines vollständigen Datenanalysezyklus, der mit einer statistischen Fragestellung beginnt. In unseren Unterrichtsprojekten haben wir eine beträchtliche Vielfalt in den Fragen der Kinder festgestellt. Die Entwicklung von statistischen Fragestellungen oder Forschungsfragen ist, wie Erfahrungen und Studien (siehe Arnold 2013; Arnold & Franklin 2021) zeigen, essenziell für den Erfolg von Statistikprojekten. Da dieses Gebiet oft wenig bekannt ist, widmen wir den ersten Teil des praxisorientierten Abschnitts dieses Buches einer detaillierten didaktischen Analyse des Themas „Statistische Fragestellungen" (Kapitel 6). Anschließend präsentieren wir in den Kapiteln 7 und 8 praktische Ideen für die Umsetzung von Datenexplorationen im Grundschulunterricht.

6 Statistische Fragen im Unterricht – Bemerkungen aus fachdidaktischer Perspektive

Eine statistische Frage ist eine Art von Frage, bei der Daten gesammelt und analysiert werden, um Informationen über eine Gruppe von Personen oder Dingen zu erhalten. Sie ist eine besondere Form der Forscher:innenfrage, ein Begriff, der auch in anderen Zusammenhängen in der Grundschule verwendet wird. Bei der Beantwortung der Frage übernehmen die Kinder die Rolle einer Datenspürnase, sprich, sie agieren als Forschende. Es ist entscheidend, dass die Kinder sich selbst als aktiv Forschende begreifen und engagiert an der Sammlung und Analyse von Daten teilnehmen.

Dabei muss die Datenerhebung, die neben einer Befragung natürlich auch in Form eines Experiments oder einer Beobachtung erfolgen könnte, nicht immer selbst durchgeführt werden – dies ist allein aus zeitlichen Gründen im Unterricht nicht immer realisierbar. Wenn überhaupt, ist in der Regel nur eine Datenerhebung im Klassenverband möglich. Die Daten der gesamten Schule – oder gar darüber hinaus – zu erheben, erweist sich in der Regel als zu aufwendig. Will man umfangreiche Daten im Unterricht explorieren, bietet es sich an, bereits vorhandene und erhobene Daten zu nutzen und zu explorieren. Dazu bietet dieses Buch zahlreiche Datensätze an. Eine solche Datenexploration mit vorgegebenen umfangreichen Daten kann vorbereitet werden, indem die Kinder z. B. zunächst selbst eine Datenerhebung mit dem gleichen Fragebogen durchführen und sammeln. Bevor die Kinder dann ihre statistischen Forscher:innenfragen beantworten können, müssen sie natürlich erst lernen, statistische Darstellungen zu erstellen, zu lesen und zu interpretieren. Die Ergebnisse, die die Kinder aus ihrer Datenexploration ziehen, können dann durch die Erstellung eines Plakats unterstützt und visualisiert werden – diese weiteren Schritte werden in den Kapiteln 7 und 8 dieses Buches beschrieben.

6.1 Es stellen sich viele Fragen (Fragebogenfragen vs. Forscher:innenfragen)

In Abbildung 92 haben wir einige Fragen zusammengestellt, die Schüler:innen als Vorbereitung für ein Datenprojekt formuliert haben. Zunächst können wir unterscheiden zwischen Fragen, die sich auf einzelne Schüler:innen beziehen „Was ist dein Hobby?“ oder „Wie groß bist du?“, und Fragen wie „Wie unterscheiden sich Jungen und Mädchen bei der Zeit, die sie zur Schule benötigen?“, die sich auf die befragte Gruppe beziehen. Bei letzteren stellen Schüler:innen der Grundschule oft auch Vergleichsfragen, die sich auf Unterschiede zwischen Teilgruppen beziehen.

Die Fragen, die sich an die einzelnen Schüler:innen richten, können in einen Fragebogen aufgenommen werden – wir nennen sie Fragebogenfragen –, während die Fragen, die sich auf die Gruppe beziehen, eher den Forschungsfragen oder auch statistischen Fragen entsprechen, die am Anfang des PPDAC-Zyklus stehen können. Wir bezeichnen diese – auch mit Blick auf das Verständnis der Kinder – als Daten-Spürnasen- bzw. als Forscher:innenfragen. Die Frage im Fragebogen „Was ist dein Hobby?“ und die damit verbundene Datenerhebung bilden die Grundlage für die Beantwortung von Forschungsfragen wie „Welche Hobbys gibt es in der Klasse? Wie häufig sind diese Hobbys vertreten?“ Das sind im Grunde Fragen nach der Verteilung des Merk-

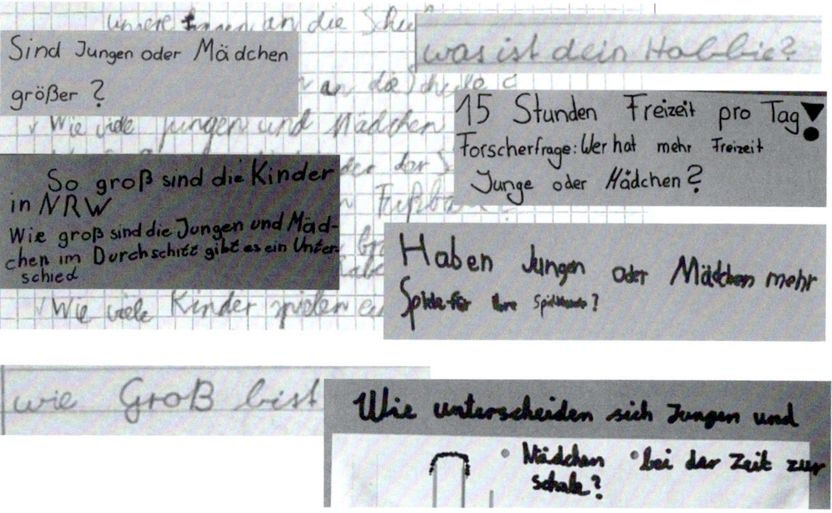

Abbildung 92: Vielfältige Fragestellungen aus gesammelten Unterrichtsprojekten zur Datenanalyse in Klasse 3 und 4

mals „Hobby“, ohne dass wir in der Frage selbst den Begriff der Verteilung verwendet haben. Der Fokus wechselt von der einzelnen Person zur Gruppe der untersuchten Personen.

Forscher:innenfrage vs. Fragebogenfrage

Forscher:innenfrage: Wie unterscheidet sich der Umfang der Tabletnutzung in Stunden pro Tag zwischen Jungen und Mädchen?

Fragebogenfragen: Wie viele Stunden nutzt du am Tag dein Tablet? Welches Geschlecht hast du?

Zudem ist bemerkenswert, dass in den vorgestellten Forschungsfragen häufig der Vergleich zwischen zwei Gruppen (zum Beispiel Jungen im Vergleich zu Mädchen) im Vordergrund steht, mit Fragen wie „Sind Jungen oder Mädchen größer?“ oder „Haben Jungen oder Mädchen mehr Spiele für die Spielkonsole?“ Hier wird ein kategoriales Merkmal (Geschlecht) zur Bildung von Untergruppen verwendet, die anhand von numerischen Merkmalen wie Körpergröße in cm, Gewicht in kg, Taschengeld in €, Stunden am Smartphone pro Tag, Anzahl der Kontakte auf dem Smartphone etc. verglichen werden können. Auch andere kategoriale Merkmale wie Augenfarbe, Smartphonebesitz, Verkehrsmittel zur Schule etc. können zur Bildung von Untergruppen herangezogen werden.

In unserem Buch zeigen wir, dass statistische Fragen, die mehr als ein Merkmal beinhalten, auch im Unterricht der Primarstufe behandelt werden können. Als Lehrkraft ist es wichtig zu erkennen, ob sich eine Frage von Schüler:innen eher auf einen Einzelfall oder auf die Gruppe bezieht und wie viele und welche Merkmale involviert sind. Dies kann als Hintergrund dienen, um die Schüler:innen bei der Formulierung von guten Fragen zu unterstützen (siehe auch Arnold 2013; Frischemeier & Leavy 2020; Arnold & Franklin 2021 für weiterführende Informationen zur Generierung guter statistischer Fragen und Frischemeier & Walter 2021 für entsprechende Unterrichtsvorschläge). Darauf wird im nächsten Abschnitt eingegangen.

6.2 Formulierung von Fragebogenfragen, Festlegung der Bedeutung von Merkmalen

Wir betrachten das Merkmal *Wie_zur_Schule*, das die Antworten auf die Frage enthält, wie man zur Schule kommt. Die Frage kann offen gestellt werden, sodass die Schüler:innen jegliche Antworten geben können, oder es können spezifische Antwortmöglichkeiten vorgegeben werden, wie *zu Fuß, mit dem Auto, dem Bus, der Bahn* oder *dem Fahrrad*. Nur dann wäre eine direkte Auswertung als kategoriales Merkmal möglich. Offene Antworten müssten vor der Auswertung „kategorisiert“ werden. Wie wir aber bereits festgestellt haben, ist diese Frage auch bei vorgegebenen Antwortkategorien noch nicht unbedingt für alle Schüler:innen eindeutig zu beantworten: Die Lehrkraft kann und muss mit den Kindern ins Gespräch kommen und einzelne Kinder berichten lassen, wie sie an diesem Schultag zur Schule gekommen sind. Einfache Fälle sind Kinder, die zu Fuß oder mit dem Fahrrad zur Schule kommen und eindeutig mit „zu Fuß“ oder „mit dem Fahrrad“ antworten. Was ist aber, wenn Kinder z. B. zur Bushaltestelle gehen, dann mit dem Bus zur Schule fahren und von der Bushaltestelle, an der sie aussteigen, zurück zur Schule gehen? Hier kann und muss z. B. vereinbart werden, dass nur das hauptsächlich benutzte Verkehrsmittel (längste Strecke) bzw. Fortbewegungsmittel angegeben wird, in diesem Fall also vermutlich „Bus“. Es liegt auf der Hand, dass dies auch die Wege zu und von den Bushaltestellen einschließt, ähnlich wie beim Fahrrad, wo auch die Wege zu den Fahrradabstellplätzen zu Fuß zurückgelegt werden. Ein weiterer Diskussionspunkt könnte sein: Was tun, wenn es unterschiedliche Gewohnheiten gibt, an verschiedenen Tagen zur Schule zu kommen – z. B. wenn man montags von den Eltern gebracht wird, aber sonst den Bus benutzt? In diesem Fall kann es sinnvoll sein, festzulegen, dass zählt, wie sie am Tag der Datenerhebung zur Schule gekommen sind oder – alternativ – welches Verkehrsmittel sie an den meisten Tagen der Woche benutzen. Man muss aber dieselbe Festsetzung für alle Schüler:innen treffen. Die Frage „Wie kommst du zur Schule?“ kann zunächst auch so verstanden werden, dass einige Kinder sagen: Ich werde von meinem Vater mit dem Auto gebracht oder von meiner Mutter mit dem Fahrrad (mit Kindersitz; mit meinem eigenen Fahrrad) oder ich gehe immer mit meinem Freund zu Fuß usw. Es ist notwendig, sich auf eine bestimmte Auswahl und Definition der Kategorien zu einigen, also z. B. von der Begleitperson zu abstrahieren und als Antwort nur das Fortbewegungsmittel zu benennen.

6.3 Typen von Forscher:innenfragen

Abhängig von der Anzahl und Art der einbezogenen Merkmale können unterschiedliche Arten von Forschungsfragen formuliert werden. Insgesamt lassen sich vier verschiedene Grundtypen[4] unterscheiden (vgl. z. B. auch Konold et al. 1997 oder Biehler 2001), wenn man davon ausgeht, dass ein oder zwei Merkmale involviert sind. Tabelle 23 gibt hierzu einen Überblick.

Wir gehen nun ausführlicher auf die einzelnen Fälle ein.

6.3.1 Ein kategoriales Merkmal

Betrachten wir das Merkmal *Wie_zur_Schule* mit den Ausprägungen *Auto, Bus, Bahn, Fahrrad, zu Fuß*. Eine entsprechende Forscher:innenfrage lautet: „Wie kommen die Kinder unserer Klasse zur Schule?“ Dies wäre eine Standardformulierung: Anstatt in der Frage eine Person zu nennen, wird diese in der Frage durch „die Kinder“ ersetzt, d. h. es wird nach der Gruppe gefragt. Auf die Frage könnte man zunächst antworten: „Die Kinder kommen auf verschiedene Weise, und zwar mit folgenden Verkehrsmitteln: Auto, zu Fuß, Fahrrad usw.“ Das ist aber auch ohne jede Datenerhebung klar.

Eine statistische Antwort auf die Forscher:innenfrage liegt erst dann vor, wenn sie im Sinne von „Häufigkeiten“ formuliert wird: „Wie häufig kommen die Kinder der Untersuchungsgruppe jeweils mit Auto, Bus, Bahn, Fahrrad, zu Fuß zur Schule?“ oder „Wie viele Kinder kommen mit ...?“ „Welche Art des Schulweges ist die häufigste, zweithäufigste, seltenste?“ „Gibt es Kinder, die mit der Bahn kommen; wie viele?“ Man kann die Frage nach Häufigkei-

4 Es gibt eigentlich auch noch den fünften Grundtyp „Numerisches Merkmal vs. Numerisches Merkmal“ (z. B. „Wie ist der Zusammenhang zwischen den Merkmalen *Körpergröße* und *Schuhgröße* bei den Kindern in unserer Klasse?“, Merkmale: *Körpergröße_in_cm, Schuhgröße*), den wir in diesem Zusammenhang aus Elementarisierungsgründen aber nicht thematisieren.

Involvierte Merkmale	Beispiel
Ein kategoriales Merkmal	„Wie kommen die Kinder in unserer Klasse zur Schule?“, Merkmal: *Wie_zur_Schule*; Kategorien z. B: Auto, Bus, Bahn, Fahrrad, zu Fuß
Ein numerisches Merkmal	„Wie lange benötigen die Kinder in unserer Klasse für ihren Schulweg in Minuten?“, Merkmal: *Schulweg_in_min*
Zwei kategoriale Merkmale	„Wie unterscheiden sich Mädchen und Jungen hinsichtlich des Besitzes eines Haustieres?“ Merkmale: *Geschlecht, Haustier*
Ein kategoriales Merkmal und ein numerisches Merkmal	„Wie unterscheiden sich die Buskinder und die Fahrradkinder in der Zeit, die sie zur Schule benötigen?“, Merkmale: *Wie_zur_Schule, Zeit_zur_Schule*

Tabelle 23: Übersicht über verschiedene statistische Fragetypen

ten natürlich auch schon bei der Formlierung der Forscher:innenfrage berücksichtigen.

Diese Fragen können mit Zahlen oder Sätzen wie „Am häufigsten kommt vor ...“ beantwortet werden. Man könnte auch ein Säulendiagramm angeben, aus dem man die einzelnen Häufigkeiten ablesen kann. Das Säulendiagramm, ggf. mit nach Häufigkeit der Ausprägung sortierten Kategorien, liefert aber mehr, nämlich eine übersichtliche Gesamtdarstellung der Verteilung des Merkmals *Wie_zur_Schule*. Statistiker:innen würden eine entsprechende Frage so formulieren: „Wie sieht die *Verteilung* des Merkmals *Wie_zur_Schule* in unserer Klasse aus?“. Eine Antwort könnte ein Säulen- oder Balkendiagramm oder eine Häufigkeitstabelle sein. Die Frage „Wie häufig kommen die Kinder der untersuchten Gruppe jeweils mit Auto, Bus, Bahn, Fahrrad, zu Fuß zur Schule?“ müsste im Unterricht so interpretiert werden, dass sie mit einer Verteilungsdarstellung beantwortet wird und nicht einfach mit einigen Sätzen, die jeweils einzelne Häufigkeiten enthalten.

Im Grunde ist die grafische Darstellung ein Zwischenschritt, eine Aufbereitung der Daten, mit der dann verschiedene statistische Fragestellungen beantwortet werden können.

6.3.2 Ein numerisches Merkmal

Eine Standardformulierung ist wieder: „Wie lange benötigen die Kinder in unserer Klasse für ihren Schulweg in Minuten?“ Hier sollte die Orientierung im Unterricht sein, zunächst ein Diagramm anzufertigen, das dazu dann differenzierte Antworten erlaubt. Bei kleinen Datensätzen bietet sich das gestapelte Punktdiagramm an, bei größeren eventuell gleich ein Histogramm. Es liegt nahe, die Frage umzuformulieren in: „Wie verteilen sich die Werte auf dem Zahlenstrahl?“ Die Anschlussfragen, die man bei einem numerischen Merkmal stellen kann, sind noch vielfältiger, da es mehrere verschiedene Darstellungen gibt (siehe in Teil 1 dieses Buches) und auch noch weitere Begriffe wie Mittelwerte etc. Ferner können, bezogen auf ein Histogramm, bei dem das numerische Merkmal ja kategorisiert wurde, alle die häufigkeitsbezogenen Fragen stellen, die man auch an Säulendiagramme bei kategorialen Merkmalen stellen konnte.

6.3.3 Zwei kategoriale Merkmale

Im obigen Beispiel haben wir die Frage „Wie unterscheiden sich Mädchen und Jungen hinsichtlich des Besitzes eines Haustieres?“ formuliert. Um diese Frage zu beantworten, können einfache Darstellungen wie Vierfeldertafeln hilfreich sein. Solche Unterscheidungsfragen sind besser geeignet als die den Schüler:innen oft nahe liegenden Fragen, die lediglich mit ja / nein beantwortet werden können. Die Schüler:innen könnten auch folgende Frage stellen: „Haben Mädchen häufiger als Jungen ein Haustier?“ Diese Ja / Nein-Frage ist immer relativ einfach zu beantworten. Betrachten wir jedoch folgenden Fall: Wenn es in der untersuchten Gruppe zehnmal so viele Mädchen wie Jungen gibt, wäre es nicht überraschend, wenn mehr Mädchen als Jungen ein Haustier hätten. Die Ausgangsfrage könnte aber auch anders lauten bzw. gemeint gewesen sein: „Haben Mädchen *eher* ein Haustier als Jungen?“ Diese Frage könnte aufgrund der Annahme gestellt werden, dass Mädchen tierlieber sind als Jungen. Um diese Frage zu beantworten, müsste man den Anteil der Haustierbesitzer:innen unter den Mädchen mit deren Anteil unter den Jungen vergleichen. Möglichkeiten dazu haben wir im ersten Teil dieses Buches vorgestellt. An dieser Stelle möchten wir darauf hinweisen, wie sich dies in den verschiedenen Forschungsfragen niederschlagen kann.

6.3.4 Ein kategoriales und ein numerisches Merkmal

Auch hier haben wir in Tabelle 23 beispielhaft die offenere Unterschiedsfrage formuliert: Wie unterscheidet sich die benötigte Schulwegzeit zwischen Kindern, die mit dem Bus fahren, und solchen, die das Fahrrad nutzen? Eine Ja / Nein-Frage wie „Brauchen Buskinder länger zur Schule als Fahrradkinder?“ liegt den Schüler:innen näher. In dem Fall, dass alle Buskinder länger brauchen als alle Fahrradkinder, wäre die Frage noch einfach mit „ja“ zu beantworten. Im Allgemeinen wird es aber Unterschiede zwischen den Gruppen geben, aber es wird auch Fahrradkinder geben, die länger brauchen als einige Buskinder und umgekehrt. Dies kann man am besten sehen, wenn man beide Untergruppen in einem entsprechenden Punktediagramm vergleichend darstellt. Die Herausforderung besteht darin, trotz Überschneidungen in den Verteilungen Unterschiede ausdrücken zu können, z. B. „Die Buskinder brauchen ‚im Mittel' oder ‚im Median' länger als die Fahrradkinder". Für die statistische Bildung ist dies ein entscheidender Schritt, der auch sprachlich angemessen kultiviert werden muss.

Eine weitere Schwierigkeit ergibt sich, wenn ein komplexeres kategoriales Merkmal und ein numerisches Merkmal einbezogen werden. In unseren Erläuterungen haben wir zwei Gruppen verglichen, die Radfahrer:innen und die Busfahrer:innen, aber das kategoriale Merkmal hat mehr als zwei Ausprägungen. Eine Unterscheidungsfrage könnte lauten: „Wie unterscheiden sich die Schulwegzeiten der Fußgänger:innen, Fahrrad-, Auto-, Bus- und Bahnfahrer:innen?" Man bildet fünf Untergruppen und vergleicht dann diese fünf Gruppen hinsichtlich ihrer Schulwegzeiten. Eine anspruchsvollere Formulierung, die voraussetzt, dass die Schüler:innen verstanden haben, dass diese fünf Gruppen durch die Ausprägungen des Merkmals *Wie_zur_Schule* bzw. Fortbewegungsmittel entstehen, wäre: „Wie hängt die *Schulwegzeit* vom Fortbewegungsmittel (dem Merkmal *Wie_zur_Schule*) ab?" Das wäre eine „Abhängigkeitsfrage", die elegant und fortsetzbar in der Sekundarstufe I ist, wenn auch anspruchsvoller für Grundschüler:innen.

7 Verteilung kategorialer Merkmale im Unterricht

In den folgenden Kapiteln 7 und 8 werden nun konkrete Unterrichtsempfehlungen gegeben, wie die Thematisierung statistischer Projekte unter Einbeziehung dieser Forscher:innenfragen im Mathematikunterricht der Primarstufe mithilfe digitaler Werkzeuge initiiert werden kann. Wir haben diese Unterrichtsempfehlungen modularisiert. Dabei unterscheiden wir jeweils zwischen einem *Basismodul*, einem *Aufbaumodul* und einem *Spürnasenmodul*.

Im Basismodul werden die Grundlagen des jeweiligen Themas im Unterricht gelegt. Dabei erfolgt eine enge Orientierung und Bezugnahme auf die Ausführungen im ersten Teil dieses Buches. Das Basismodul ist eher lehrer:innenzentriert konzipiert, und die Software selbst wird ausschließlich als Medium in der Hand der Lehrkraft im Unterricht eingesetzt. In jedem Basismodul schlagen wir optionale Erweiterungen vor, die den Unterricht fakultativ ergänzen können.

Diese Basismodule sind wie folgt aufgebaut: Zunächst geben wir einen Überblick über den Inhalt der jeweiligen Stunden („Darum geht es in diesen Stunden"). Dieser Abschnitt schließt mit einer Tabelle, die einen möglichen Unterrichtsverlauf („möglicher Ablaufplan") für die jeweilige Stunde darstellt. Den Kern der Beschreibung bildet der *Unterrichtsleitfaden*. Er enthält konkrete Hinweise, wie die Lehrer:innen die jeweiligen Stunden planen und durchführen können. Aktivitäten, die mit den Schüler:innen durchgeführt werden können, sind dabei in Kästen gekennzeichnet. Ergänzende Abschnitte enthalten Erfahrungsberichte und Hintergrundinformationen aus den von uns durchgeführten Unterrichtsprojekten. Dabei werden u. a. mögliche Schwierigkeiten seitens der Schüler:innen und Herausforderungen für die Lehrkraft aufgezeigt. Die *Aufbaumodule* bauen auf den jeweiligen Basismodulen auf. Im Aufbaumodul werden die Lernenden in den Umgang mit digitalen Werkzeugen zur Datenanalyse eingeführt und können selbstständig erste Datenexplorationen mit digitalen Werkzeugen durchführen.

Schließlich folgt das *Spürnasenmodul*. Hier können die Schüler:innen im Sinne einer Daten-Spürnase projektbasiert und eigenständig und unter selbstständiger Nutzung der Software TinkerPlots oder CODAP Daten nach ihren Fragestellungen explorieren. Das Spürnasenmodul baut auf dem Basis- und Aufbaumodul auf und gibt Schüler:innen die Möglichkeit, in die Exploration umfangreicher und realer Daten einzusteigen und diese im Sinne einer Daten-Spürnase nach eigenen Fragestellungen zu drehen und zu wenden und in diesem Zuge dabei auch weiterführende Fragestellungen und Hypothesen aufzuwerfen.

7.1 Die Unterrichtssequenz im Überblick

Im *Basismodul* dieses Kapitels zur Verteilung kategorialer Merkmale im Unterricht wird eine Unterrichtssequenz zum Thema „Unsere Klassen in Zahlen“ zum Erwerb einer ersten Daten- und Diagrammkompetenz entlang verschiedener Repräsentationsmodi im Mathematikunterricht der Grundschule vorgestellt. Dabei werden die Einsatzmöglichkeiten der beiden Werkzeuge dargestellt und jeweils mögliche Vorteile für die Umsetzung im Unterricht aufgezeigt. Grundsätzlich kann die Lehrkraft die Unterrichtsinhalte auf den folgenden Seiten mit beiden Werkzeugen umsetzen. Im *Aufbaumodul* lernen die Kinder dann selbst die Datenanalyse mit TinkerPlots bzw. CODAP kennen und nutzen diese digitalen Werkzeuge für erste eigenständige Erkundungen. Darüber hinaus soll im *Spürnasenmodul* auch die eigenständige Projektarbeit und die Analyse eines umfangreichen Datensatzes mit der Software TinkerPlots bzw. CODAP vorbereitet werden.

Das wesentliche Lernziel dieser Unterrichtssequenz besteht darin, dass die Schüler:innen lernen, Diagramme zur Darstellung kategorialer Variablen manuell in kleinen Datensätzen und computergestützt in großen Datensätzen zu erstellen, zu lesen und zu interpretieren.

Eine nachhaltige Diagrammkompetenz umfasst nach unserem Verständnis zum einen das Erstellen eines Diagramms (Säulen-, Balken- oder gestapeltes Punktdiagramm, Kreisdiagramm) auf einer selbst erhobenen oder vorgegebenen Datengrundlage und zum anderen das Entnehmen relevanter Informationen aus dem Diagramm – das Lesen und Interpretieren des Diagramms. Darüber hinaus soll die Diagrammkompetenz nicht nur an kleinen Datensätzen (z. B. einer Schulklasse), sondern insbesondere auch an großen, realen Datensätzen (z. B. einer Schule) gefestigt werden.

Die Exploration eines großes Datensatzes wie der mit den Daten einer ganzen Schule oder wie den Datensatz *Grundschüler_innen_NRW* (D#4) setzt den Einsatz einer Datenanalysesoftware (z. B. in unserem Fall TinkerPlots / CODAP) voraus. In diesem Kapitel führen wir aus, wie die Schüler:innen im Unterricht schrittweise entlang der verschiedenen Stufen

- Datenanalyse mit lebendiger Statistik,
- Datenanalyse mit Datenkarten,
- Datenanalyse mit der Software TinkerPlots / CODAP

zunächst ein Verständnis für erste Datenoperationen wie das Trennen und das Stapeln am Beispiel kleiner Datensätze erwerben und anhand dieser erste grundlegende Darstellungen zu Verteilungen kategorialer Merkmale wie Säulendiagramme erstellen können (*Basismodul*).

Im Anschluss zeigen wir, wie eine erste Datenkompetenz und die Analyse von Datensätzen mit digitalen Werkzeugen durch die Schüler:innen selbst erfolgen kann (*Aufbaumodul*).

Sowohl im Basis- als auch im Aufbaumodul nutzen wir zu Demonstrationszwecken eine Stichprobe aus dem umfangreichen Datensatz *Grundschüler_innen_NRW* – nämlich den Datensatz *Emmy_Noether_GS_Klasse4a* (D#7–D#9) sowie eine weitere Reduzierung (mit weniger kategorialen Merkmalen) davon (D#21, D#22). Die Daten sind reale Daten einer pseudonymisierten Schule und Teilmenge unseres großen Datensatzes.

Schließlich wird im Spürnasenmodul aufgezeigt, wie Lernende projektbasiert mithilfe von Softwareeinsatz im Unterricht umfangreiche Datensätze explorieren können (*Spürnasenmodul*). Im Spürnasenmodul nutzen wir den kompletten Datensatz *Grundschüler_innen_NRW* (D#4–D#6), der ebenfalls im elektronischen Anhang dieses Buches enthalten ist.

Die Unterrichtssequenz zur Einführung in die Analyse von Verteilungen kategorialer Variablen gliedert sich in insgesamt zwölf Unterrichtsstunden (Dauer je 45 Minuten, fünf Unterrichtsstunden Basismodul, drei Unterrichtsstunden Aufbaumodul und vier Unterrichtsstunden Spürnasenmodul). Die Schüler:innen sollen in dieser Sequenz eine erste Diagrammkompetenz aufbauen und fundamentale Datenoperationen wie das Trennen und Stapeln kennen- und auf Daten anwenden lernen. Darüber hinaus sollen sie auf verschiedenen Ebenen (enaktiv, ikonisch, mit Software) lernen, Säulen- und Kreisdiagramme zu erstellen und daraus für ihre Fragestellung relevante Aussagen abzuleiten. Tabelle 24 gibt einen Überblick über die einzelnen Stunden der Unterrichtssequenz.

7.2 Unterrichtsstunden 1 bis 2: Grundlagen und erste Datenexplorationen

7.2.1 Darum geht es in diesen Stunden

Zu Beginn und als Einstieg werden im Unterrichtsgespräch Fragen entwickelt, die mit den zu erhebenden Daten der Klasse untersucht werden sollen. In diesem Rahmen wird eine erste kleine Datenerhebung manuell durchgeführt. Dabei erfolgt eine Konzentration auf drei bis vier kategoriale Merkmale aus dem Datensatz *Grundschüler_innen_NRW* (um später bei der computergestützten Datenanalyse Anknüpfungsmöglichkeiten zu haben). Gemeinsam mit den Schüler:innen entwickelt die Lehrkraft Forscher:innenfragen und

	Std.	Thema	Inhalt	Dauer	Material/Medien
Basis	1–2	Wir führen eine erste Datenerhebung und -auswertung durch und stellen Daten unserer Klasse dar.	Planen einer ersten Datenerhebung und Einführung in die Datenanalyse mit lebendiger Statistik	90 Min.	Krepp-Band
	3–5	Wir stellen Daten unserer Klasse dar und nutzen Datenkarten.	Einführung in die Datenanalyse mit Datenkarten	135 Min.	Datenkarten
Aufbau	6–8	Wir nutzen die Software TinkerPlots/CODAP, um unseren Klassendatensatz zu untersuchen.	Einführung in die Datenanalyse mit der Software TinkerPlots/CODAP	135 Min.	TinkerPlots/CODAP am Lehrer-PC Beamer (evtl. falls vorhanden interaktives Whiteboard) TinkerPlots/CODAP auf Schüler-PCs
Spürnase	9–12	Wir nutzen die Software TinkerPlots/CODAP, um größere Datensätze zu untersuchen (Projektarbeit).	Datenanalyse mit der Software TinkerPlots/CODAP	180 Min.	TinkerPlots/CODAP am Lehrer-PC Beamer (evtl. falls vorhanden interaktives Whiteboard), TinkerPlots/CODAP auf Schüler-PCs Vorlage für Datenanalyse-Plakat/Poster

Tabelle 24: Übersicht über die Unterrichtsstunden

erstellt dann gemeinsam mit den Kindern einen kleinen Fragebogen, dessen Fragen in dieser Doppelstunde mittels der lebendigen Statistik exploriert werden. Wir stellen die durchzuführenden Aktivitäten anhand des Datensatzes *Emmy_Noether_GS_Klasse4a* (für TinkerPlots: D#7 mit allen kategorialen Merkmalen und D#21 mit ausgewählten kategorialen Merkmalen; für CODAP: D#8 mit allen kategorialen Merkmalen und D#22 mit ausgewählten kategorialen Merkmalen) vor. Im realen Unterricht soll dies natürlich mit den selbst erhobenen Daten geschehen.

7.2.2 Möglicher Ablaufplan der Unterrichtsstunden 1 bis 2

Ein möglicher Ablauf dieser Unterrichtsstunde zur Einführung in die Darstellung von Verteilungen kategorialer Merkmale mithilfe der lebendigen Statistik ist in Tabelle 25 dargestellt.

7.2.3 Unterrichtsleitfaden

Phase 1: Forscher:innenfragen sammeln über uns und unsere Klasse
Um den Einstieg in die Datenanalyse unter dem Thema „Unsere Klasse in Zahlen" schnell und effektiv gestalten zu können, einigt sich die Lehrkraft mit den Schüler:innen auf drei Fragen für den zu erstellenden Fragebogen – eine Orientierung kann dabei der im Materialpaket enthaltene Fragebogen zum Datensatz *Grundschüler_innen_NRW* sein – Orientierung deshalb, weil es für die Weiterarbeit (Aufbau- und Spürnasenmodul) sinnvoll ist, an diesen vorhandenen Datensatz anzuknüpfen. Zunächst sind kategoriale Merkmale auszuwählen.

„Unsere Klasse in Zahlen" zu untersuchen bedeutet, sich „Wie viele .... in der Klasse"-Fragen zu stellen, z. B. „Wie viele Kinder in der Klasse haben ein Haustier/kein Haustier?" Dies wäre eine „Forscher:innenfrage" (siehe auch unsere Ausführungen in Kapitel 6). Um sie beantworten zu können, muss man einen Fragebogen mit der Frage „Hast du ein Haustier?" erstellen und dann auszählen.

Phase	Zeit	Inhalt	Sozialform	Material/Medien
1	15 Min.	Forscher:innenfragen sammeln über uns und unsere Klasse	UG	Kinokreis
2	30 Min.	Erstellung gemeinsamer Fragebogenfragen und Ausfüllen des Fragebogens	UG Einzel	Kinokreis Fragebogen
3	45 Min.	Datenanalyse mit lebendiger Statistik	UG	Kreppband

Tabelle 25: Übersicht über einen möglichen Ablauf der Unterrichtsstunden 1 und 2

Fragebogenfrage	Name des Merkmals	Ausprägungen	Forscher:innenfrage
Habt ihr zu Hause ein Haustier?	*Haustier*	ja, nein	Wie viele haben ein/kein Haustier?
Wirst du von deinen Eltern zur Schule gebracht?	*Eltern_gebracht*	ja, nein	Wie viele werden von den Eltern gebracht, wie viele nicht?
Wie kommst du zur Schule?	*Wie_zur_Schule*	zu Fuß, Fahrrad, Auto, Bus, Bahn	Wie viele kommen jeweils zu Fuß, mit dem Fahrrad, Auto, Bus, Bahn zur Schule?
Welches Geschlecht hast du?	*Geschlecht*	Junge, Mädchen	Wie viele Jungen, wie viele Mädchen sind in der Klasse?

Tabelle 26: Übersicht über Fragebogenfrage, Name des Merkmals, Ausprägungen und Forscher:innenfrage

Die weitere statistische Frage oder Forscher:innenfrage lautet: Wie ist die Verteilung des Merkmals *Wie_zur_Schule* in unserer Klasse?Aus unserer Erfahrung ist diese Fragestellung zum einen motivierend für Grundschüler:innen und bietet zum anderen einen schnellen Einstieg in die Datenanalyse. Es bietet sich an, eine Übersicht zu erstellen (siehe Tabelle 26).

Phase 2: Erstellung gemeinsamer Fragebogenfragen und Ausfüllen des Fragebogens
Ein einführender Fragebogen könnte dann beispielsweise so aussehen (siehe Abbildung 93).

Die Kinder können in Einzelarbeit den Fragebogen ausfüllen und dort die Fragen beantworten.

Welches Geschlecht hast du? ☐ Junge ☐ Mädchen

Habt ihr zu Hause ein Haustier? ☐ Ja ☐ Nein

Wie kommst du zur Schule? ☐ zu Fuß ☐ Fahrrad ☐ Auto ☐ Bus ☐ Bahn

Wirst du von deinen Eltern zur Schule gebracht? ☐ Ja ☐ Nein

Abbildung 93: Fragebogen zum Einstieg in die Unterrichtssequenz

Phase 3: Datenexploration mit lebendiger Statistik
Ziel dieser Phase ist, zunächst die Beantwortung der statistischen Frage „Wie viele von uns haben ein/kein Haustier?“ Im Folgenden werden mögliche

Aktivitäten anhand einer lebendigen Statistik mit Daten aus der genannten Stichprobe des Datensatzes *Grundschüler_innen_NRW* (*Emmy_Noether_GS_Klasse4*, D#7–D#9) vorgestellt. Die Lehrkraft sollte aber die Daten ihrer eigenen Klasse verwenden.

Zunächst finden sich nun die Schüler:innen völlig ungeordnet in der Mitte des Klassenraums zusammen. In einem ersten Schritt sollen sich die Schüler:innen nach den Ausprägungen des Merkmals *Haustier* (ja / nein) aufteilen (z. B. die Haustierbesitzer:innen gehen in die linke Ecke des Klassenzimmers). In einem zweiten Schritt können innerhalb der neu gebildeten Teilgruppen die Schüler:innen angewiesen werden, sich hintereinander aufzustellen oder sich in einer Art „Stapel“ zu formieren.[5]

So entsteht eine Art „menschliches Säulendiagramm“. Bereits während dieses Strukturierungsprozesses sollten mit der Klasse gemeinsame Konventionen für eine solche Darstellung besprochen werden, z. B. das Aufstellen entlang einer gemeinsamen „Startlinie“, um auf einen Blick zu sehen, in welcher Gruppe sich die meisten Kinder befinden. Wenn die Schüler:innen dann ein menschliches Säulendiagramm (mit einer gemeinsamen „Startlinie“) bilden, können die Säulen mit Kreppband abgeklebt werden, sodass die Schüler:innen aus dem Diagramm heraustreten und selbst einen Blick auf das Diagramm werfen können. Gemeinsam können dann beim Vergleich der „Reihen“ zunächst qualitative Vergleichsaussagen getroffen werden, wie z. B. „Es gibt mehr Kinder, die kein Haustier haben, als Kinder, die ein Haustier haben“. Etwas präziser könnte die Lehrkraft in dem Fall sogar sagen: „Die meisten Kinder in der Klasse haben kein Haustier.“ Dann können die Häufigkeiten gezählt und an der Tafel notiert werden: Zehn Kinder in der Klasse haben ein Haustier und dreizehn nicht.

Im weiteren Verlauf können die Kinder den Arbeitsauftrag erhalten, das Merkmal *Eltern_gebracht* oder ein Merkmal, das mehr als zwei Ausprägungen hat, z. B. das Merkmal *Wie_zur_Schule* (Ausprägungen: *Auto, Bus, Fahrrad, zu Fuß, Bahn*) mithilfe der Lebendigen Statistik darzustellen und Häufigkeiten zu ermitteln und zu notieren. Immer wieder neu zu ordnen, macht Spaß und bringt immer wieder neue Ergebnisse. Der Arbeitsauftrag kann dann folgendermaßen aussehen:

5 „Stapeln“ scheint an dieser Stelle der Unterrichtssequenz noch kein griffiges Wort für die auszuführende Operation zu sein, wird aber im Weiteren vor allem in der Software als entsprechende Operation genutzt. Im Rahmen der Lebendigen Statistik bietet es sich an, zunächst vom „Hintereinander aufstellen“ zu sprechen.

Arbeitsauftrag für die Schüler:innen: Wie kommt unsere Klasse zur Schule?

a) Erstellt ein menschliches Säulendiagramm zur Verteilung des Merkmals *Wie_zur_Schule*, dokumentiert es und notiert die Häufigkeiten in einer Tabelle.

b) Was könnt ihr dem Diagramm und der Tabelle entnehmen?

Auch bei der Exploration dieser Fragestellung verteilen sich die Kinder zunächst auf die einzelnen Ausprägungen auf (z. B. in die vier Ecken des Klassenzimmers oder in durch Kreppband abgeklebte Bereiche). Im zweiten Schritt stellen sich dann die Kinder wieder an einer gemeinsamen Startlinie innerhalb der Ausprägungen zu einem menschlichen Säulendiagramm aufgereiht auf und können so erkennen, dass in unserem Beispieldatensatz die (relativ) meisten der Kinder zu Fuß zur Schule kommen. Man kann an der Tafel in Ergänzung zum Diagramm auf dem Fußboden eine Tabelle (siehe Tabelle 27) notieren.

Der Arbeitsauftrag b (Was könnt ihr aus dem Diagramm und der Tabelle entnehmen?) erfordert nun ganz andere kognitive und sprachliche Aktivitäten: Hier muss die Lehrkraft Sprachangebote machen. Zum Beispiel können Lehrkraft und Kinder im Sitzkreis verschiedene Beschreibungen erarbeiten – das können alles Aussagen auf den uns bekannten Kompetenzstufen „Lesen der Daten“ und „Lesen zwischen den Daten“ sein (siehe Teil 1 dieses Buches): „Die größte Gruppe sind die Kinder, die zu Fuß zur Schule gehen“ (Lesen zwischen den Daten), „die wenigsten Kinder kommen mit dem Fahrrad oder dem Bus“ (Lesen zwischen den Daten), „mehr als die Hälfte der Kinder kommen zu Fuß zur Schule“ (Lesen zwischen den Daten), „zwei Kinder kommen mit dem Fahrrad zur Schule“ (Lesen der Daten), „dreizehn Kinder kommen zu Fuß zur Schule“ (Lesen der Daten) usw.

Wie_zur_Schule	Anzahl/Häufigkeit
Auto	6
Bus	2
Fahrrad	2
zu Fuß	13

Tabelle 27: Dokumentation der Ergebnisse der Lebendigen Statistik zur Verteilung des Merkmals *Wie_zur_Schule*. Datensatz D#7

7.3 Unterrichtsstunden 3 bis 5: Datenanalyse mit Datenkarten

7.3.1 Darum geht es in diesen Stunden

In einem nächsten Abstraktionsschritt kann aufbauend auf der Lebendigen Statistik die Datenanalyse mit Datenkarten erfolgen – die Ausgangsfrage ist, inwieweit man die Ergebnisse, die man mit der Lebendigen Statistik verfolgt

Phase	Zeit	Inhalt	Sozialform	Material/Medien
1	10 Min.	Kennenlernen von Datenkarten und selbstständiges Ausfüllen der Datenkarten	Sitzkreis, UG	Datenkarten
2	35 Min.	Datenexploration mit den Datenkarten und gemeinsames Erstellen eines Säulendiagramms	Sitzkreis, UG	Tafel, Datenkarten
3	60 Min.	Sprechen über die Datenkarten-Säulendiagramme und ergänzende weitere Datenanalysen	Sitzkreis, UG	
4	30 Min.	Eigenständige Exploration mit Datenkarten zu verschiedenen Fragestellungen	Kleingruppenarbeiten (2er/3er-Gruppe)	Datenkarten

Tabelle 28: Übersicht über einen möglichen Ablauf der Unterrichtsstunden 3 bis 5

hat, auch an der Tafel mit Datenkarten darstellen kann. Die Datenexploration mit Datenkarten knüpft direkt an die in der Lebendigen Statistik erlernten Operationen (Trennen, Stapeln) an. Zu vorgegebenen und selbst gewählten Forschungsfragen können zunächst gemeinsam und später in Kleingruppenarbeit Datenkarten-Säulendiagramme zu den Daten der Klasse erstellt und beschrieben werden.

7.3.2 Möglicher Ablaufplan der Unterrichtsstunden 3 bis 5

Einen möglichen Ablaufplan für die Unterrichtsstunden 3, 4 und 5 sehen wir in Tabelle 28.

7.3.3 Unterrichtsleitfaden

Phase 1: Kennenlernen von Datenkarten und selbstständiges Ausfüllen der Datenkarten

Hier bietet es sich an, dass sich die Schüler:innen im Sitzkreis versammeln und erfahren, dass Datenkarten gewissermaßen die Daten eines Merkmalsträgers, hier die Daten eines Schülers oder einer Schülerin, darstellen können. Datenkarten sind schnell erstellt, z. B. auf Klebezetteln o. Ä. (siehe Teil 1 dieses Buches). Diese können den Schüler:innen im Sitzkreis vorgelegt werden und sie können aufgefordert werden, die entsprechenden Informationen, die sie daraus entnehmen können, zu beschreiben. Für den Unterricht benötigen wir die Daten der Klasse (hier sollten die realen Namen der Schüler:innen erfasst und notiert werden) zu den Merkmalen *sportliche_Aktivität, Freizeitaktivität, Lieblingshaustier* sowie *Geschlecht.* Also müssen auf den Datenkarten der Kinder in dieser Stunde jeweils die entsprechenden Ausprägungen dieser Merkmale notiert werden. Als Forscher:innenfrage soll nun zunächst untersucht werden, welche sportliche Aktivität in der Klasse am beliebtesten ist. Das Merkmal *Sportliche Aktivität,* das auf der Frage „Welche sportliche Aktivität machst du? (Falls du mehrere sportliche Aktivitäten machst, kreuze die an, die du am liebsten machst.)" beruht, bietet in unserem Beispieldatensatz (*Emmy_Noether_GS_Klasse4a,* #D7 - #D9) die Ausprägungen *Basketball, Fußball, Handball, Reiten, Tanzen, Tennis, Schwimmen* und *Sonstige.* Im Unterricht soll das natürlich für die eigene Klasse erhoben werden. Dabei sollten auf jeden Fall die eben genannten Kategorien vorkommen und in der Klassendiskussion ggf. um einige weitere ergänzt werden. Ein offenes Format sollte vermieden werden, weil man hinterher ggf. Kategorien zusammenführen muss. Auch hier muss die Operationalisierung des Merkmals *sportliche_Aktivität* mit den Kindern diskutiert werden - Mehrfachnennungen sollen nicht möglich sein, sondern es wird vereinbart, jeweils die sportliche Aktivität zu nennen, die man am liebsten ausübt.

Phase 2: Datenexploration mit den Datenkarten und gemeinsames Erstellen eines Säulendiagramms

Im Kinokreis vor der Tafel können dann die Datenkarten aller Kinder der Klasse gesammelt und gemeinsam erste Datenoperationen mit ihnen durchgeführt werden. Die Datenanalyse mit den Datenkarten kann analog zur Datenanalyse mit der Lebenden Statistik erfolgen. Zunächst sollte die Lehrkraft das Vorgehen mit den Schüler:innen im Kinokreis besprechen, dann können die Kinder in Kleingruppen die Daten mithilfe der Datenkarten selbst analysieren (die Kinder müssen dazu vorher mehrere Datenkarten ausgefüllt haben, sodass jede Gruppe einen gleichen Satz Datenkarten bekommt). Um die Datenanalyse mit Datenkarten jedoch zunächst gemeinsam im Sitzkreis kennenzulernen, werden die Klebezettel der Kinder der gesamten Klasse zunächst ungeordnet an der Tafel (oder alternativ auf dem Boden) gesammelt (Abbildung 94 oben) - dabei lassen sich folgende vier Phasen im Unterrichtsgeschehen unterscheiden:

- Erstellen eines Rohdiagramms aus den Datenkarten;
- Verfeinern des Rohdiagramms durch Umordnen der Datenkarten und Beschriften des Datenkartendiagramms;
- Interpretieren und Verbalisieren der Daten im Datenkarten-Säulendiagramm;
- ergänzende weitere Datenanalysen mit Datenkarten.

Phase 2.1: Erstellen eines Rohdiagramms aus den Datenkarten
Im Unterrichtsgespräch können die Schüler:innen dann – wie bei der Lebendigen Statistik und in Anlehnung an unsere Ausführungen in Teil 1 dieses Buches – die Datenkarten nach den Ausprägungen des Merkmals *sportliche_Aktivität* (hier mit den Ausprägungen *Basketball, Fußball, Handball, Reiten, Tanzen, Tennis, Sonstige*) trennen und die Datenkarten entsprechend nach Kategorien getrennt an der Tafel anordnen (Abbildung 94 unten). Damit ist dann schon einmal ein erster Blick auf die Häufigkeiten der einzelnen Ausprägungen, welche sportlichen Aktivitäten die Kinder besonders mögen, ersichtlich (nämlich: Tennis, Fußball, Handball etc.).

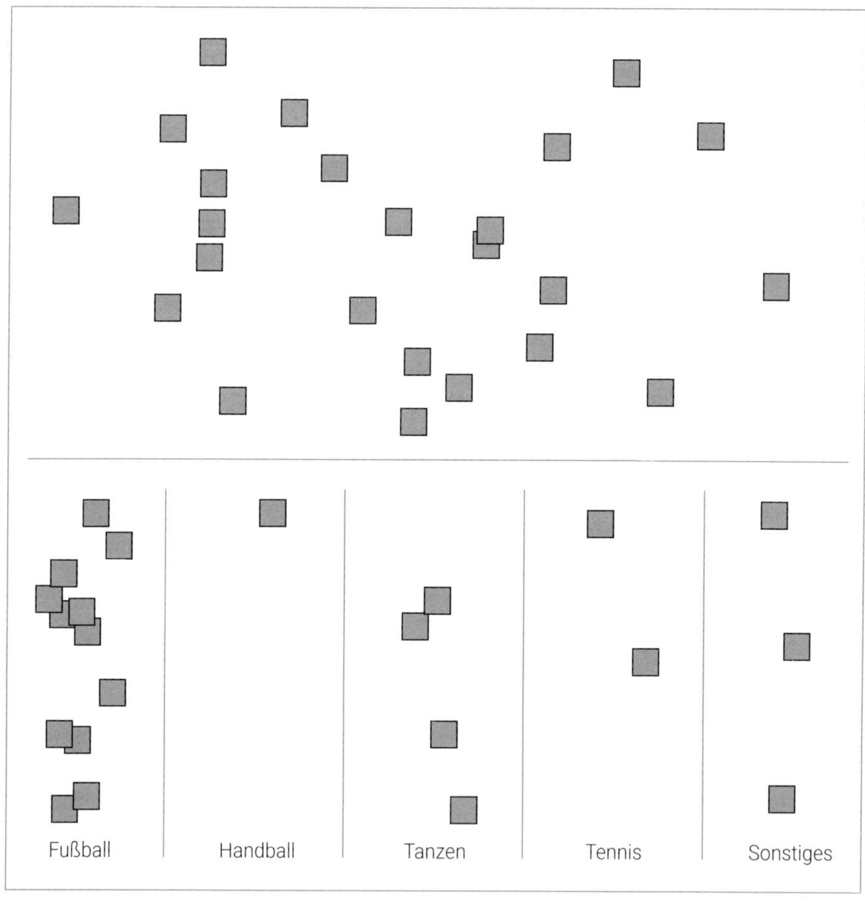

Abbildung 94: Datenkarten der Klasse 4, ungeordnet an der Tafel (oben) und Datenkarten der Klasse 4, getrennt nach Ausprägungen des Merkmals *sportliche_Aktivität* (unten). Datensatz D#7

Phase 2.2: Verfeinern des Rohdiagramms durch Umordnen der Datenkarten und Beschriften des Datenkartendiagramms

Wie bei der Datenanalyse mit der Lebendigen Statistik ist der nächste Schritt das „Hintereinanderstellen". Im Falle unserer Datenkarten bedeutet das, dass die Lehrkraft gemeinsam mit den Schüler:innen die Datenkarten hintereinander legen bzw. sie an der Tafel stapeln kann. Gemeinsam mit den Schüler:innen kann man dann die Datenkarten in den einzelnen Kategorien stapeln und man erhält ein Datenkarten-Säulendiagramm (Abbildung 95).

Beim „Stapeln" sollte mit den Schüler:innen problematisiert werden, dass die Datenkarten nicht überlappend aneinandergelegt werden dürfen, wenn man die Vergleichbarkeit (der Höhe der Säulen) bewahren möchte. Außerdem müssen sich die Kinder auf eine gemeinsame Startlinie (als x-Achse) einigen, um die Vergleichbarkeit der Säulen zu gewährleisten. Diese „Startlinie" dient dann als Anfangs- und Endpunkt für das Stapeln der Datenkarten in den verschiedenen Ausprägungen. Das Datenkarten-Säulendiagramm kann dann weiter modifiziert und auf eine noch höhere Abstraktionsebene gebracht werden, indem die Datenkarten-Säulen (mit Stift oder Kreide) umrandet werden. Die Lehrkraft führt dann den Begriff „Säulendiagramm" ein und könnte die entsprechenden Häufigkeiten notieren.

Im letzten Schritt wird die letzte Abstraktionsebene erreicht, indem die Datenkarten nun gemeinsam entfernt werden und somit ein konventionelles

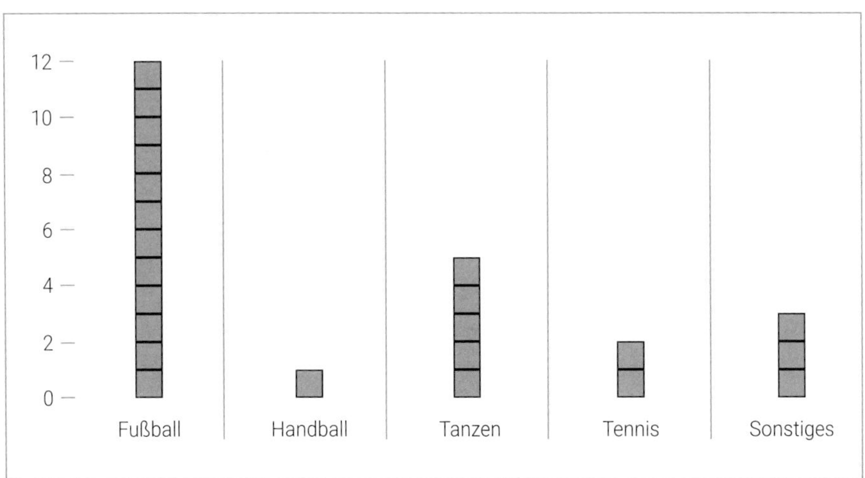

Abbildung 95: Datenkarten-Säulendiagramm zur Verteilung des Merkmals *sportliche_Aktivität* der Klasse 4. Datensatz D#7

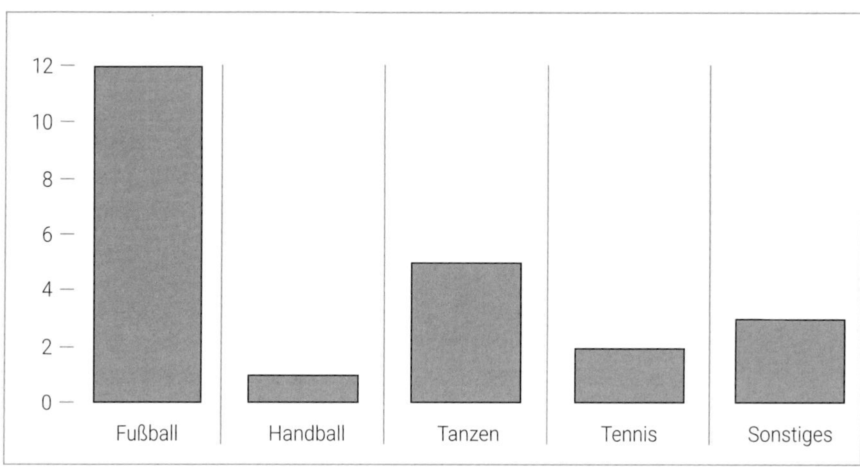

Abbildung 96: Säulendiagramm zur Verteilung des Merkmals *sportliche_Aktivität*. Datensatz D#7

Säulendiagramm der Verteilung des Merkmals *sportliche_Aktivität* in Klasse 4 entsteht (Abbildung 96). Abschließend können die Säulen nach ihrer Höhe geordnet und die absoluten Häufigkeiten der Fälle in den einzelnen Klassen notiert werden.

Phase 3: Sprechen über die Datenkarten-Säulendiagramme und ergänzende weitere Datenanalysen

Phase 3.1: Interpretieren und Verbalisieren der Daten im Datenkarten-Säulendiagramm
Abschließend sollen die Aussagen des Diagramms im Unterrichtsgespräch gemeinsam erarbeitet und an der Tafel festgehalten werden.

- Die beliebteste Sportart ist *Fußball* mit der Häufigkeit 12. Das ist etwas mehr als die Hälfte der Schüler:innen. Der Begriff Modalwert könnte eingeführt werden.
- An zweiter Stelle der Beliebtheit steht *Tanzen* und dann *Tennis*. *Sonstiges* umfasst mehrere Sportarten und man würde es nicht an die dritte Stelle setzen. Wenn Daten der eigenen Klasse vorliegen, kann man aber hier nachfragen und ggf. noch eine oder mehrere Kategorien im Diagramm ergänzen.
- Als Überschrift für das Diagramm könnte z. B. „Fußball ist die beliebteste Sportart in der Klasse“ gemeinsam erarbeitet werden.
- Die Schüler:innen könnten die Vermutung haben, dass Fußball eher bei Jungen beliebt ist und Tanzen eher bei Mädchen. Das könnte man

prüfen, indem man die Datenkarten mit Punkten beklebt, eine Punktfarbe steht für die Mädchen, eine für die Jungen. Dann schaut man nach den Unterschieden in den Diagrammen.

- Es könnte nach dieser Diskussion überlegt werden, ob man die Überschrift ändert und wie man vielleicht den Unterschied zwischen Jungen und Mädchen noch besser darstellen könnte (Die Lehrkraft könnte ggf. die Verteilungsvergleichsgrafiken aus Teil 1 dieses Buches vorschlagen).

Phase 3.2: Ergänzende weitere Datenanalysen mit Datenkarten
Um die Exploration mit den Datenkarten weiter zu vertiefen, kann es sinnvoll sein, dass die Kinder (ggf. auch im Unterrichtsgespräch mit der Lehrkraft) weitere Fragen sammeln, die sie selbstständig mit den Datenkarten explorieren – z. B. nach der *Freizeitaktivität* der Kinder oder den anderen auf den Datenkarten bereits stehenden Merkmalen (siehe z. B. die entsprechenden Datenkarten, getrennt nach den Ausprägungen in Abbildung 97 oben so-

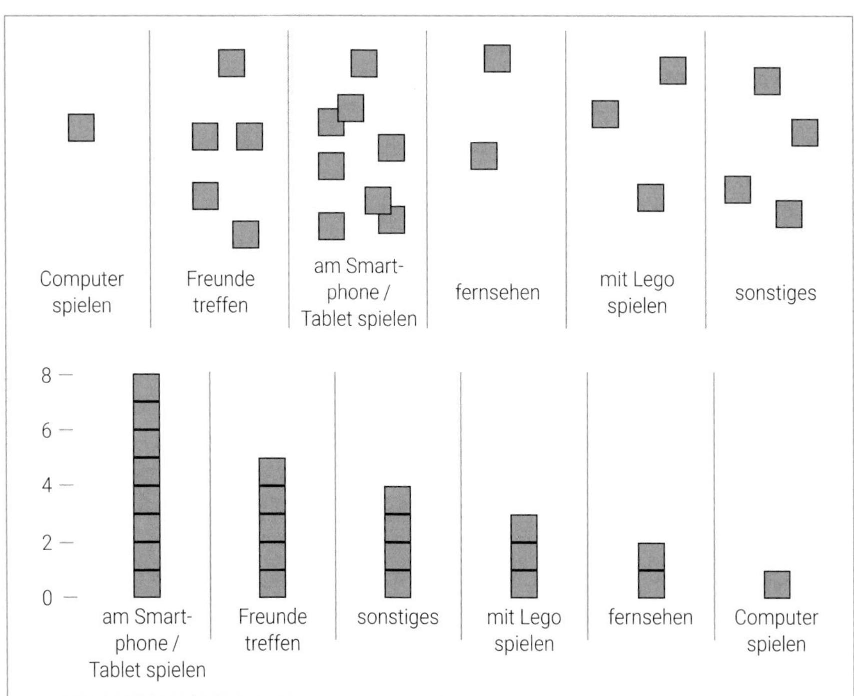

Abbildung 97: Verteilung des Merkmals *Freizeitaktivität* – nach Ausprägungen getrennt (oben) und Verteilung des Merkmals *Freizeitaktivität* – nach Ausprägungen getrennt und gestapelt, nach Häufigkeit absteigend geordnet (unten). Datensatz D#7

wie das Datenkarten-Säulendiagramm in Abbildung 97 unten). Das Merkmal *Freizeitaktivität* basiert auf der Frage nach der Lieblingsfreizeitaktivität; das muss natürlich in Interpretationen berücksichtigt werden.

Hierfür sollte die Lehrkraft, wie im Ablaufplan angegeben, ungefähr 30 Minuten einplanen. Verbalisierung und Interpretationen können ähnlich wie beim obigen Beispiel sein.

Phase 4: Eigenständige Exploration mit Datenkarten zu verschiedenen Fragestellungen

Weiterhin können nun auch eigene Fragestellungen der Klasse untersucht werden – mit Blick auf die mit den Datenkarten erhobenen Merkmale können dann bereits auch Zusammenhänge zwischen Merkmalen untersucht werden, wie z. B. wie die Verteilung des Merkmals *sportliche_Aktivität* bei den Jungen und Mädchen der Klasse aussieht (Abbildung 98 oben) oder wie

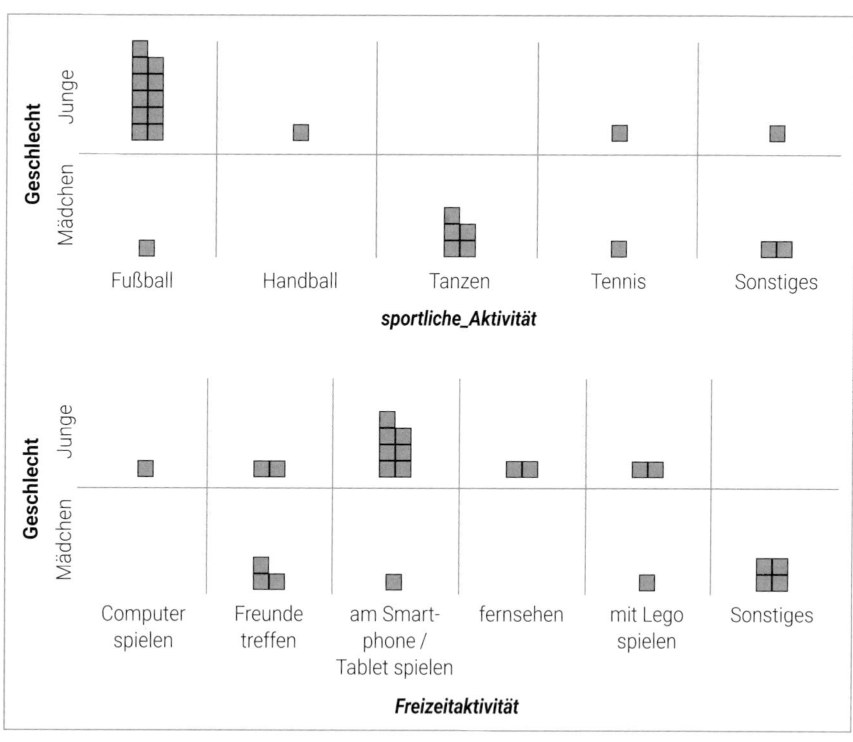

Abbildung 98: Verteilung des Merkmals *sportliche_Aktivität*, getrennt nach dem Merkmal *Geschlecht* (oben) und Verteilung des Merkmals *Freizeitaktivität*, getrennt nach dem Merkmal *Geschlecht* (unten). Datensatz D#7

die Verteilung der *Freizeitaktivität* bei den Jungen und Mädchen der Klasse aussieht (Abbildung 98 unten). Insbesondere mit Blick auf die Abbildung 98 (oben) kann zusammen festgehalten werden, dass deutlich wird, dass bei den Jungen Fußball und bei den Mädchen Tanzen der Lieblingssport ist. Wenn Zeit ist, kann die Lehrkraft dem Sachthema „Freizeitgestaltung" auch mehr Zeit einräumen. Dabei könnten auch Wünsche nach zukünftigen Aktivitäten oder Gründe für die Wahl der Lieblingsaktivität zur Sprache kommen.

Didaktischer Kommentar
Natürlich haben auch die Zwischenstufen ihre Berechtigung, da auch sie bereits wertvolle Informationen über die Verteilung des Merkmals *sportliche_Aktivität* liefern. Darüber hinaus eignen sich die Zwischenstufen auf dem Weg zum Säulendiagramm, um die entsprechende Verteilung auch für die Dokumentation im Heft bzw. auf dem Arbeitsblatt zu vermerken. Hier konnten die Schüler:innen das Säulendiagramm der Datenkarte 1:1 auf ein Arbeitsblatt zur Erstellung von Säulendiagrammen übertragen. Teilweise finden sich in den Zwischenschritten sogar Zusatzinformationen wie die 1:1-Zuordnung zu den einzelnen Schüler:innen. Diese Zusatzinformationen werden in den Medien nicht verwendet, da Diagramme Informationen und große Datenmengen komprimiert darstellen sollen. Eine solche 1:1-Darstellung würde daher bei großen Datenmengen die Übersichtlichkeit des Säulendiagramms gefährden.

Das konventionelle Säulendiagramm (vgl. z. B. Abbildung 96) spielt – wie wir bereits im ersten Teil dieses Buches gesehen haben – neben dem Balkendiagramm und dem Kreisdiagramm eine zentrale Rolle bei der Darstellung der Verteilung kategorialer Merkmale in der Grundschule.

Wenn ein Säulendiagramm dazu verwendet werden soll, anderen Kindern die Ergebnisse der Untersuchung zu präsentieren, muss es um folgende Elemente erweitert werden:

- Beschriftung der x- und y- Achse, numerische Unterteilungen der y-Achse;
- Titel;
- Untertitel, der das Merkmal benennt und die Grundgesamtheit, in der die Daten erhoben wurden.

Ferner haben die Schüler:innen Varianten kennengelernt, zwischen denen sie wählen können.

- Die Häufigkeiten werden über den Säulen angegeben oder nicht.
- Die Ausprägungen sind auf der x-Achse ungeordnet, alphabetisch geordnet, der Größe der Häufigkeit nach absteigend oder aufsteigend geordnet.

So könnte das Säulendiagramm mit diesen Komponenten am Ende z. B. wie in Abbildung 99 aussehen.

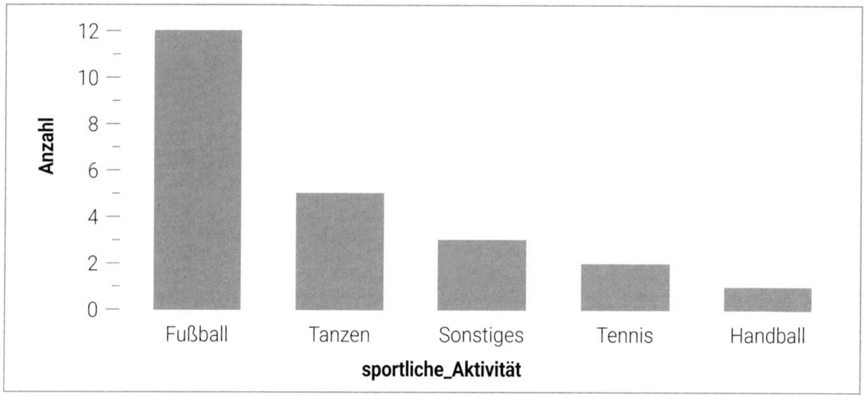

Abbildung 99: Finale Stufe des Säulendiagramms zum Merkmal *sportliche_Aktivität*, Datensatz D#7

7.4 Unterrichtsstunden 6 bis 8: Von den Datenkarten zur computergestützten Datenanalyse

7.4.1 Darum geht es in diesen Stunden

Im Folgenden steht neben der Exploration der Daten zur Smartphonenutzung auch die unterrichtliche Einführung in die Datenanalyse mit der Software TinkerPlots bzw. CODAP an.

Es wird empfohlen, vorbereitend Daten zum Themenkomplex Smartphonenutzung in der Klasse zu erheben und diese in TinkerPlots oder CODAP zu importieren, um damit dann im Aufbaumodul arbeiten zu können. Das heißt für die Lehrkraft, dass am Ende des Basismoduls (1) ein Fragebogen zur Smartphonenutzung konzipiert, (2) die Daten erhoben und (3) die Daten in TinkerPlots / CODAP eingegeben werden müssen.

Die Lehrkraft kann dazu den Fragebogen zu *Grundschüler_innen_NRW* im Anhang nutzen und die entsprechenden Fragen dort auswählen und einen eigenen Fragebogen zur Smartphonenutzung erstellen. Dieser könnte dann z. B. so aussehen (siehe Abbildung 100). Wir haben hier bewusst den Fragebogen abgebildet, den wir in unseren Unterrichtsexperimenten genutzt haben. Es bietet sich an, diesen zu aktualisieren bzw. zu adaptieren. Anstatt der Frage „Bist du ein Junge oder Mädchen?“ könnte die Frage „Was ist dein Geschlecht?“ gestellt werden. Außerdem könnten als Antwortmöglichkeiten dann männlich, weiblich und divers bereitgestellt werden.

Die Kinder können dann in Einzelarbeit den Fragebogen ausfüllen und dort die Fragen beantworten; die Lehrkraft kann schließlich als Vorbereitung für das Aufbaumodul die Daten in TinkerPlots oder CODAP importieren – wir empfehlen ausdrücklich die Nutzung eigener Klassendaten - nur aus Zeitersparnisgründen ist es natürlich auch möglich, die Datensätze im Anhang des Buches nutzen. Eine Anleitung, wie gegebene Daten in TinkerPlots oder CODAP importiert werden können, findet sich im Erklärvideo (V#18 für TinkerPlots) und (V#19 für CODAP) im elektronischen Begleitmaterial zu diesem Buch. Im Folgenden nutzen wir zu Demonstrationszwecken die Daten zur Smartphonenutzung aus dem Datensatz *Emmy_Noether_GS_Klasse4a* (D#21 für TinkerPlots, D#22 für CODAP). Diese Datensätze D#21 und D#22 wurden auf kategoriale Merkmale zur Smartphonenutzung reduziert.

Für eine erste Einführung bietet es sich an, dass die Lehrkraft die ersten Schritte in der Software (TinkerPlots oder CODAP) mit exakt dem erhobenen Klassen-Datensatz vorführt, wie man dort die bekannten Grafiken erstellt. Die Intention ist, dass zunächst gezeigt wird, wie man die bereits benutzten Daten in der Software nochmal so analysiert, dass man praktisch dieselben Ergebnisse erhält, wie vorher händisch:

Die Schüler:innen wissen, was rauskommen muss und können sich darauf fokussieren, wie man das mit der Software macht. Dies kann z. B. im Sitzkreis realisiert werden; die Schüler:innen arbeiten dann noch nicht selber mit der Software.

Die Software TinkerPlots arbeitet, wie wir bereits im ersten Teil dieses Buchs kennengelernt haben, auf dem Datenkartenprinzip und ermöglicht, Auswertungen mit den Methoden, die wir bereits in den vorangegangenen Abschnitten und im ersten Teil dieses Buches kennengelernt haben (wie Trennen und Stapeln), auch in größeren multivariaten Datensätzen (wie dem Datensatz *Grundschüler_innen_NRW*, D#4–D#5) vorzunehmen.

Bist du ein Junge oder Mädchen? ☐ Junge ☐ Mädchen

Hast du ein eigenes Smartphone?
☐ ja
☐ ich habe Zugang zu einem Smartphone
☐ nein, ich habe keinen Zugang zu einem Smartphone

Wofür nutzt du dein Smartphone am meisten?
☐ zum Spielen ☐ telefonieren ☐ Sonstiges
☐ Freunden schreiben ☐ Videos gucken

Darfst du dein Smartphone nur unter Aufsicht deiner Eltern nutzen?
☐ ja ☐ nein

Abbildung 100: Fragebogen zum Einstieg in das Aufbaumodul

Die Software CODAP verfügt – wie wir auch bereits aus dem ersten Teil dieses Buches wissen, nicht über die Datenoperationen Trennen und Stapeln. Hier können die Diagramme wie ein Säulendiagramm per drag & drop schneller und zielgerichteter ohne Zwischenschritte erstellt werden.

7.4.2 Möglicher Ablaufplan der Unterrichtsstunden 6 bis 8

Ein möglicher Ablauf der Unterrichtsstunden 6 bis 8 findet sich in Tabelle 29.

7.4.3 Unterrichtsleitfaden

Im Folgenden zeigen wir für die ersten beiden Phasen (Phase 1: Demonstration der Datenanalyse mit der Software TinkerPlots / CODAP; Phase 2: Arbeitsphase: Datenanalyse mit der Software TinkerPlots / CODAP) zunächst die unterrichtliche Einführung von TinkerPlots und anschließend die unterrichtliche Einführung von CODAP. Wir stellen dabei nur die für die unterrichtliche Einführung relevanten Funktionen der beiden Tools vor.

Phase 1: Datenexploration mit TinkerPlots/CODAP

Phase 1a: Demonstration der Software TinkerPlots und erstes Erstellen von Säulendiagrammen
Bevor die Lernenden selbst mit der Datenexploration in TinkerPlots aktiv werden, sollten zunächst die Grundfunktionen der Software z. B. im Kinokreis vorgestellt werden – diese Demonstration sollte zunächst lehrer:innengesteuert erfolgen. So könnte zunächst eine beliebige Datenkarte aus dem Datensatz (D#21) herausgegriffen und die Schüler:innen könnten gebeten werden, möglichst viele Informationen aus der Datenkarte zusammenzutragen.

Phase	Zeit	Inhalt	Sozialform	Material/Medien
1	45 Min.	Datenexploration mit der Software TinkerPlots / CODAP	Sitzkreis, Lehrervortrag	Beamer (oder interaktives Whiteboard), PC, TinkerPlots / CODAP
2	45 Min.	Arbeitsphase: Datenexploration mit der Software TinkerPlots / CODAP	Partnerarbeit	Laptop, TinkerPlots / CODAP
3	45 Min.	Vorstellungen der Ergebnisse	Sitzkreis, UG	interaktives Whiteboard, PC, TinkerPlots / CODAP

Tabelle 29: Übersicht über einen möglichen Ablauf der Unterrichtsstunden 6 bis 8

In Abbildung 101 ist z. B. die in TinkerPlots übertragene Datenkarte Bennis zu sehen: *Benni* kommt aus Dortmund, ist männlich, besucht die Klasse 4, wird nicht von seinen Eltern zur Schule gebracht, geht zu Fuß zur Schule und seine Lieblingssportart ist Fußball.

Merkmal	Wert	Ein...	Formel
Ort	Dortmund		○
Großstadt_Stadt_Dorf	Großstadt		○
Fantasiename	benni		○
Geschlecht	Junge		○
Alter	9		○
Klasse	4		○
Körpergröße_incm	125		○
Schuhgröße	32		○
Anzahl_Kinder_Familie	2		○
Haustier	nein		○
FallsHaustier_Welches			○
FallsHaustier_WievielStunden_proTag			○
FallsHaustier_Wiealt_inJahren			○
Minuten_zur_Schule	20		○
Von_Eltern_gebracht	nein		○
Wie_zur_Schule	zu Fuß		○
sportliche_Aktivität	Fußball		○
Stunden_sportlicheAktivität_proWoche	2,00		○
Freizeitaktivität	fernsehen		○
Stunden_Freizeitaktivität_proTag	8,0		○
Eigenes_SmartphoneTablet	ja		○

Abbildung 101: Datenkarte von *Benni* in TinkerPlots im Datensatz D#21

Im nächsten Schritt kann die Lehrkraft gemeinsam mit den im Kinokreis versammelten Kindern einen Graphen in die Arbeitsfläche ziehen, um eine erste Auswertung, mit welchem Fortbewegungsmittel die Kinder zur Schule kommen, vorzunehmen. Die Arbeitsfläche der Software TinkerPlots mit Datenkartenstapel und Graphen ist in Abbildung 102 dargestellt: Den Schüler:innen muss bewusst werden, dass die Daten in Form eines Datenkartenstapels in TinkerPlots repräsentiert werden (Abbildung 102 links) und eine Auswertung erfolgen kann, indem man einen *Graphen* auf der Arbeitsfläche erzeugt, den man verändern kann (Abbildung 102 rechts).

Zusammen mit der Lehrperson können die Schüler:innen dann im Unterricht entdecken, dass jeder Datenkarte (hier die Datenkarte von *Benni*) ein Symbol in Form eines Kreises (Abbildung 102 rechts) im Graphen zugeord-

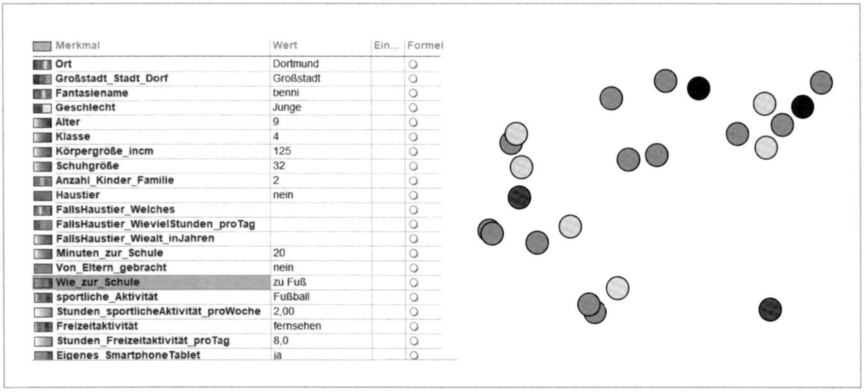

Merkmal	Wert	Ein...	Formel
Ort	Dortmund		○
Großstadt_Stadt_Dorf	Großstadt		○
Fantasiename	benni		○
Geschlecht	Junge		○
Alter	9		○
Klasse	4		○
Körpergröße_incm	125		○
Schuhgröße	32		○
Anzahl_Kinder_Familie	2		○
Haustier	nein		○
FallsHaustier_Welches			○
FallsHaustier_WievielStunden_proTag			○
FallsHaustier_Wiealt_inJahren			○
Minuten_zur_Schule	20		○
Von_Eltern_gebracht	nein		○
Wie_zur_Schule	zu Fuß		○
sportliche_Aktivität	Fußball		○
Stunden_sportlicheAktivität_proWoche	2,00		○
Freizeitaktivität	fernsehen		○
Stunden_Freizeitaktivität_proTag	8,0		○
Eigenes_SmartphoneTablet	ja		○

Abbildung 102: Arbeitsfläche in TinkerPlots (Datenkartenstapel links, TinkerPlots Graph rechts) – Datensatz D#21

Abbildung 103: Einfärbung nach den verschiedenen Ausprägungen des Merkmals *Wie_zur_Schule* sowie Etikettierung der Schüler:innen (oben) und Verteilung des Merkmals *Wie_zur_Schule*, getrennt nach Ausprägungen (unten) – Datensatz D#21 in TinkerPlots

net ist. Hier können zwei bis drei Beispiele von der Lehrkraft demonstriert und die 1:1-Zuordnung zwischen Datenkarte und Symbol im Graphen verstanden werden. Um in der Stichprobe des Datensatzes *Grundschüler_innen_NRW* (Datensatz D#21) zu untersuchen, wie die Kinder zur Schule kommen, nutzt die Lehrkraft zur Demonstration der Funktionen der Software TinkerPlots das Merkmal *Wie_zur_Schule*. Die Schüler:innen erleben, wie sich durch das Klicken auf dieses Merkmal im Datenkartenstapel die Personensymbole im Graphen dem Merkmalsausprägungen entsprechend einfärben. Um zu

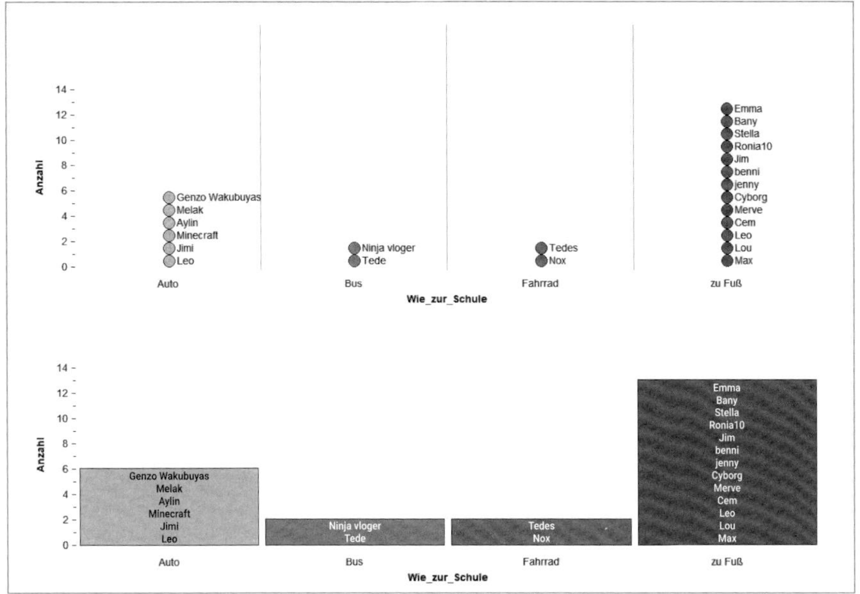

Abbildung 104: Gestapeltes Datenkarten-Säulendiagramm zur Verteilung des Merkmals *Wie_zur_Schule* in TinkerPlots (oben) und Säulendiagramm zur Verteilung des Merkmals *Wie_zur_Schule* in TinkerPlots (Namen der Kinder eingeblendet) (unten), Datensatz D#21

entschlüsseln, was die Farben bedeuten, ruft die Lehrkraft aus der Arbeitsleiste den Menüpunkt *Legende* auf. Weiterhin empfehlen wir, dass die Lehrkraft dann die Namen der einzelnen Kinder in diesem Datensatz einblendet (siehe Abbildung 103) – entsprechende technische Umsetzungsmöglichkeiten sind in Teil 1 dieses Buches dargestellt.

Wie bei den Datenkarten kann dann die Datenoperation „Trennen" in TinkerPlots verwendet werden, um die Kategorien *Auto, Bus, Fahrrad* und *zu Fuß* in getrennten Bereichen darzustellen. So können die Personen im Graphen, ähnlich wie die Schüler:innen, als Merkmalsträger:innen in der Lebendigen Statistik oder wie die Datenkarten nach ihrer Ausprägung getrennt werden (Abbildung 103 unten). Die Lehrkraft demonstriert, dass dies durch Ziehen der Symbole nach rechts möglich ist – eine vollständige Trennung nach den vorkommenden Kategorien kann auch dadurch erreicht werden, dass das Merkmal *Wie_zur_Schule* in den Datenkarten ausgewählt und dann auf die x-Achse „fallengelassen" wird. In einem weiteren Schritt können die Merkmalsträger:innen (Personen) gestapelt werden, um einen ersten Überblick über die Verteilung des Merkmals *Wie_zur_Schule* zu erhalten (Abbildung 104). Dazu betätigt die Lehrkraft den Button *Stapeln*. Dabei kann und sollte immer wieder auf die analogen Schritte zur Datenanalyse mit den Datenkarten oder der Lebendigen Statistik verwiesen werden. Der dazu analoge Schritt bei den Datenkarten ist das Aneinanderlegen der Klebezettel auf einer Grundlinie – die Lehrkraft kann dies bei Bedarf parallel an der Tafel oder auf dem Boden mit Datenkarten noch einmal demonstrieren. Dies wird in TinkerPlots durch das sogenannte *Stapeln* realisiert (Abb. 104).

Die Lehrkraft demonstriert nun den letzten Schritt zum konventionellen Säulendiagramm – nämlich, wie in TinkerPlots mit der Funktion *rechteck verschmelzen* ein Säulendiagramm zur Verteilung des Merkmals *Wie_zur_Schule* erzeugt wird (Abbildung 104 unten). Als nächstes sollte die Lehrkraft die Säulen in TinkerPlots auf- oder absteigend nach ihrer Häufigkeit anordnen. Im Unterricht sollte dann diskutiert werden, welche Grafik nach Meinung der Schüler:innen die „beste" ist. Dabei muss abgewogen werden zwischen konventionellen Grafiken wie dem Säulendiagramm, das auch in den Medien verwendet wird, und Piktogrammen und Datenkarten-Säulendiagrammen als Zwischenstufen, die z. B. noch weitere Informationen wie die 1:1-Zuordnung zu den einzelnen Schüler:innen enthalten. Wir empfehlen, den Schüler:innen zum Abschluss dieser Phase eine Handreichung für die Erstellung von Säulendiagrammen mit TinkerPlots auszuhändigen, welches die Kinder dann auch bei der Erstellung von Diagrammen und bei der Dokumentation der Ergebnisse im Rahmen des Aufbaumoduls und des Spürnasenmoduls unterstützen soll – diese findet sich auch im Begleitmaterial zu diesem Buch (M#3 und M#4 zur Erstellung von Säulendiagrammen und M#5 zur Dokumentation der Ergebnisse) und ist an die Tabelle 5 aus dem fachlichen Teil angelehnt.

Das Handout enthält die folgenden Schritte und illustriert sie mit Grafiken:
1. Merkmal auswählen
2. Öffnen eines Graphen
3. Merkmal in TinkerPlots in den Datenkarten auswählen und auf die Achse ziehen
4. Namen der Schüler:innen ein- und ausblenden
5. Stapeln
6. Rechteckig verschmelzen
7. Häufigkeiten einblenden
8. Kategorien nach Häufigkeit absteigend oder aufsteigend sortieren

Phase 2a: Arbeitsphase Datenexploration mit der Software TinkerPlots
Der Datensatz für die folgende Aktivität ist auf die vier kategorialen Merkmale *Geschlecht, Eigenes_SmartphoneTablet, Aktivität_mit_Smartphone, Aufsicht_Eltern_mit Smartphone* (D#21) reduziert und muss auf allen Schüler:innen-

PCs vorinstalliert sein. Der Arbeitsauftrag soll zwei wesentliche Lernziele verfolgen:

- Lernziel 1: Die Schüler:innen sollen sich anhand des Datensatzes D#21 mit der Software TinkerPlots vertraut machen.
- Lernziel 2: Die Schüler:innen sollen der Exploration der Smartphonenutzungsdaten nachgehen und zur Analyse der Fragen und der Beantwortung der Aufgabenstellung ein aussagekräftiges Diagramm erstellen und dieses beschreiben und interpretieren.

Der konkrete Arbeitsauftrag für die Aktivität für die Schüler:innen soll dabei wie folgt lauten:

„Wie wird das Smartphone / Tablet bei uns in der Klasse genutzt?"

- Untersuche, wie das Smartphone bei euch in der Klasse genutzt wird! –
  Die folgenden Fragen können dir hier helfen.
  - Was kannst du über die Verteilung des Merkmals *Eigenes_SmartphoneTablet* herausfinden? Erstelle dazu mithilfe des Materials (M#3) ein Säulendiagramm zur Verteilung des Merkmals *Eigenes_SmartphoneTablet*. Beschreibe das Diagramm und formuliere eine treffende Überschrift für das Diagramm! Nutze das Arbeitsblatt M#5, um deine Ergebnisse aufzuschreiben.
  - Was kannst du über die Verteilung des Merkmals *Aufsicht_Eltern_mit_Smartphone* herausfinden? Erstelle dazu mithilfe des Materials (M#3) ein Säulendiagramm zur Verteilung des Merkmals *Aufsicht_Eltern_mit_Smartphone*. Beschreibe das Diagramm und formuliere eine treffende Überschrift für das Diagramm! Nutze das Arbeitsblatt M#5, um deine Ergebnisse aufzuschreiben.
  - Stelle selbst eigene Fragen an die Daten und versuche, diese mithilfe deiner Exploration in TinkerPlots zu beantworten – beachte dabei, welche Merkmale in deinem Datensatz vorhanden sind und welche Fragen du damit beantworten kannst.

Begleitend zum Arbeitsauftrag bekommen die Schüler:innen die Anleitung (Handout M#3) für TinkerPlots, welche sie im Prozess des Erstellens eines Säulendiagramms unterstützt sowie eine Dokumentationshilfe (als Word-Dokument, welches dann auch ermöglicht, die Screenshots der Diagramme, die in der Software erstellt worden sind, einzufügen) in Form eines Arbeitsblattes (M#5), um sie beim Festhalten ihrer Ergebnisse (Diagramme, Beschreibung und Interpretation der Diagramme) zu unterstützen. Die Schüler:innen werden dabei genau angeleitet, wie sie ihre Ergebnisse dokumentieren können. Die Lehrkraft kann dabei die Materialien aus dem Anhang nutzen und diese auch ggfs. adaptieren.

cases (23 Fälle)																
In-dex	Grossstadt Stadt Dorf	Fantasie-name	Ge-schlecht	Alter	Klasse	Körper-...se incm	Schuh-grösse	Anzahl ... Familie	Haustier	Falls-...Welches	Falls-... proTag	Falls-...nJahren	Minuten ...r Schule	Von El-...ebracht	Wie zur Schule	sportli-...ktivität
1	Großstadt	Lou	Junge	9	4	148	40	mehr al...	ja	sonstiges		4	5	nein	zu Fuss	Fussball
2	Großstadt	Merve	Mädchen	9	4	140	35	2	nein				5	ja	zu Fuss	Fussball
3	Großstadt	Stella	Mädchen	9	4	135		mehr al...	ja	Hund	1 bis 2	1	15	ja	zu Fuss	Tanzen
4	Großstadt	Melak	Mädchen	10	4	130	35	mehr al...	nein				20	ja	Auto	Tanzen
5	Großstadt	Leo	Mädchen	9	4	145	36	mehr al...	nein				1	ja	Auto	Tanzen
6	Großstadt	Ronia10	Mädchen	9	4		35	mehr al...	ja	Hund	1 bis 2	1	15	nein	zu Fuss	Tanzen
7	Großstadt	Genzo ...	Junge	9	4	136	35	4	nein				5	ja	Auto	Fussball
8	Großstadt	Cyborg	Junge	9	4	143	37	2	nein				5	nein	zu Fuss	Fussball
9	Großstadt	Jim	Junge	9	4	110	35	2	ja	Hund	1 bis 2	1	20	nein	zu Fuss	Tennis
10	Großstadt	Emma	Mädchen	10	4		34	4	nein				15	nein	zu Fuss	Tennis
11	Großstadt	Jimi	Junge	9	4	145	38	1	ja	Wellens...	mehr al...	1	2	ja	Auto	Fussball
12	Großstadt	Leo	Mädchen	10	4	148	37	1	ja	Katze	mehr al...	0	3	ja	zu Fuss	sonstiges
13	Großstadt	Ninja vl...	Junge	10	4	140	35	2	nein				4	nein	Bus	Handball
14	Großstadt	Minecra...	Junge	9	4	147	33	1	ja	Wellens...	weniger...	2	5	ja	Auto	sonstiges
15	Großstadt	Aylin	Mädchen	9	4	140	35	2	nein				10	ja	Auto	Tanzen
16	Großstadt	Bany	Junge	9	4	142	37	1	ja	Kaninc...	1 bis 2	0	3	nein	zu Fuss	Fussball
17	Großstadt	Tedes	Junge	11	4	130		2	nein					nein	Fahrrad	Fussball
18	Großstadt	jenny	Mädchen	9	4	144	36	3	ja	Hund	weniger...	3	5	ja	zu Fuss	sonstiges
19	Großstadt	benni	Junge	9	4	125	32	2	nein				20	nein	zu Fuss	Fussball
20	Großstadt	Max	Junge	10	4	132	33	4	ja	Wellens...	mehr al...	2	5	nein	zu Fuss	Fussball
21	Großstadt	Nox	Junge	9	4	146	37	2	nein				20	nein	Fahrrad	Fussball
22	Großstadt	Cem	Junge	9	4	132	33	2	nein				1	ja	zu Fuss	Fussball
23	Großstadt	Tede	Junge	11	4	154	38	3	nein				60	nein	Bus	Fussball

Abbildung 105: Datentabelle in CODAP. Datensatz D#22

Phase 1b: Demonstration von CODAP und erstes Erstellen von Säulendiagrammen
Im Gegensatz zu TinkerPlots können in CODAP Säulendiagramme ohne Zwischenschritte erstellt werden. Zunächst können Lehrkraft und Schüler:innen gemeinsam die Datentabelle in CODAP betrachten (Abbildung 105). Die Lehrkraft demonstriert, wie das Merkmal *Wie_zur_Schule* per click & drag &

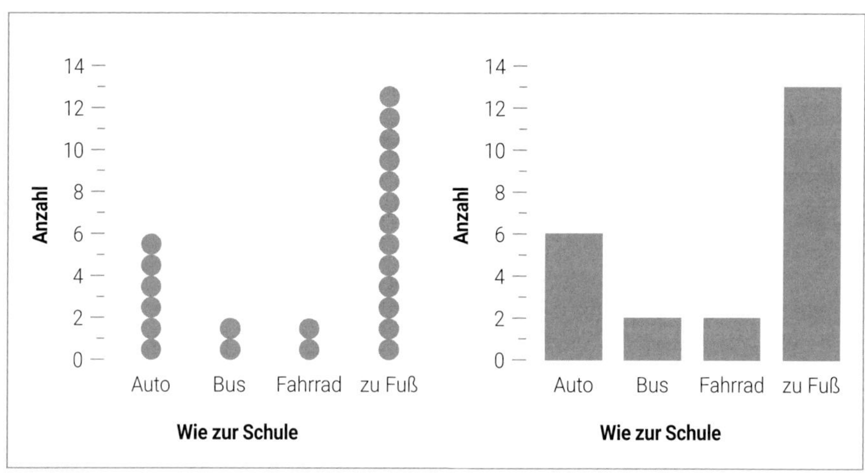

Abbildung 106: Vorstufe zum Säulendiagramm zur Verteilung des Merkmals *Wie_zur_Schule* in CODAP – (links) und Säulendiagramm zur Verteilung des Merkmals *Wie_zur_Schule* in CODAP (rechts) – Datensatz D#22

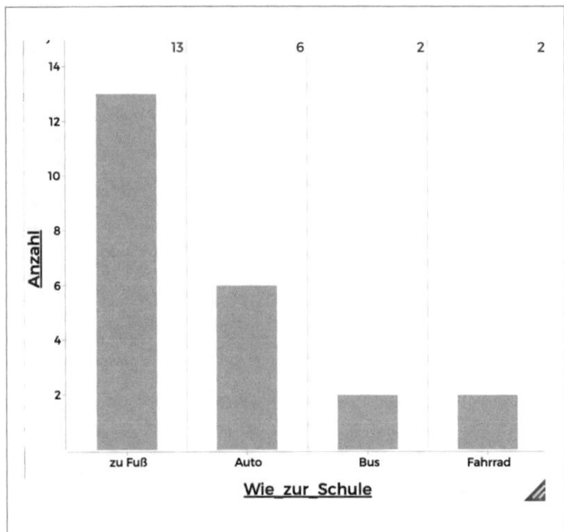

Abbildung 107: Säulendiagramm zur Verteilung des Merkmals *Wie_zur_Schule* in CODAP (geordnet und mit absoluten Häufigkeiten eingeblendet) – Datensatz D#22

drop ausgewählt und dann auf der x-Achse eines Graphen platziert wird – es entsteht ein gestapeltes Punktdiagramm. Die Lehrkraft sollte dann den Schüler:innen die Funktion demonstrieren, dass man durch Anklicken eines einzelnen Punktes Informationen über diesen Fall abrufen kann – z. B. dass es sich um Leo handelt (siehe Abbildung 106 links). Die Lehrkraft muss hier Parallelen zur Arbeit mit den Datenkarten aufzeigen und durch das Abfahren der Punkte mit den Kindern erfahrbar machen, welche Kinder sich hinter den einzelnen Punkten / Datenkarten verbergen. Ähnlich wie bei der Arbeit mit den Datenkarten sollte die Lehrkraft mit den Kindern eine 1:1-Zuordnung zwischen Datenpunkt und Schüler:in vornehmen und für die einzelnen Datenpunkte untersuchen, wie die einzelnen Kinder zur Schule kommen. Schließlich demonstriert die Lehrkraft in CODAP – wie bei den Datenkarten – den Übergang von den Datenkarten / gestapelten Punkten zum konventionellen Säulendiagramm. Dazu wählt die Lehrkraft die Option *Rechteckige Punkte* aus dem Menü *Grafik* (Abbildung 106 rechts). Es war eine abschließende Aktion beim Erstellen der Datenkartendiagramme, dass die Säulen der Häufigkeit nach absteigend geordnet wurden. Wie man dies realisiert, demonstriert die Lehrkraft in CODAP durch Ziehen an den Kategorienbezeichnungen (Resultat Abbildung 107). Wir empfehlen – ähnlich wie oben bei der Nutzung von TinkerPlots –, dass die Lehrkraft für den Einstieg in die Datenexploration mit CODAP den Schüler:innen ein den Schritten entlang vorstrukturiertes Arbeitsblatt austeilt (M#4) und dann die Kinder das Erstellen der Säulendiagramme mit CODAP üben lässt. Dieses Arbeitsblatt soll einerseits eine schrittweise Anleitung zur Strukturierung der Selbstarbeitsphase der Schüler:innen darstellen (M#4) und zum anderen auch eine Dokumentationsform (M#5) für die mit dem digitalen Werkzeug erstellten Diagramme sowie für die Beschreibung und Interpretation der Diagramme anbieten. Dieses Begleitdokument für die Hand der Schüler:innen findet sich auch im Begleitmaterial (M#4 und M#5). M#4 enthält folgende Schritte und illustriert diese mit Grafiken:

1. Merkmal auswählen
2. Öffnen eines Graphen
3. Merkmal in der Datentabelle auswählen und auf die Achse ziehen
4. Punkte rechteckig anordnen
5. Häufigkeiten einblenden und Kategorien absteigend nach Größe der Häufigkeit anordnen

Phase 2b: Arbeitsphase Datenexploration mit der Software CODAP
Der Datensatz für die folgende Aktivität ist auf die vier kategorialen Merkmale *Geschlecht, Eigenes_SmartphoneTablet, Aktivität_mit_Smartphone, Aufsicht_Eltern_mit Smartphone* (D#22) reduziert (und es muss eine stabile Internet-Verbindung gegeben sein). Der Arbeitsauftrag soll zwei wesentliche Lernziele verfolgen:

- Lernziel 1: Die Schüler:innen sollen sich anhand des Datensatzes D#22 mit der Software CODAP vertraut machen.
- Lernziel 2: Die Schüler:innen sollen der Exploration der Smartphonenutzungsdaten nachgehen und zur Analyse der Fragen und der Beantwortung der Aufgabenstellung ein aussagekräftiges Diagramm erstellen und dieses beschreiben und interpretieren.

Der konkrete Arbeitsauftrag für die Aktivität der Schüler:innen lautet:

„Wie wird das Smartphone / Tablet bei uns in der Klasse genutzt?"

Untersuche, wie das Smartphone bei euch in der Klasse genutzt wird! – Die folgenden Fragen können dir hier helfen.

- Was kannst du über die Verteilung des Merkmals *Eigenes_SmartphoneTablet* herausfinden? Erstelle dazu mithilfe des Materials (M#4) ein Säulendiagramm zur Verteilung des Merkmals *Eigenes_SmartphoneTablet*. Beschreibe das Diagramm und formuliere eine treffende Überschrift für das Diagramm! Nutze das Arbeitsblatt M#5, um deine Ergebnisse aufzuschreiben.
- Was kannst du über die Verteilung des Merkmals *Aufsicht_Eltern_mit_Smartphone* herausfinden? Erstelle dazu mithilfe des Materials (M#4) ein Säulendiagramm zur Verteilung des Merkmals *Aufsicht_Eltern_mit_Smartphone*. Beschreibe das Diagramm und formuliere eine treffende Überschrift für das Diagramm! Nutze das Arbeitsblatt M#5 um deine Ergebnisse aufzuschreiben.

- Stelle selbst eigene Fragen an die Daten und versuche, diese mithilfe deiner Exploration in CODAP zu beantworten – beachte dabei, welche Merkmale in deinem Datensatz vorhanden sind und welche Fragen du damit beantworten kannst.

Begleitend zum Arbeitsauftrag bekommen die Schüler:innen die Anleitung (Handout (M#4) für CODAP), welche sie im Prozess des Erstellens eines Säulendiagramms unterstützt sowie eine Dokumentationshilfe (M#5), die sie beim Festhalten ihrer Ergebnisse (Diagramme, Beschreibung und Interpretation der Diagramme) unterstützt. Die Schüler:innen werden dabei genau angeleitet, wie sie ihre Ergebnisse dokumentieren können. Die Lehrkraft kann dabei die Materialien aus dem elektronischen Begleitmaterial nutzen und diese auch ggfs. adaptieren.

Didaktischer Kommentar zur Dokumentation der Ergebnisse der Schüler:innen
Ein entscheidender Aspekt liegt in der Sicherung und Dokumentation der Ergebnisse der Datenexploration. Dies kann auf vielfältige Weise geschehen, erfordert jedoch eine angemessene Vorbereitung seitens der Lehrkraft. Die Dokumentation der Ergebnisse kann dabei mittels dreier verschiedener Varianten erfolgen:

- Variante 1: Die Schüler:innen können die TinkerPlots- oder CODAP-Datei direkt nutzen und dort die Grafiken mit eingefügten Textfeldern. Die Datei kann dann unter eigenem Namen abgespeichert werden.
- Variante 2: Es kann eine Textverarbeitungsdatei wie z. B. ein Word-Dokument genutzt werden, in der die Grafiken als Screenshots kopiert und annotiert wurden.
- Variante 3: Es können einzelne Grafiken ausgedruckt werden, die dann in einem analogen Datenplakat zu einem Datenposter verarbeitet werden.

Wie oben bereits beschrieben, empfehlen wir zur Unterstützung bei der Softwarenutzung das Handout M#3 (für TinkerPlots) oder das Handout M#4 (für CODAP) sowie das Handout M#5 für die Dokumentation der Diagramme, Beschreibungen und Interpretationen. Als pragmatische Möglichkeit und zeitsparende Alternative empfehlen wir, dass die Kinder ihre Erkenntnisse direkt in TinkerPlots oder CODAP festhalten und die vorgesehenen Textfelder nutzen, um ihre Ergebnisse zu formulieren. Alternativ dazu könnten sie auch ein Textverarbeitungsprogramm wie Word verwenden. Dabei könnten die Kinder die Grafiken aus TinkerPlots oder CODAP kopieren und dann ihren Bericht oder ihre Beschreibung in Word verfassen. Eine etwas aufwendigere

Variante besteht darin, dass die Lehrkraft die TinkerPlots- und / oder CODAP-Grafiken ausdruckt und den Kindern zur Verfügung stellt. Diese könnten die Ausdrucke dann auf ein Poster kleben und entsprechend beschriften.

Mögliche Ergebnisse der Schüler:innen aus Phase 2

Welche Ergebnisse / Erkenntnisse können die Schüler:innen beim Bearbeiten des Arbeitsauftrags erlangen? Wir zeigen mögliche Lösungen mit TinkerPlots auf (siehe Phase 2a). Die Schüler:innen können bei dieser Aktivität beispielsweise mit Blick auf den Arbeitsauftrag aus Phase 2a zunächst untersuchen, wie es mit dem eigenen Smartphone / Tablet-Besitz in der Klasse aussieht und in diesem Kontext die Verteilung des Merkmals *Eigenes_SmartphoneTablet* betrachten. Mithilfe des Säulendiagramms in Abbildung 108 (oben) können sie feststellen, dass weit mehr als die Hälfte (15) der 23 Schüler:innen der Klasse ein eigenes Smartphone oder Tablet besitzt. Fünf Kinder haben einen Zugang zum Smartphone / Tablet und drei Kinder sind nicht im Besitz eines eigenen Smartphones / Tablets.

Weiterhin könnte beispielsweise untersucht werden, ob die Schüler:innen das Smartphone / Tablet unter Aufsicht der Eltern nutzen. Ein mögliches Säulendiagramm in TinkerPlots könnte so aussehen (Abbildung 108 unten). In diesem Fall nutzen 11 der 23 Kinder – also fast die Hälfte – meistens das Smartphone unter Aufsicht der Eltern, 8 der 23 Kinder nutzen das Smartphone „ab und zu“ unter Aufsicht der Eltern und drei Kinder haben zu dieser Frage keine Angabe gemacht. Nur ein Kind darf das Smartphone / Tablet nutzen, wann es möchte. Schließlich könnte eine letzte exemplarische Untersuchungsfrage sein, welchen Aktivitäten die Kinder mit dem Smartphone / Tablet hauptsächlich nachgehen. Betrachtet man das Säulendiagramm in Abbildung 109, scheint das Smartphone von den meisten hauptsächlich zum Spielen (sieben Nennungen) und zum Videos schauen (fünf Nennungen) genutzt zu werden – das sind mehr als die Hälfte der Kinder: Jeweils vier Kinder der Klasse nutzen das Smartphone / Tablet hauptsächlich zum Schreiben mit Freunden und zwei Kinder nutzen es hauptsächlich zum Telefonieren. Vier Kinder haben keine Angabe gemacht. Bei der Interpretation muss die Lehrkraft darauf achten, dass die Frage beachtet wird. Die Kinder wurden nur gefragt, was sie hauptsächlich machen; im Allgemeinen werden die Kinder die Geräte auch zu anderen Dingen nutzen.

Phase 3: Vorstellen der Ergebnisse

In einer abschließenden Klassenarbeitsphase können die Schüler:innen dann die Ergebnisse ihrer Explorationen mit TinkerPlots oder CODAP am Lehrer:innen-PC vorstellen und präsentieren. Aus unterrichtsökonomischer Sicht empfehlen wir, die Ergebnisse (Diagramme / Graphiken mit Begleittext)

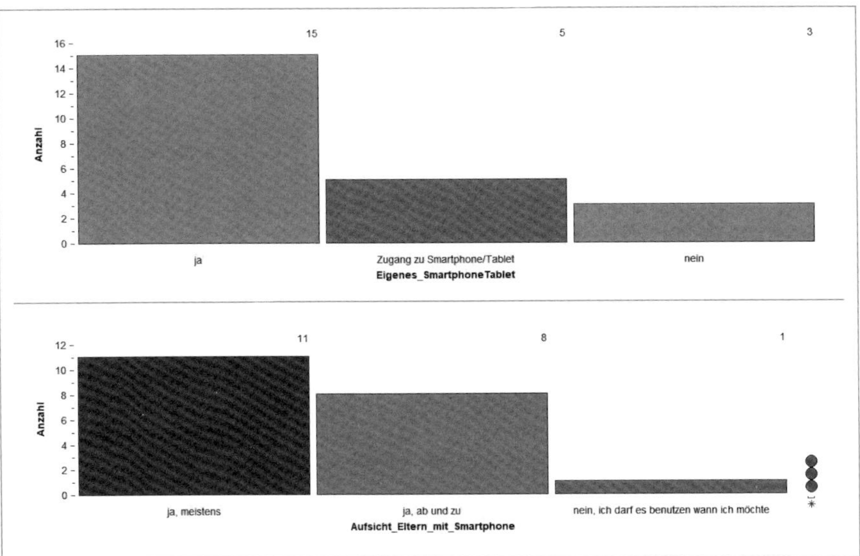

Abbildung 108: Säulendiagramm mit absoluten Häufigkeiten zur Verteilung des Merkmals *Eigenes SmartphoneTablet* – Datensatz *Emmy_Noether_GS_Klasse4a* (oben) und Säulendiagramm mit absoluten Häufigkeiten zur Verteilung des Merkmals *Aufsicht_Eltern_mit_Smartphone* (unten) – Datensatz D#21in TinkerPlots

direkt in die Arbeitsfläche von TinkerPlots oder CODAP einzutragen und so festzuhalten und anhand dieser zu präsentieren.

Generell lässt sich aus unseren Unterrichtsprojekten zur Einführung in die Datenanalyse mit TinkerPlots berichten, dass die Schüler:innen nur geringe Einstiegshürden bei der Datenanalyse mit TinkerPlots zeigen und die Software zielführend nutzen können, um die Daten im Hinblick auf ihre Fragestellungen zu explorieren. Insbesondere die vorgeschalteten Aktivitäten zur Datenanalyse mit Lebendiger Statistik und die Arbeit mit Datenkarten un-

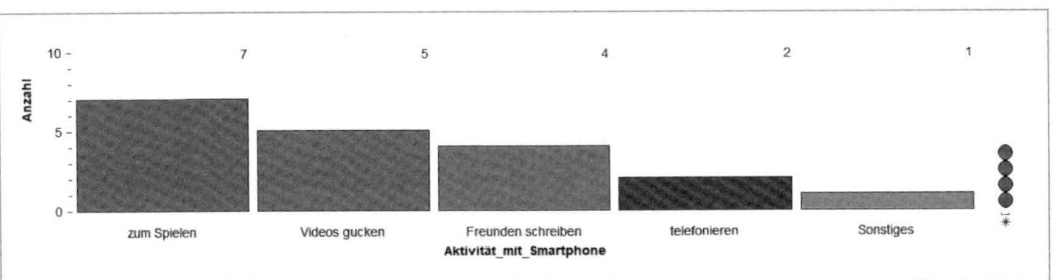

Abbildung 109: Säulendiagramm mit absoluten Häufigkeiten zur Verteilung des Merkmals *Aktivität_mit_SmartphoneTablet*- Datensatz D#21 in TinkerPlots

terstützen eine verständnisorientierte Datenanalyse mit der Software TinkerPlots. Die Schüler:innen können die Operationen (Trennen, Stapeln und Ordnen), die sie auf anderen Repräsentationsebenen verinnerlicht haben, entsprechend für die Datenanalyse mit TinkerPlots nutzen und anwenden. Eine weitere Herausforderung ist es, den Schüler:innen die Beschreibung der Diagramme und das Finden einer zentralen Aussage näherzubringen. Auch hier hat es sich nach unserer Erfahrung bewährt, im Unterrichtsgespräch verschiedene Beschreibungen und Aussagen zu den Diagrammen zu sammeln und diese dann mit den Schüler:innen im Sitzkreis zu diskutieren. Als Orientierung für die verschiedenen Aussageebenen und auch zur Etablierung eines gemeinsamen Standards kann hier das Schema von Friel, Bright und Curcio (2001) – siehe in Teil 1 dieses Buches – hilfreich sein, welches die verschiedenen Stufen *Lesen der Daten, Lesen zwischen den Daten* und *Lesen hinter den Daten* zur Beschreibung von Diagrammen umfasst.

7.5 Unterrichtsstunden 9 bis 12: Statistische Projekte und umfangreiche Datensätze

7.5.1 Darum geht es in diesen Stunden

In den vorherigen Aktivitäten im Aufbaumodul und im Basismodul haben die Schüler:innen erfahren, wie in TinkerPlots/CODAP erste Datenexplorationen und erste Datenvisualisierungen an „kleineren" Datensätzen vorgenommen werden können. Diese konnten die Schüler:innen durch die Demonstrationen der Lehrkraft sowie im Rahmen von weiteren Aktivitäten an „kleineren" Datensätzen selbstständig durchführen. Nun kann die Software TinkerPlots oder CODAP genutzt werden, um größere Datensätze zu explorieren z. B. den kompletten Datensatz *Grundschüler_innen_NRW* (D#23 für TinkerPlots und D#24 für CODAP) (siehe Abbildung 110), der die Daten von 809 Kindern enthält. Wir zeigen mögliche Auswertungen mit CODAP. Alle Grafiken lassen sich in ähnlicher Weise auch mit TinkerPlots prozessartig und analog zum Arbeiten mit Datenkarten erstellen.

Nach der Vorstellung des Datensatzes und des zugehörigen Fragebogens (s. u.) können die Schüler:innen nach den Einführungsphasen in den vorangegangenen Unterrichtsstunden direkt selbst in die Datenexploration des großen Datensatzes in TinkerPlots oder CODAP einsteigen und im Rahmen eines kleinen Projektes den Datensatz *Grundschüler_innen_NRW* (D#23 für TinkerPlots, D#24 für CODAP) nach vorgegebenen Fragestellungen explorieren und eigenständig Verteilungen kategorialer Merkmale in Form von Säulendiagrammen erstellen. Dieser Datensatz umfasst 809 Fälle und 20 katego-

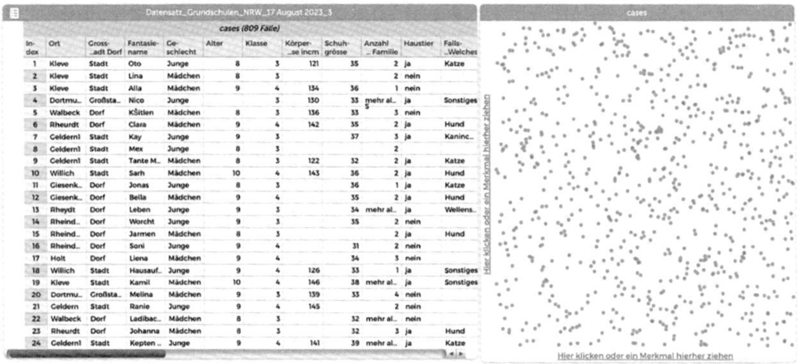

Abbildung 110: Datentabelle (links) und Graph (rechts) zum kompletten Datensatz *Grundschüler_innen_NRW* in CODAP. Datensatz D#24

riale Merkmale. Hier kann es erneut – wie auch im Aufbaumodul – sinnvoll sein, zunächst einen reduzierten Datensatz zu verwenden (reduziert im Sinne von weniger Merkmalen). Dieser speziell für dieses Spürnasen-Modul auf kategoriale Merkmale reduzierte Datensatz mit dem Namen *Grundschüler_innen_NRW_reduziert* (D#23 für TinkerPlots, D#24 für CODAP) befindet sich neben dem Originaldatensatz im elektronischen Begleitmaterial dieses Buches.

Ein wesentlicher Punkt ist die Sicherung und Dokumentation der Erkundungsergebnisse. Dies kann auf verschiedene Weise geschehen, muss aber von der Lehrkraft entsprechend vorbereitet werden. Drei mögliche Varianten haben wir oben im Aufbaumodul beschrieben. Wir bieten auch hier Begleitmaterial an, um die Schüler:innen zum einen bei der Erstellung der Diagramme und zum anderen auch bei der Dokumentation der Ergebnisse zu unterstützen. Das Projekt endet mit der Präsentation der Ergebnisse der Datenexploration durch die Zweierteams. Die Vorstellung der Ergebnisse ist ein wichtiger Bestandteil des Datenanalysezyklus. Diesem sollte entsprechend Beachtung geschenkt werden – auch mit Blick auf die Förderung prozessbezogener Kompetenzen wie kommunizieren und argumentieren.

Phase	Zeit	Inhalt	Sozialform	Material/Medien
1	15 Min.	Vorstellen der Projektphase	Sitzkreis, Lehrer:innenvortrag	Arbeitszettel
2	30 Min.	Vorstellen des Datensatzes, Bekanntmachen mit dem Fragebogen	Einzelarbeit, Lehrer:innenvortrag	Beamer (oder interaktives Whiteboard), PC, TinkerPlots/CODAP
3	15 Min.	Festlegen von Untersuchungsthemen, Forschungsfragen, Auswertungsplan	Partnerarbeit, Lehrer:innenvortrag	Beamer (oder interaktives Whiteboard), PC, TinkerPlots/CODAP
4	75 Min.	Exploration der Daten mit TinkerPlots/CODAP und Anfertigung der Datenposter	Partner:innenarbeit	Laptop, TinkerPlots/ CODAP
5	45 Min.	Wechselseitiges Vorstellen der Ergebnisse	Sitzkreis, UG	Datenposter

Tabelle 30: Übersicht über einen möglichen Ablauf der Unterrichtsstunden 9 bis 12

7.5.2 Möglicher Ablaufplan der Unterrichtsstunden 9 bis 12

Tabelle 30 zeigt eine Übersicht über einen möglichen Ablauf des Projekts (Spürnasen-Modul).

7.5.3 Unterrichtsleitfaden

Zunächst stellen wir die einzelnen Phasen der Umsetzung des Spürnasenmoduls im Unterricht vor. Nach der Darstellung dieser fünf Phasen folgen unterrichtspraktische Hinweise, angereichert mit Erfahrungen und Eindrücken aus unseren unterrichtspraktischen Erprobungen.

Phase 1: Vorstellen der Projektphase

Zum Einstieg und zur Wiederholung versammelt die Lehrkraft die Schüler:innen im Sitzkreis und beginnt mit der Formulierung des Arbeitsauftrags für das Projekt „Was machen die Grundschüler:innen in NRW in ihrer Freizeit?" (siehe Aufgabe 1 im Aufgabenkasten).

Die Aufgabe 2 regt die offene Untersuchung an, wie sportlich aktiv die Grundschüler:innen sind. Aufgabe 3 ist dann ein offener Arbeitsauftrag, der die Kinder ermutigt, eigene Überlegungen und Untersuchungspläne rund um den Datensatz vorzunehmen.

Aus unserer Sicht eignet sich dieser offene Arbeitsauftrag sehr gut zur natürlichen Differenzierung und zum Lernen am gemeinsamen Gegenstand. Dennoch kann es sich hier insbesondere für leistungsstarke Schüler:innen anbieten, die Exploration eines Zusammenhangs zwischen zwei Merkmalen anzubahnen. Die Lehrkraft kann und soll hier gezielt die leistungsstärkeren Schüler:innen auf das Untersuchen von Zusammenhängen zwischen zwei Merkmalen hinweisen.

Projekt für die Schüler:innen:
Was machen die Grundschüler:innen in NRW in ihrer Freizeit?

Aufgabe 1

Untersucht, wie die Grundschüler:innen ihre Freizeit verbringen!

a Überlegt zunächst, welche Merkmale dafür interessant sein könnten (und warum?).
b Formuliert Forscher:innenfragen zum Themenkomplex „Freizeitverhalten".
c Erstellt Grafiken in TinkerPlots / CODAP, um eure Forscher:innenfragen aus b zu beantworten.
d Beschreibt und interpretiert eure TinkerPlots / CODAP-Grafiken und beantwortet eure Forscher:innenfragen zum Themenkomplex „Freizeitverhalten".

Aufgabe 2

Untersucht, wie sportlich aktiv die Grundschüler:innen sind!

a Überlegt zunächst, welche Merkmale dafür interessant sein könnten (und warum?).
b Formuliert Forscher:innenfrage zum Themenkomplex „Sport".
c Erstellt Grafiken in TinkerPlots / CODAP, um eure Forscher:innenfragen aus b zu beantworten.
d Beschreibt und interpretiert eure TinkerPlots / CODAP-Graphiken und beantwortet eure Forscher:innenfragen zum Themenkomplex „Sport".

Aufgabe 3

Findet eigene Forscher:innenfragen aus einem beliebigen Themenbereich!

a Überlegt zunächst, welche Merkmale dafür interessant sein könnten (und warum).
b Formuliert Forscher:innenfragen zu eurem ausgewählten Themenkomplex.
c Erstellt Grafiken in TinkerPlots / CODAP, um eure Forscher:innenfragen aus b zu beantworten.
d Beschreibt und interpretiert eure TinkerPlots / CODAP-Grafiken und beantwortet eure Forscher:innenfragen zu eurem ausgewählten Themenkomplex.

Erstellt zu jeder der Aufgaben ein Poster mit euren Ergebnissen zu den jeweiligen Forscher:innenfragen aus Aufgabe 1–3, welches ihr euren Mitschülern präsentieren könnt. Nutzt dazu eure in TinkerPlots / CODAP erstellten Grafiken, beschreibt diese und findet passende Überschriften für euer Poster.

Dabei gibt die Lehrkraft vor, dass die Schüler:innen im Projekt selbst – wir empfehlen in Zweierteams – aktiv werden und TinkerPlots / CODAP nutzen können, um Diagramme zu vorgegebenen und selbst ausgewählten Fragestellungen zu erstellen und diese dann auch zu interpretieren.

Phase 2: Vorstellen des Datensatzes, Bekanntmachen mit dem Fragebogen
Der/Die Lehrer:in teilt den zum Datensatz gehörenden *Fragebogen_reduziert* und die *Variablenliste_reduziert* (beides Material M#6) an alle Zweiergruppen von Schüler:innen aus. Die Schüler:innen füllen erstmal den Fragebogen selber aus, um ihn und das Spektrum der Fragen kennenzulernen.

Phase 3: Festlegung von Untersuchungsthemen, Forschungsfragen, Auswertungsplan
Die Lehrkraft kann als Aufgabenstellung auf die drei Aufgaben aus dem Kasten (siehe oben) zurückgreifen. Alternativ können auch weitere bzw. andere Untersuchungsthemen z. B. im Unterrichtsgespräch oder im Rahmen der Partner:innenarbeit festgelegt und in Bezug auf die Untersuchungsthemen Forscher:innenfragen entwickelt werden:

1. Welche Forschungsfragen zum Thema sollen untersucht werden?
2. Welche Merkmale des Fragebogens sind für diese Fragen relevant?
3. Welche der Forschungsfragen kann man evtl. mit den vorhandenen Daten nicht beantworten?
4. Wie sieht der genaue Auswertungsplan aus: Zu welchen Merkmalen sollen Säulendiagramme erstellt werden? Sollen zwei Merkmale miteinander in Beziehung gesetzt werden? Welche?
5. Nach der ersten Analyse: Gibt es *Zusatzfragen,* die man untersuchen sollte? Welche?

Für eine Daten-Spürnase ist es immer wichtig, dass sich *Zusatzfragen* aufdrängen können, wenn erste Ergebnisse erhalten wurden. *Zusatzfragen* können zur Einbeziehung weiterer Merkmale führen oder zu anderen Darstellungen und Interpretationen bereits benutzter Merkmale. Ein Untersuchungsplan sollte immer offen für *Zusatzfragen* sein. Wir geben unten dafür einige Anregungen und zeigen mögliche *Zusatzfragen,* die bei der Exploration der Datensätze D#23 und D#24 aufgeworfen werden können.

Die Lehrperson muss die Gruppen in diesem Prozess unterstützen. Gerade bei der Erstellung von Forscher:innenfragen hat es sich bewährt, den Kindern genügend Zeit zu geben und auch Feedbackmechanismen zur Verbesserung und Weiterentwicklung der Forscher:innenfragen anzubieten. Ziel muss es sein, die Fragen zumindest stichwortartig zu verschriftlichen. Dies ist für die gemeinsame kooperative Arbeit wichtig. Wenn Diagramme erstellt werden, können diese mit den Forschungsfragen und dem Plan verglichen werden.

Bei der Formulierung eigener Forscher:innenfragen bevorzugen Kinder unserer Erfahrung nach Fragen, die bereits Zusammenhänge zwischen zwei Merkmalen thematisieren. Bei der Beziehung zwischen kategorialen und numerischen Merkmalen lässt die Verwendung von Begriffen wie modale Klumpen oder mittlere Hälfte zumindest noch die Möglichkeit des Vergleichs – auch ohne Anteilsbegriff – zu. Bei kategorialen Merkmalen ist dies schwieriger, insbesondere wenn die zu vergleichenden Gruppen nicht gleich groß sind. Wie wir im ersten Teil dieses Buches gelernt haben, können Kreisdiagramme (in TinkerPlots) oder Rechteckdiagramme (in CODAP) helfen und unterstützen, Zusammenhänge zwischen kategorialen Merkmalen zumindest qualitativ zu untersuchen. Beide Diagrammtypen wären ohne digitale Werkzeuge gar nicht oder nur sehr aufwendig zu erstellen. Zum Thema Forscher:innenfragen haben wir Anregungen in Kapitel 6 gegeben. Wir heben noch einmal hervor: Eine selbst formulierte Forscher:innenfrage lässt sich u. U. nicht mit den Daten beantworten, die ja bereits feststehen (siehe Punkt 3 in der obigen Liste).

Mit Blick auf die Komplexität der Forscher:innenfragen (siehe auch Kapitel 6) können beispielsweise im Sinne natürlicher Differenzierung leistungsstärkere Paare / Gruppen auch mehr Merkmale als die leistungsschwachen untersuchen, oder leistungsstärkere Gruppen wagen sich an Fragen heran, die mehr als ein Merkmal gleichzeitig betreffen. Auch die verbale Interpretation bietet Möglichkeiten der Differenzierung.

Phase 4: Exploration der Daten mit TinkerPlots / CODAP und Anfertigung der Datenposter

Die Schüler:innen erhalten nun Zugang zu den Daten am PC / Tablet, und zur Unterstützung teilt die Lehrkraft ein Handout „Spürnase" (M#7) aus. Dieses Handout unterstützt die Schüler:innen bei der Dokumentation ihrer Ergebnisse insbesondere zur Variante 2.

Nun steht die Erstellung der Diagramme in TinkerPlots oder CODAP im Vordergrund. Die Kinder haben sich im Aufbaumodul ausgiebig mit der Erstellung von Diagrammen zur Verteilung kategorialer Merkmale, u. a. mit Säulendiagrammen, auseinandergesetzt und darüber hinaus auch insbesondere bei den Säulendiagrammen Zwischenstufen kennengelernt. Gerade bei den Säulendiagrammen können die Kinder da zwischen verschiedenen Varianten unterscheiden. Nach der Erstellung der Diagramme müssen diese beschrieben werden, und schließlich muss die Forscher:innenfrage beantwortet werden.

Hat eine Gruppe Fragen ausgewählt, die die Beziehung zwischen zwei Merkmalen beinhalten, kann die Lehrkraft das Handout *Zwei_kategoriale_*

Merkmale_CODAP (M#8) oder *Zwei_kategoriale_Merkmale_TinkerPlots* (M#9) als Unterstützung zur Verfügung stellen.

Phase 5: Wechselseitiges Vorstellen der Ergebnisse
In der letzten Phase stellen die Schüler:innen ihr jeweiliges Projekt anhand einer der drei oben genannten Alternativen vor.

Mögliche Untersuchungsbeispiele und ausführliche Hinweise für die einzelnen Unterrichtsphasen
Im Folgenden geben wir einzelne Hinweise zu den Phasen, berichten über unsere unterrichtspraktischen Erfahrungen und Eindrücke und zeigen exemplarisch auf, welche Entdeckungen und Erkenntnisse im Datensatz *Grundschüler_innen_NRW* (D#23–24) im Rahmen des Spürnasenmoduls gemacht werden können.

Bevor es nun an die konkrete Projektarbeit geht, müssen sich die Schüler:innen zunächst mit dem umfangreichen Datensatz vertraut machen. Dies soll, wie oben bereits angekündigt, realisiert werden, indem die Schüler:innen den Fragebogen selbst ausfüllen. Als Unterstützung bekommen die Kinder einen Arbeitszettel mit der Gegenüberstellung der jeweili-

Hallo 😊
Bitte beantwortet die folgenden Fragen selbstständig.
Es kommt ganz allein auf Eure EIGENEN Angaben an! Danke für Eure Mitarbeit! 😊

1) Denke dir einen Namen aus.

2) Bist du ein Junge oder ein Mädchen?
☐ Junge ☐ Mädchen

3) Wie alt bist du?
☐ 7 Jahre ☐ 8 Jahre ☐ 9 Jahre ☐ 10 Jahre ☐ 11 Jahre ☐ 12 Jahre

4) In welcher Klasse bist du?
☐ 3. Klasse ☐ 4. Klasse

5) Wie groß bist du? ______________________ cm

6) Welche Schuhgröße hast du? (wenn du es nicht auf Anhieb weißt, kannst du auch unter / in deinen Schuh schauen 😊) ______________________ cm

Abbildung 111: Ausschnitt aus dem Fragebogen zum Datensatz *Grundschüler_innen_NRW*, Datensatz D#23–24

gen Fragebogenfrage auf dem Fragebogen und der entsprechenden Abkürzung des Merkmals im Datensatz (M#6). In Abbildung 111 sehen wir einen Ausschnitt aus dem Fragebogen zum Datensatz *Grundschüler_innen_NRW*. Zu Demonstrationszwecken zeigen wir exemplarisch einige spannende Entdeckungen im auf kategoriale Merkmale reduzierten Datensatz *Grundschüler_innen_NRW* (D#23 für TinkerPlots, D#24 für CODAP) auf, die die Lehrkraft gemeinsam mit den Kindern im Unterricht untersuchen könnte. Aus Platzgründen beschränken wir uns hier auf die Darstellung in CODAP und zeigen exemplarisch auf, welche Explorationen im Datensatz D#24 von den Schüler:innen realisiert werden können.

Was lässt sich über die Freizeitaktivitäten der Schüler:innen im Datensatz *Grundschüler_innen_NRW* aussagen? Die Kinder können hier (Abbildung 112) bei ihrer Exploration festhalten, dass „Freunde treffen" mit Abstand (274 Kinder) die beliebteste Freizeitaktivität der Kinder im *Grundschüler_innen_NRW*-Datensatz (D#24) ist. Fasst man Computer spielen (30 Kinder), am Smartphone / Tablet spielen (90 Kinder) und Spielekonsole spielen (56 Kinder), also das

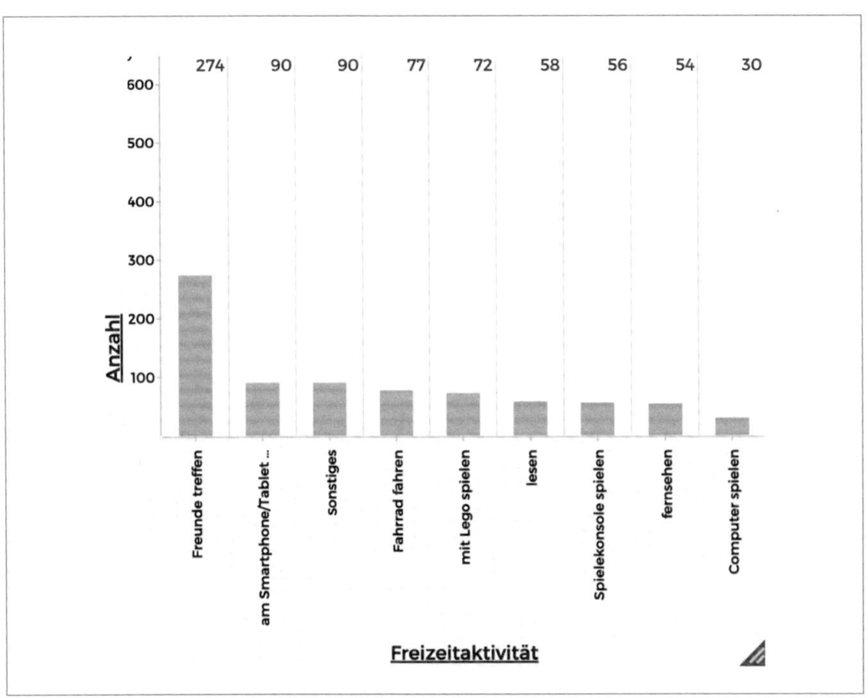

Abbildung 112: Verteilung des Merkmals *Freizeitaktivität* als konventionelles Säulendiagramm – in CODAP, Kategorien nach Häufigkeiten geordnet, Datensatz D#24

Spielen elektronischer Spiele zusammen (30 + 90 + 56 = 176), wird deutlich, dass auch das Spielen elektronischer Spiele insgesamt eine sehr beliebte Freizeitaktivität darstellt.
Auch ohne Anteilsgrafik lässt sich deutlich (anhand von Abbildung 113) erkennen, dass

- bei Mädchen beliebter als bei Jungen ist: Freunde treffen und lesen;
- bei Jungen beliebter als bei Mädchen ist: Computer spielen, Spielekonsole spielen, mit Lego spielen.

Das sind sehr schöne klare Ergebnisse. Allerdings bleibt zu beachten, dass die beiden zu vergleichenden Gruppen (415 Jungen und 381 Mädchen) unterschiedlich groß sind (Abbildung 113) und daher absolute Vergleiche mit Vorsicht zu interpretieren sind und zu Fehlvorstellungen verleiten können – siehe auch unsere Ausführungen im Teil 1 dieses Buches.

Daher empfehlen wir bei der Untersuchung des Zusammenhangs zweier kategorialer Merkmale immer, den Schüler:innen die Materialen M#8 und M#9 an die Hand zu geben, damit sie selbstständig in CODAP (M#8) oder TinkerPlots (M#9) Anteilsgrafiken erstellen können – siehe z. B. Abbildung 114, worin sich auch in die obigen Aussagen verifizieren lassen.

Weiterführende Explorationen: Insbesondere könnten die Schüler:innen sich dafür interessieren, was die beliebteste Freizeitaktivität ist und z. B. den Modalwert angeben.

Das Smartphone-Nutzungsverhalten könnte die Schüler:innen im Projekt zu einer weiteren Fragestellung z. B. bezüglich der Smartphone / Tabletnutzung veranlassen. Das kann aber auch eine der Fragestellungen sein, die die Schüler:innen als Aufgabe 3 im Rahmen des Projekts auswählen.

Nutzen und Zugang zum Smartphone / Tablet
Hier besteht wieder die Möglichkeit, einen Untersuchungsplan zu machen oder einzelne Merkmale durchzugehen und dann weitere als Zusatzfragen einzubeziehen. Wir listen das als Untersuchungsplan auf:

1. Wie verbreitet sind eigene Smartphones / Tablets oder Zugänge dazu?
2. Gibt es Unterschiede beim Zugang zwischen Mädchen und Jungen?
3. Wozu wird ein Smartphone / Tablet vorzugsweise genutzt?
4. Gibt es Geschlechterunterschiede für die hauptsächliche Nutzung?

So könnte im Sinne einer Daten-Spürnase eine weitere Frage oder Exploration sich beispielsweise auf den Zugang zum Smartphone / Tablet fokussieren (Abbildung 115). Die Kinder können die Zahlen ablesen und festhalten, dass ein eigenes Smartphone selber zu besitzen am häufigsten vorkommt. Aber

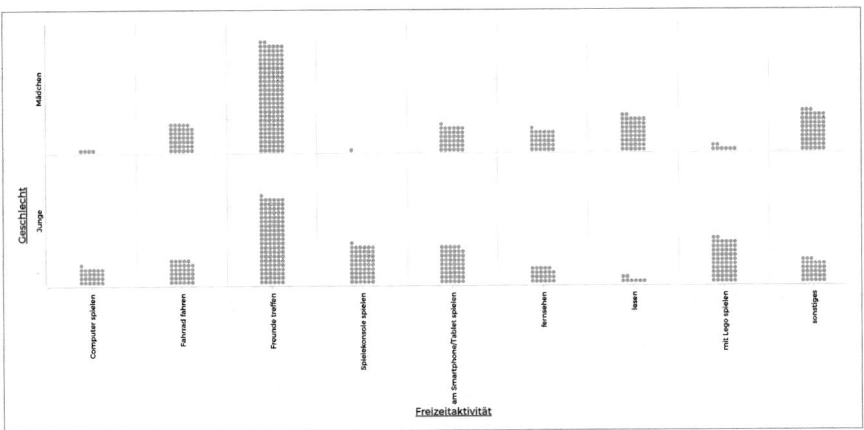

Abbildung 113: Vergleich der Lieblings-Freizeitaktivitäten zwischen den Jungen und Mädchen im Datensatz *Grundschüler_innen_NRW*, Datensatz D#24 in CODAP

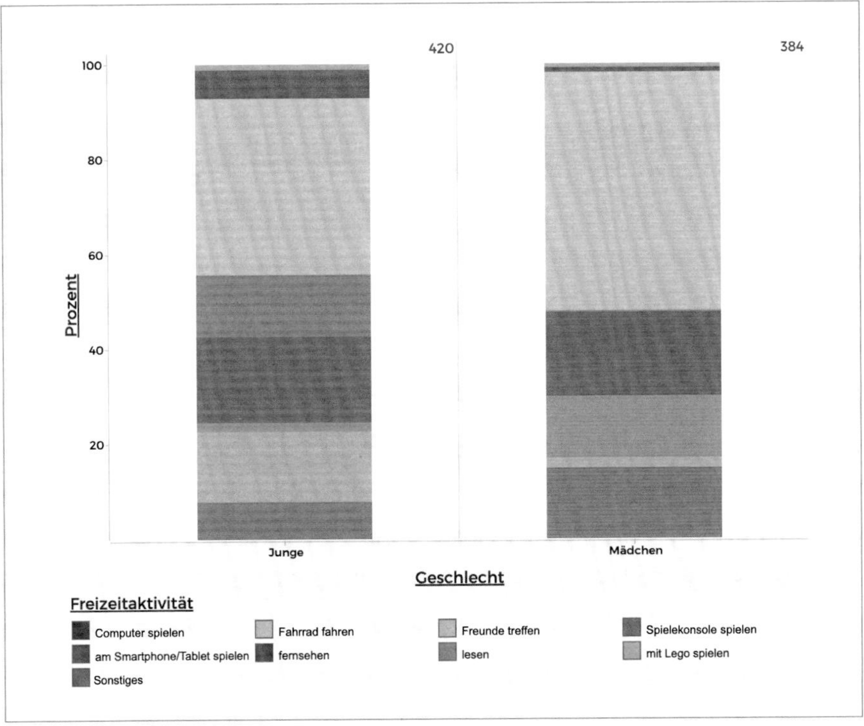

Abbildung 114: Vergleich der Lieblings-Freizeitaktivitäten zwischen den Jungen und Mädchen im Datensatz *Grundschüler_innen_NRW* mittels Anteilsgrafik in CODAP, Datensatz D#24. Die farbige Abbildung 114 findet sich im Anhang A1.

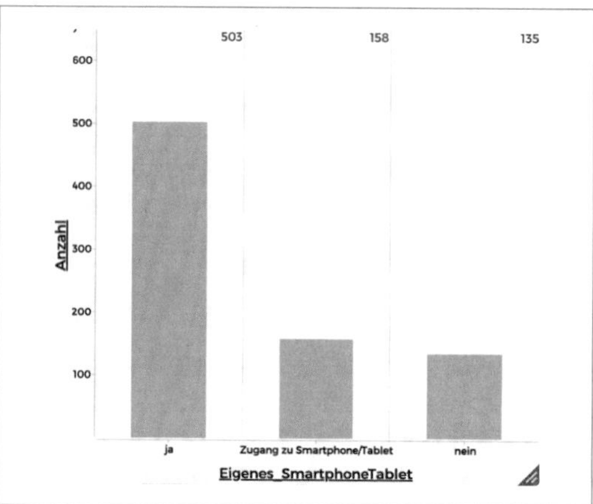

Abbildung 115: Verteilung des Merkmals *Eigenes_SmartphoneTablet* als konventionelles Säulendiagramm – in CODAP. Datensatz D#24

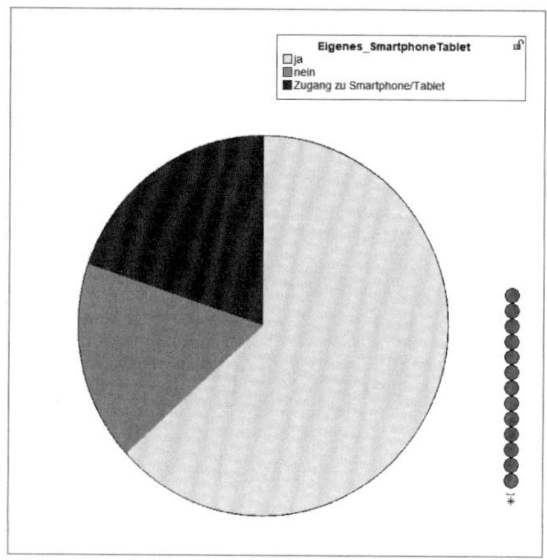

Abbildung 116: Verteilung des Merkmals *Eigenes_SmartphoneTablet* als konventionelles Kreisdiagramm – in TinkerPlots. Datensatz D#23

es ist hier aussagekräftiger, die Ergebnisse in Anteilen zu formulieren. Dazu kann man die Abbildung 115 nutzen oder besser noch eine Anteilsgrafik erstellen - z. B. in Form eines Kreisdiagramms (siehe Abbildung 116).

- Mehr als die Hälfte der Kinder haben ein eigenes Smartphone / Tablet.
- Etwas weniger als ein Viertel hat wenigstens noch Zugang zu solchen Geräten.
- Etwas weniger als ein Viertel besitzt ein solches Gerät nicht und hat auch keinen Zugang.

Eine Zusatzfrage, die sich weiter ergeben kann, ist, ob der Zugang zum Smartphone / Tablet vom Geschlecht abhängt. Hier kann das in CODAP erzeugte Diagramm in Abbildung 117 Aufschluss geben. Die Verteilungen (siehe Abbildung 117) sind sehr ähnlich, man kann keinen Unterschied erkennen.

Schließlich könnte naheliegenderweise die Frage gestellt werden, für welche Aktivitäten das Smartphone hauptsächlich genutzt wird - dazu könnten wieder Säulendiagramme in TinkerPlots oder CODAP erstellt werden (Abbildung 118 für CODAP). Hier ist die Nutzung durch Spiele am beliebtesten: 251 der 627 Kinder, die zu dieser Frage eine Antwort gegeben haben, nutzen ihren Zugang zum Smartphone / Tablet hauptsächlich zum Spielen - das ist mehr als ein Drittel der befragten Kinder. Zum Telefonieren wird es hauptsächlich nur von 34 der 627 Kinder genutzt, beliebter als Kommunikationsform ist das Schreiben (135 Kinder). Da das Thema ja auch schon mal an dem kleinen Datensatz durchgespielt wurde, können jetzt Unterschiede dazu herausgearbei-

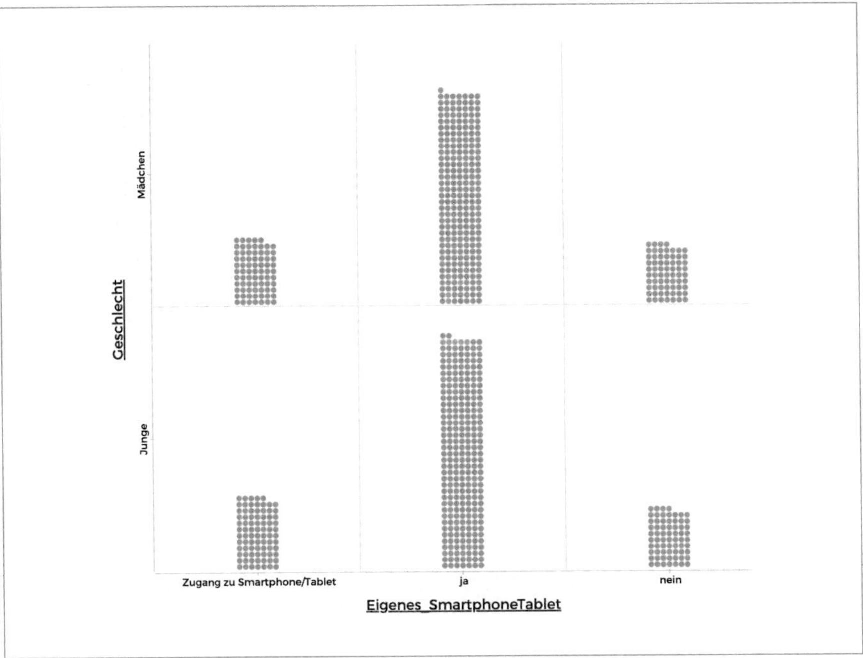

Abbildung 117: Verteilung des Merkmals *Eigenes SmartphoneTablet* – Vergleich zwischen den Mädchen und Jungen im Datensatz *Grundschüler_innen_NRW*. Datensatz D#24 in CODAP

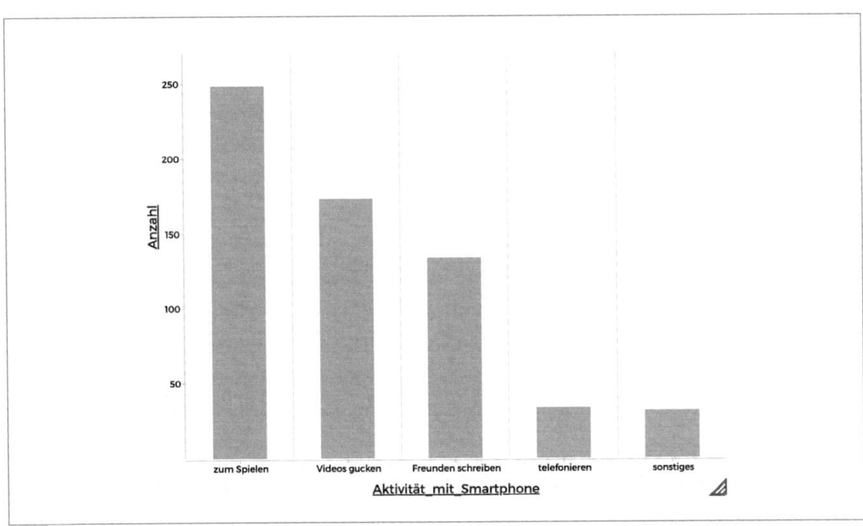

Abbildung 118: Verteilung des Merkmals *Aktivität_mit_Smartphone/Tablet* als konventionelles Säulendiagramm – in CODAP. Datensatz D#24.

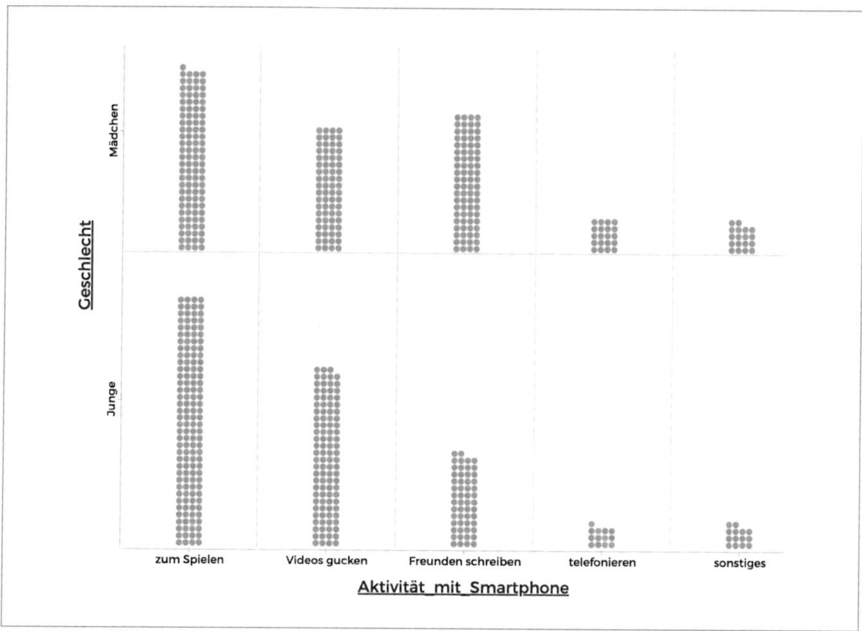

Abbildung 119: Verteilung des Merkmals *Aktivität_mit_Smartphone /Tablet* – Vergleich zwischen den Mädchen und Jungen. In der Grafik sind 328 Jungen und 295 Mädchen dargestellt. Datensatz D#24 in CODAP

tet werden. Auch hier kann eine Spürnase wieder fragen, ob es Unterschiede zwischen den Geschlechtern gibt und ein entsprechendes Diagramm wie in Abbildung 119 erstellen.

Mögliche Zusammenfassung von Abbildung 119:

- Die beliebteste Verwendung ist bei Jungen und Mädchen das „Spielen“.
- An zweiter Stelle steht bei den Jungen das „Video gucken“, bei Mädchen ist es knapp „Freunden schreiben“, an dritter Stelle auch „Video gucken“.
- „Freunden schreiben“ wird von den Mädchen häufiger als hauptsächliche Nutzung angegeben als von den Jungen.

Wir haben in Abbildung 120 die entsprechenden Anteilsdiagramme abgebildet, die einen systematischeren und fehlerfreieren Vergleich erlauben als Abbildung 119 (siehe Teil 1 des Buches) und die auf Basis von Abbildung 119 von uns getroffenen Aussagen bestätigen.

Abbildung 120 (oben) liefert einen Anteilsvergleich über Kreisdiagramme, die die bisherigen Aussagen (siehe auch Teil 1 dieses Buches) klarer visuell hervortreten lassen.

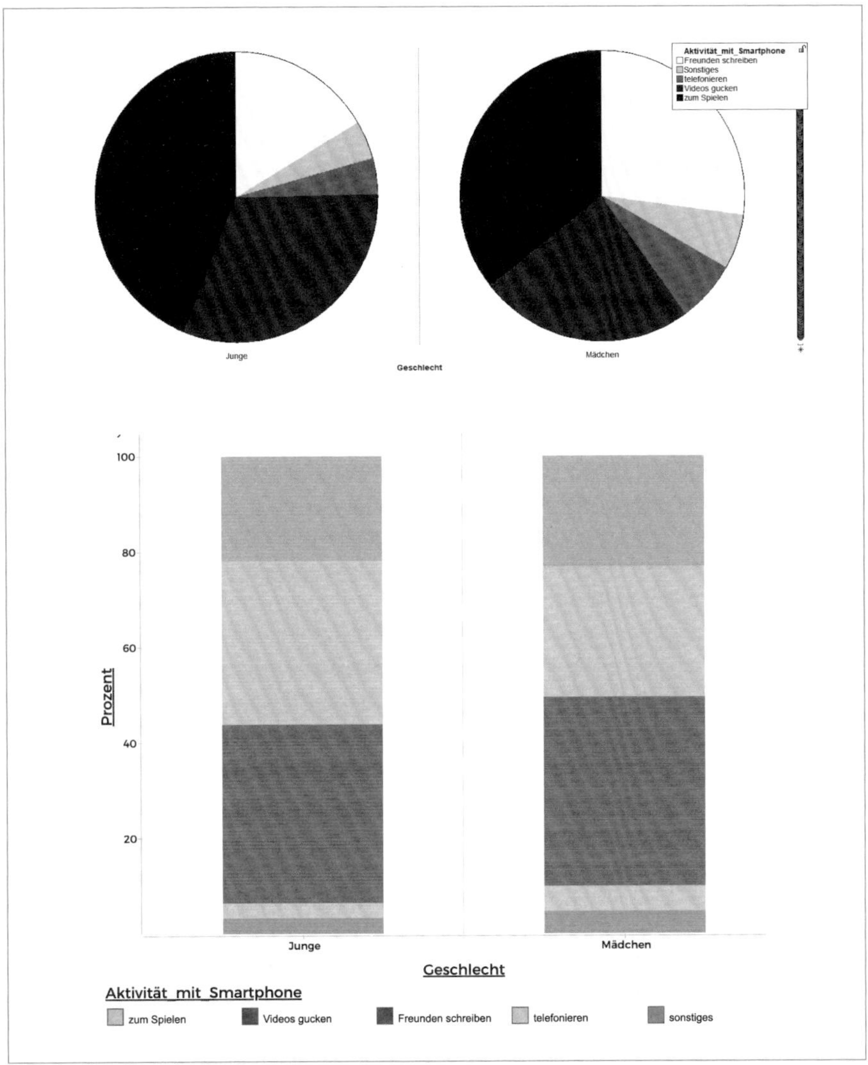

Abbildung 120: Anteilsgrafik mit TinkerPlots (oben), mit CODAP (unten, graue Bereiche repräsentieren fehlende Werte), vgl. Teil 1 zur Entstehung der Grafiken. Die farbigen Abbildungen finden sich in Anhang (A#2). Datensatz D#23 (für TinkerPlots) und Datensatz D#24 (für CODAP)

In der CODAP-Grafik (Abbildung 120 unten) kann man Ähnliches entdecken. Man kann die Ergebnisse nun als Anteilsvergleich formulieren, z. B.:

- Der größte Anteil fällt in beiden Gruppen auf das „Spielen". Bei den Jungen ist der Anteil aber noch größer als bei den Mädchen.

- „Freunde schreiben" ist für mehr als ein Viertel der Mädchen die beliebteste Nutzung, bei den Jungen liegt der Anteil deutlich unter einem Viertel.
- Beim „Video gucken" ist es umgekehrt: Bei den Jungen mehr als ein Viertel, bei den Mädchen weniger als ein Viertel.

Wie oft (pro Woche) verabreden sich die Kinder im Grundschüler_innen_NRW-Datensatz mit Freunden?
In Abbildung 121 findet sich ein Säulendiagramm, bei dem die Kategorien bereits nach ihrer natürlichen Reihenfolge (zunehmende Häufigkeit des Treffens) geordnet wurden. Wichtige Verbalisierungen und Interpretationen: Die „Extreme" *einmal* und *mehr als viermal* (pro Woche) sind am beliebtesten, haben fast dieselben Häufigkeiten (210 bzw. 208). Die Extreme deuten auf recht unterschiedliches Verhalten der Kinder an.

Mögliche Zusatzfrage: Gibt es Unterschiede zwischen Dorf, Stadt und Großstadt? Man könnte vermuten, dass häufige Verabredungen in Dorfschulen häufiger vorkommen, weil ein Treffen für die Kinder einfacher zu realisieren ist. Oder gibt es möglicherweise Unterschiede zwischen Jungen und Mädchen? Die Lehrkraft könnte in der Klasse Vermutungen formulieren und begründen lassen. Kinder könnten unterschiedliche Vermutungen auf der Basis ihrer persönlichen Erfahrungen formulieren und dann mit Interesse sehen, was für die große Gruppe an Schüler:innen gilt.

Hinweise zur Posterpräsentation und anderen Dokumentationsformen
Es hat sich bei unseren Unterrichtsprojekten als fruchtbar erwiesen, dass die Schüler:innen ihre Ergebnisse in Form von Postern dokumentiert und strukturiert haben. Um die Schüler:innen bei der Erstellung der Poster zu unterstützen, sollten DIN-A3-Poster-Vorlagen vorbereitet werden, die bereits folgende Struktur aufweisen:
1. Überschrift / Fragestellung,
2. TinkerPlots / CODAP-Grafik,
3. Beschreibung der Grafik / Beantwortung der Fragestellung.

Eine zeitsparende Alternative im Gegensatz zum Erstellen der Poster kann die Nutzung von Textfeldern in TinkerPlots (sowohl für die Überschrift als auch für die Beschreibung der Grafik) sein (siehe z. B. Abbildung 122 oben für TinkerPlots und Abbildung 122 unten für CODAP) – dieses kann auch als Template für die Projektarbeit genutzt werden. Die Präsentation der Ergebnisse der Datenexploration im Unterricht könnte dann mittels eines interaktiven Whiteboards realisiert werden – das bietet sich vor allem dann an, wenn die Dokumentationen der Projektarbeit in TinkerPlots oder CODAP

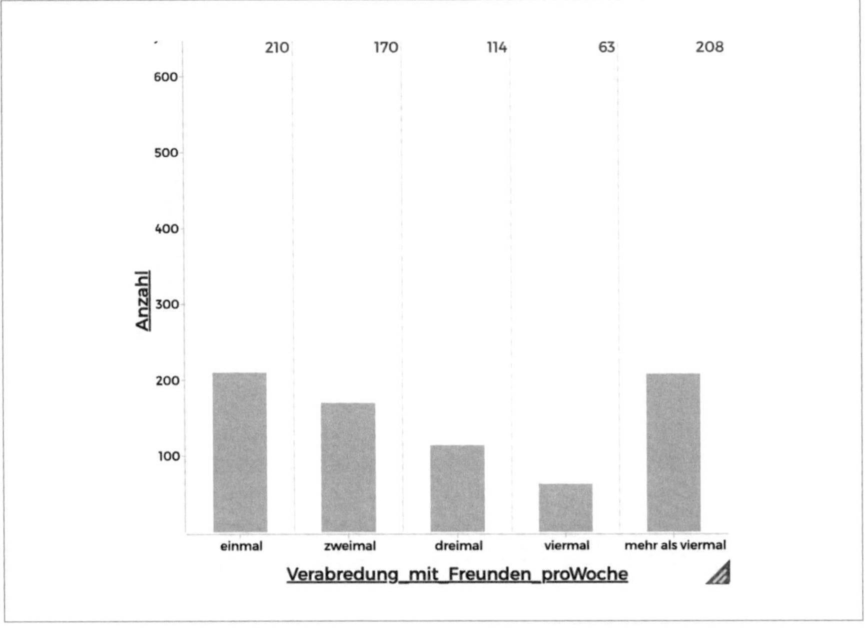

Abbildung 121: Verteilung des Merkmals *Verabredung_mit_ Freunden_pro_Woche* als konventionelles Säulendiagramm – in CODAP. Datensatz D#24

(Variante 1) oder in Word (Variante 2) dokumentiert sind. Hier besteht auch noch die Möglichkeit, interaktiv die Grafiken zu verändern und weitere Fragestellungen zu untersuchen.

Die Ergebnispräsentation kann in Form eines analogen Datenposters erfolgen (Variante 3). Die gesammelten Ergebnisse können dann auch in der Schule als Museumsgang präsentiert werden.

Unsere Erfahrungen aus den Unterrichtsprojekten zeigen, dass die Schüler:innen im Rahmen des Projekts „Was machen die Grundschüler:innen in NRW in ihrer Freizeit?“ TinkerPlots und / oder CODAP zielführend nutzen können, um eindimensionale Verteilungen zu Merkmalen zu erstellen, diese zu beschreiben und die Fragen entsprechend beantworten zu können. Die Schüler:innen sind außerdem oftmals kreativ in der Generierung eigener Forscher:innenfragen.

Weiterhin ist es aber wichtig, den Schüler:innen die Gelegenheit zu geben, eigene Fragen an die Daten zu stellen. Die Beobachtungen in unseren Unterrichtsprojekten haben gezeigt, dass insbesondere das Finden eigener Forscher:innenfragen die Schüler:innen sehr motiviert hat. Ohne es vorher ausführlich zu thematisieren, haben viele Schüler:innen nicht nur die

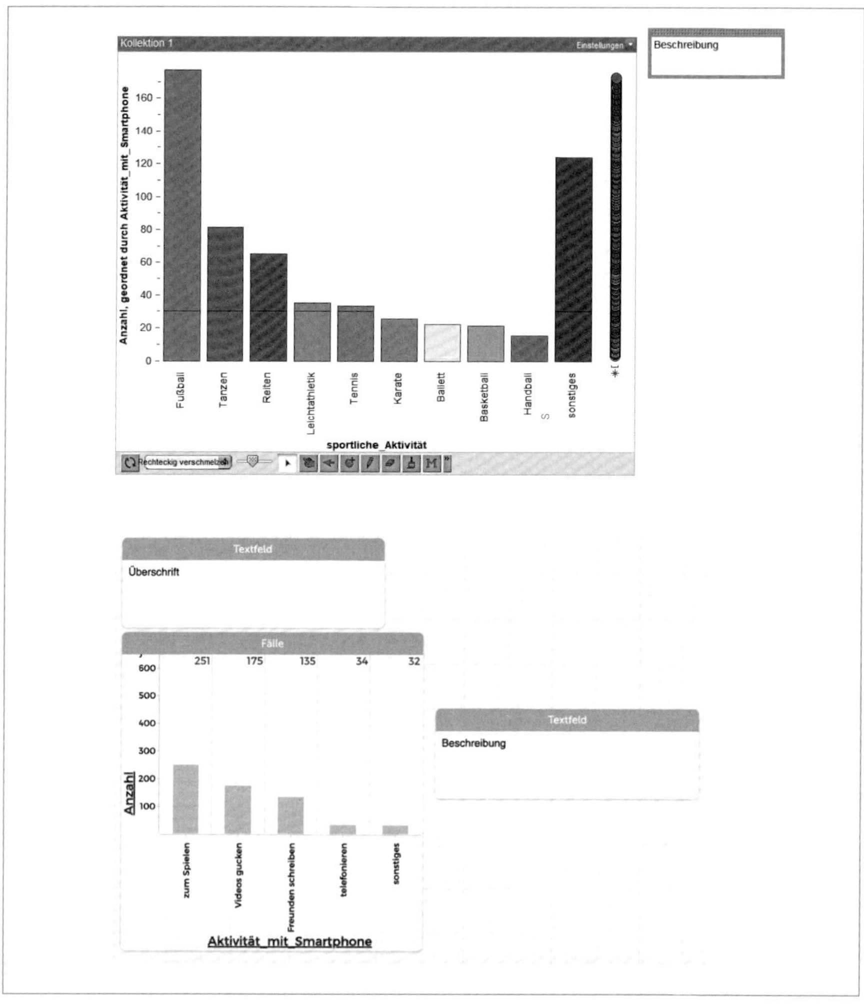

Abbildung 122: TinkerPlots-Graph (oben) und CODAP-Graph (unten) mit Textfeldern für Überschrift und Beschreibung des Graphen

Verteilung eines Merkmals untersucht, sondern auch versucht, Zusammenhänge zwischen mehreren Merkmalen zu untersuchen. Ein Vergleich (gerade bei dem Vergleich von Verteilungen kategorialer Merkmale) kann natürlich nur angedeutet werden (insbesondere sind mögliche Trugschlüsse beim Vergleich ungleich großer Gruppen zu bedenken – Anteilsgrafiken können hier zumindest qualitativ die Schüler:innen befähigen, tragfähige Aussagen vorzunehmen), da der Anteilsbegriff als solcher erst in der weiterführenden

Schule eingeführt wird. Dennoch bieten diese Explorationen sehr gute Diskussions- und Weiterführungspunkte, die sich bei der Präsentation im Unterrichtsgespräch sehr gut diskutieren lassen.

8 Verteilung numerischer Variablen im Unterricht

In dieser Unterrichtssequenz wollen wir aufbauend auf dem Basismodul zum Erkunden von Verteilungen kategorialer Variablen zeigen, wie Grundschüler:innen an das Lesen und Interpretieren von Darstellungen von Verteilungen numerischer Merkmale sowie an den Vergleich von numerischen Verteilungen herangeführt werden können. Dazu lernen die Kinder, dass man sich bei der Beschreibung von Verteilungen und insbesondere beim Vergleich von Verteilungen nicht auf einzelne Daten, sondern auf typische Bereiche wie die Mitte (Median) oder die mittlere Hälfte (Hut/Box) in den Daten konzentrieren sollte. Auch hier kann es zunächst sinnvoll sein, mit Datenkarten zu arbeiten – zum einen, um Daten zu sammeln, zum anderen, um Daten zu strukturieren und die Verteilung eines numerischen Merkmals darzustellen oder einen Verteilungsvergleich bei Teilgruppen der untersuchten Fälle durchführen.[6] Wir halten unsere Ausführungen in diesem Kapitel etwas kürzer, da die Einführung in die Verteilung numerischer Variablen analog mit den gleichen Aktivitäten wie bei der Thematisierung der Verteilung kategorialer Variablen erfolgen kann (Lebendige Statistik, Datenexploration mit Datenkarten).

Übersicht über den Inhalt

Die Forscher:innenfrage „Wie lange benötigen die Kinder unserer Klasse für den Schulweg in Minuten?" kann als Einstieg gemeinsam mit den Schüler:innen mit Datenkarten untersucht werden. Die Verteilungen numerischer Daten können mit Wertebalkendiagrammen, mit gestapelten Punktdiagrammen und mit Histogrammen dargestellt werden (siehe Teil 1 des Buches). Wir fokussieren jetzt auf die Punktdiagramme, um eine ganzheitliche Sicht auf Verteilungen zu fördern und damit den Vergleich von Verteilungen anzubahnen. Wenn eine Lehrkraft auch die anderen Darstellungen unterrichten möchte, ist das selbstständig auf Basis des ersten Teils möglich.

6 Wir gehen im Folgenden davon aus, dass der / die Leser:in sich bereits mit den Inhalten des fachlichen Teils sowie des unterrichtspraktischen Teils zur Exploration kategorialer Variablen auseinandergesetzt hat – daher werden wir auf einige Aspekte hier nur verkürzt eingehen. Die Behandlung der Verteilung kategorialer Variablen im Unterricht muss jedoch nicht zwingend vorher thematisiert worden sein. Sie wäre allerdings für die Entwicklung einer frühen Datenkompetenz von Vorteil, da die Exploration von Verteilungen numerischer Merkmale gut darauf aufbauen kann.

	Std.	Thema	Inhalt	Dauer	Material/Medien
Basis	1 – 2	Lebendige Statistik und Einführung in die Exploration numerischer Daten mit Datenkarten: Wir erheben Daten zur Schulwegdauer in unserer Klasse und stellen Daten unserer Klasse dar.	Lebendige Statistik im Kontext numerischer Variablen sowie Einführung in Datenexploration mit Datenkarten im Kontext numerischer Variablen	90 Min.	Datenkarten TinkerPlots / CODAP
	3 – 7	Exploration numerischer Daten in umfangreichen Datensätzen	Einführung von Median, zentraler Häufungsbereich und Hut-/Boxplots	225 Min.	Datenkarten TinkerPlots / CODAP
Aufbau	8 – 9	Gestapelte Punktdiagramme in TinkerPlots / CODAP in umfangreichen Datensätzen explorieren	Schüler:innen explorieren umfangreichen Datensatz mittels TinkerPlots/CODAP und vergleichen Verteilungen mit zentralen Häufungsbereichen, Mediane, Hüte	90 Min.	TinkerPlots / CODAP am Lehrer:innen-PC Beamer (evtl. falls vorhanden interaktives Whiteboard) TinkerPlots / CODAP auf Schüler:innen-PCs
Spürnase	10 – 13	Wir nutzen die Software TinkerPlots/ CODAP, um größere Datensätze zu untersuchen (Spürnasen- Projektarbeit).	Datenanalyse mit der Software TinkerPlots/CODAP	180 Min.	TinkerPlots / CODAP an Lehrer:innen-PC Beamer (evtl. falls vorhanden interaktives Whiteboard) TinkerPlots / CODAP auf Schüler:innen-PCs Vorlage für Datenanalyse-Plakat/Poster

Tabelle 31: Übersicht über die Unterrichtsstunden

Optional kann auch der Transformationsprozess, der von den Wertebalkendiagrammen ausgeht (bis zu den gestapelten Punktdiagrammen – siehe dazu unsere ausführlichen Erläuterungen im ersten Teil dieses Buches), thematisiert werden.

8.1 Die Unterrichtssequenz im Überblick

Tabelle 31 gibt einen Überblick über die einzelnen Unterrichtsstunden der Unterrichtssequenz, welche in gewohnter Weise in Basis-, Aufbau- und Spürnasenmodul aufgeteilt ist.

8.2 Unterrichtsstunden 1 bis 2: Lebendige Statistik mit Datenkarten

8.2.1 Darum geht es in diesen Stunden

In der Einführung erarbeitet die Lehrkraft mit den Kindern eine erste Möglichkeit, die Verteilung eines numerischen Merkmals darzustellen. Dies geschieht mit dem selbst erhobenen Merkmal *Minuten_zur_Schule* (im Datensatz D#10 und D#11). Dazu nutzt die Lehrkraft nach der Generierung einer entsprechenden Forscher:innenfrage und der Datenerhebung die Methode der Lebendigen Statistik, die den Kindern bereits aus dem Kontext der Exploration kategorialer Variablen mit Datenkarten bekannt ist. Anschließend nutzen die Schüler:innen Datenkarten, um weitere Explorationen und Zusammenhänge zwischen mehreren Merkmalen im Kontext der Verteilung numerischer Variablen vorzunehmen. Schließlich lernen die Kinder Möglichkeiten kennen, Verteilungen von numerischen Variablen zu beschreiben und zu vergleichen.

8.2.2 Möglicher Ablaufplan der Unterrichtsstunden 1 bis 2

Tabelle 32 gibt einen Überblick über einen möglichen Ablauf der Unterrichtsstunden 1–2. Die Lehrkraft schlägt den Schüler:innen vor, das Thema Schulweg zu untersuchen. Als vorbereitende Hausaufgabe für die erste Unterrichtsstunde sollen die Kinder eine Erhebung durchführen und die Ergebnisse auf Post-Its notieren, die dann als Datenkarten eingesetzt werden können. Vor der Datenerhebung muss die Bedeutung der einzelnen Merkmale sowie mögliche Ausprägungen, die die Merkmale annehmen können, gemeinsam mit den Schüler:innen festgelegt werden (siehe Teil 1 dieses Buches). Dabei sollen die folgenden Merkmale erhoben und notiert werden:

Phase	Zeit	Inhalt	Material/Medien
1	10 Min.	Forscher:innenfragen generieren	-
2	20 Min.	Eine erste Darstellung für die Verteilung numerischer Merkmale entwickeln – Lebendige Statistik	Datenkarten
3	20 Min.	Datenanalyse mit Datenkarten: Verteilung eines numerischen Merkmals	Datenkarten
4	40 Min.	Explorieren von Zusammenhängen zwischen zwei Merkmalen: Datenanalyse mit Datenkarten oder mit Software	Datenkarten, TinkerPlots / CODAP

Tabelle 32: Übersicht über einen möglichen Ablauf der Unterrichtsstunden 1 bis 2

- *Name:* ...
- *Minuten_zur_Schule:* wie lange sie morgens am Tag der Unterrichtsstunde 1 für den Schulweg (in Minuten) benötigt haben
- *Von_Eltern_gebracht:* ja / nein
- *Geschlecht:* J, M
- *Wie_zur_Schule:* das hauptsächliche Fortbewegungsmittel zur Schule (zu Fuß, Fahrrad, Auto, Bus, Bahn).

In Kapitel 5 des ersten Teils dieses Buches haben wir systematisch die Möglichkeiten des Verteilungsvergleichs diskutiert, wenn alle statistischen Begriffe und Darstellungen zur Verfügung stehen. Diese Systematik und Vollständigkeit ist nicht das Ziel von Phase 4. Bei kleineren Datensätzen können Unterschiede informell festgestellt und diskutiert werden. Dazu werden Möglichkeiten aufgezeigt. Damit kann man früh das Interesse der Schüler:innen an solchen Vergleichsfragen aufgreifen. Später können Verteilungsvergleiche verfeinert werden. Die Anwendung statistischer Begriffe ist besonders bei größeren Datensätzen wichtig.

8.2.3 Unterrichtsleitfaden

Zu Beginn und als Einstieg werden im Unterrichtsgespräch (ähnlich wie beim Einstieg zur Exploration der Verteilung kategorialer Variablen) Fragen entwickelt, die mit den Daten der Klasse untersucht werden sollen. Die erhobenen Merkmale finden sich auch im Datensatz *Grundschüler_innen_NRW* (D#4 – D#6) wieder (um später bei der computergestützten Datenanalyse Anknüpfungsmöglichkeiten zu haben). Die erhobenen Merkmale hängen miteinander zusammen, sodass sich damit interessante Beziehungsfragen aufwerfen lassen, wie z. B. das Merkmal *Minuten_zur_Schule* vom Fortbewegungsmittel abhängt. Wir benutzen in unserer Darstellung dieser ersten beiden Unterrichtstunden als Beispiel den Datensatz D#10 oder D#11, der eine Stichprobe vom Datensatz *Grundschüler_innen_NRW darstellt,* nämlich die Klasse 4 der Leonhard-Euler-Grundschule (Name anonymisiert). Im Unterricht sollen dazu natürlich die selbst erhobenen Daten verwendet werden. Wenn man zur Einführung andere Merkmale verwenden will, so muss man darauf achten, dass man ein solches Set auswählt, das sich auch eignet, um Beziehungen zwischen den Merkmalen thematisieren zu können.

Phase 1: Forscher:innenfragen generieren
Folgende Fragen könnten im Unterrichtsgespräch entstehen oder durch die Lehrkraft angeregt werden (die dann später mit Datenkarten untersucht werden könnten):

- Hängt die Schulwegzeit davon ab, ob die Kinder von den Eltern gebracht werden? Vermutung: Die Kinder, die von ihren Eltern zur Schule begleitet werden, sind eher schneller dort, da sie vermutlich mit dem Auto gebracht werden.
- Wie hängt die Schulwegzeit davon ab, mit welchem Fortbewegungsmittel man zur Schule kommt? Vermutung: Zu Fuß dauert es am längsten.
- Gibt es bei der Schulwegzeit Unterschiede zwischen Jungen und Mädchen?

Phase 2: Eine erste Darstellung für die Verteilung numerischer Merkmale entwickeln – Lebendige Statistik
Die Schüler:innen haben bereits die Darstellung zu Verteilungen kategorialer Merkmale kennengelernt – und in diesem Kontext auch die Realisierung der Datenoperationen wie Trennen und Stapeln bei der Datenanalyse mit Lebendiger Statistik sowie mit Datenkarten erfahren. Es ist also naheliegend, die Kinder Ideen zur Darstellung numerischer Daten sammeln zu lassen. Das könnte die folgende Herangehensweise nach sich ziehen: Im Sinne der Lebendigen Statistik stellen sich alle Kinder der Dauer des Schulweges geordnet nebeneinander auf. Bei gleich langen Schulwegen einigt man sich, dass man hintereinandersteht. Man könnte dann eine Darstellung wie die folgende erstellen (siehe Abbildung 123), die völlig analog zu der für die kategorialen Merkmale ist.

Um das Diagramm weiter besprechen zu können, sollte es an die Tafel gezeichnet werden. Nach unserer Erfahrung sind Schüler:innen zunächst meistens mit dieser Darstellung zufrieden. Die Lehrkraft sollte dann bewusst machen, dass das Neue an diesem Merkmal darin besteht, dass die Werte Zahlen sind (der Begriff numerisches Merkmal kann eingeführt werden). Man kann den Schüler:innen bewusstmachen, dass man die Lücken zwischen den Werten nicht sieht und die Abstände zwischen den Zahlen unterschiedlich sind.

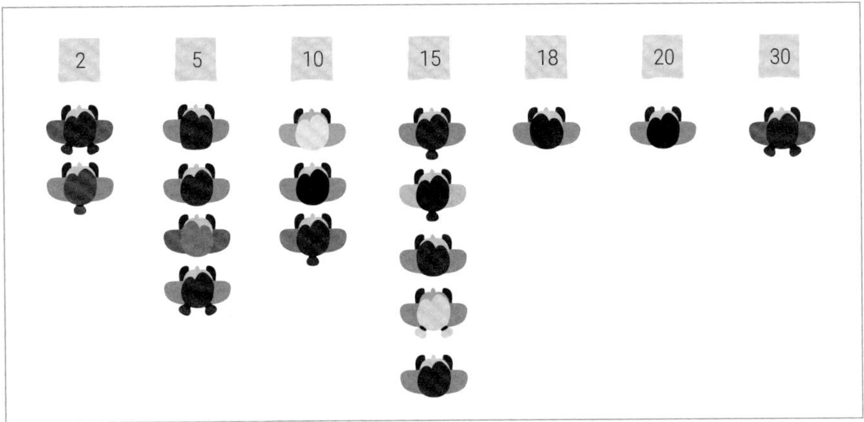

Abbildung 123: Verteilung des Merkmals *Minuten_zur_Schule*, dargestellt in der Lebendigen Statistik, Datensatz D#10 und D#11

Dann gibt die Lehrkraft den Zahlenstrahl als Idee rein. Für jeden gesammelten Wert wird über die jeweilige Zahl auf dem Strahl ein Kreuz oder ein anderes Symbol gezeichnet. Falls schon ein Kreuz oder mehrere bei dieser Zahl gezeichnet sind, wird das neue Kreuz darüber gesetzt, sodass ein Stapel entsteht. Man kann einen Zahlenstrahl zunächst auf dem Boden markieren und die Schüler:innen sich entlang der Zahlen aufstellen lassen. Das Diagramm kann auch an die Tafel übertragen werden („gestapeltes Punktdiagramm", siehe Abbildung 124) und Gemeinsamkeiten und Unterschiede zum Diagramm in Abbildung 123 werden diskutierbar. Gestapelte Punktdiagramme

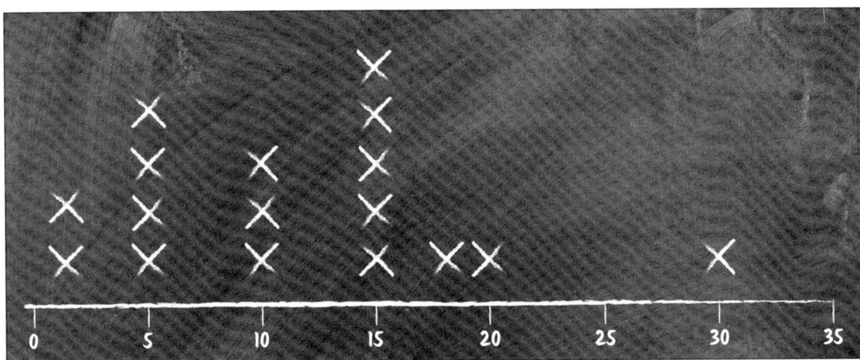

Abbildung 124: Verteilung der Klasse 4 der Leonhard-Euler-Grundschule zum Merkmal *Minuten_zur_Schule* auf dem Zahlenstrahl angeordnet, Datensatz D#10 und D#11

müssen die Schüler:innen lesen lernen. Es bietet sich an, dass die Lehrkraft im Unterrichtsgespräch mit den Kindern die folgenden Impulsfragen einbringt. Wir haben die Fragen nach Typen zusammengefasst; unsere Überschriften müssen so im Unterricht nicht genutzt werden.

Einfaches Ablesen und Abzählen
- Was bedeutet ein Punkt in diesem Diagramm?
- Gibt es Kinder, die 25 Minuten zur Schule benötigen?

Häufigkeiten an Stellen oder in Bereichen auszählen
- Wie viele Kinder benötigen 5 Minuten für ihren Schulweg?
- Wie viele Kinder benötigen 15 Minuten oder mehr (6 Minuten oder weniger) für ihren Schulweg? Wie viele Kinder brauchen mindestens 10 und höchstens 20 Minuten?

Modalwert und Wertebereich, Spannweite
- Welche Schulwegdauer kommt am häufigsten vor?
- Wie lange dauert der schnellste Schulweg, wie lange der längste? Wie groß ist der Unterschied?

Prüfen, ob Schlussfolgerungen aus dem Diagramm stimmen
- Tino behauptet: Die meisten Kinder brauchen weniger als 10 Minuten für ihren Schulweg. Schau dir das Diagramm an – hat Tino recht?

Die Ergebnisse zu den Fragen können an der Tafel notiert werden.

Phase 3: Datenanalyse mit Datenkarten: Verteilung eines numerischen Merkmals

In Phase 3 können die Kinder nun wieder die Datenoperationen Trennen und Stapeln, die sie bereits im Rahmen der Lebendigen Statistik kennengelernt haben, auch mit Datenkarten realisieren. Die Datenkarten repräsentieren dabei die Merkmalsträger:innen. Die Schüler:innen nutzen ihre Klebezettel, auf die sie ihre jeweiligen Ausprägungen zu den Merkmalen *von_Eltern_gebracht (ja/nein), Wie_zur_Schule, Minuten_zur_Schule* notiert haben. Analog zur Anwendung der Datenoperationen „Trennen“ und „Stapeln“ bei der Untersuchung der Verteilungen kategorialer Merkmale können die Kinder dann auch Verteilungen numerischer Variablen mittels Datenkarten darstellen. Die Lehrkraft gibt dabei – wie oben schon ausgeführt – den Zahlenstrahl an der Tafel vor, die Schüler:innen können dann

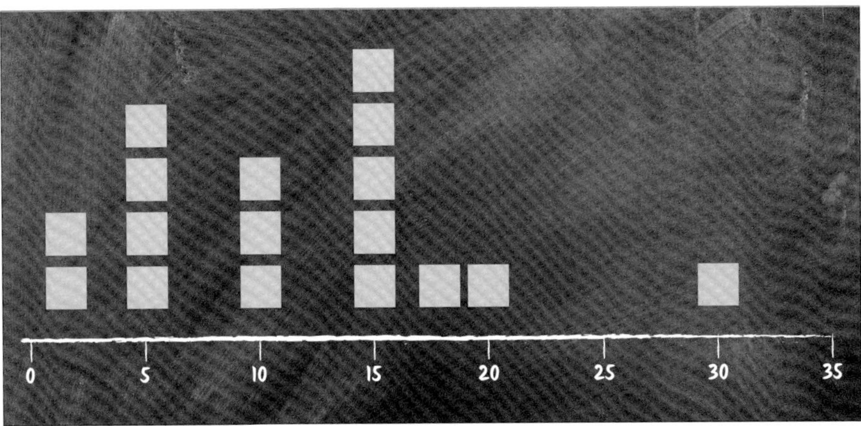

Abbildung 125: Datenkarten der Klasse 4 der Leonhard-Euler-Grundschule zum Merkmal *Minuten_zur_Schule* auf dem Zahlenstrahl angeordnet, Datensatz D#10 und D#11

ihre Datenkarte an die entsprechende Stelle auf dem Zahlenstrahl kleben[7] (siehe auch Abbildung 125).

Phase 4: Explorieren von Zusammenhängen zwischen zwei Merkmalen: Datenanalyse mit Datenkarten oder mit Software

In Phase 4 können nun die geplanten Analysen fortgesetzt werden, insbesondere die Untersuchung der Schulwegzeit in Abhängigkeit von anderen Merkmalen, von denen wir einige mögliche bereits weiter oben formuliert hatten. Die Lehrkraft kann nun die Eigenschaft der Datenkarten, dass dort vielfältige Merkmale notiert sind, nutzen, um einen Verteilungsvergleich zum Merkmal *Minuten_zur_Schule* durchzuführen. Wir zeigen im Folgenden exemplarisch einige Zusammenhänge zwischen zwei Merkmalen auf, die im Unterrichtsgespräch oder in Partnerarbeit exploriert werden können.

Zusammenhang zwischen den Merkmalen Minuten_zur_Schule und Von_Eltern_gebracht

Durch Umsortierung kann untersucht werden, ob es einen Unterschied in der Schulwegdauer gibt, ob die Kinder von den Eltern zur Schule gebracht werden oder nicht (Abbildung 126). Durch ein Trennen der Datenkarten in

7 Ein alternativer Einstieg (der unserer Erfahrung nach aber auch zeitaufwendiger ist) kann über Wertebalkendiagramme realisiert werden. Mit Wertebalkendiagrammen als Ausgangspunkt können (u. a. durch Unterstützung digitaler Werkzeuge) auch gestapelte Punktdiagramme als Repräsentationsform für die Verteilung numerischer Merkmale verständnisorientiert hergeleitet werden – siehe dazu auch unsere ausführlichen Ausführungen im ersten Teil dieses Buches.

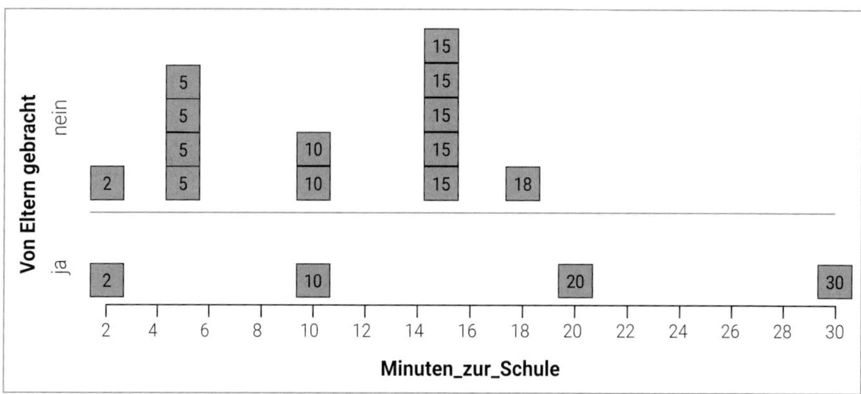

Abbildung 126: Datenkartendiagramm zur Verteilung des Merkmals *Minuten_zur_Schule* nach *Von_Eltern_gebracht* getrennt, Datensatz D#10 und D#11

vertikaler Richtung nach dem Merkmal, ob die Kinder von den Eltern zur Schule gebracht werden oder nicht, kann dann das Datenkartendiagramm in Abbildung 126 entstehen. Diese und alle folgenden Grafiken, die man mit Datenkarten herstellt, könnte man auch sehr leicht mit TinkerPlots oder CODAP realisieren – z. B. als Präsentationsmedium am Whiteboard, das die Lehrkraft bedient – oder auch von einzelnen Schüler:innen. Diese didaktische und unterrichtsmethodische Entscheidung überlassen wir der Lehrkraft.

Anhand des erstellten Diagramms in Abbildung 126 sollte die Lehrkraft nun gemeinsam mit den Kindern diskutieren, was man alles in diesem Diagramm erkennen kann. Erst einmal kann man mit Blick auf die Datenkarten sagen, dass die drei der vier Kinder, die mit dem Auto gebracht werden, einen Schulweg haben, der 10 Minuten oder länger ist und, dass es ja plausibel sein kann, dass man bei einem Schulweg, für den man schon mit dem Auto 10 Minuten oder mehr benötigt, wohl kaum zu Fuß gehen kann. Man kann auch fragen, was der Grund bei dem Kind mit 2 Minuten ist, warum es trotz des anscheinend kurzen Schulwegs mit dem Auto gebracht wird.

Schulwegzeit und Unterschiede zwischen Jungen und Mädchen

Weiterhin kann untersucht werden, ob es einen Unterschied zwischen den Jungen und den Mädchen in ihrer Schulwegdauer gibt (Abbildung 127). Das Datenkartendiagramm kann dann auf gewohnte Weise erstellt werden.

Ein interessanter Unterschied, der auf den ersten Blick sichtbar wird und für weitere Diskussionsanlässe in der Klasse sorgen kann, ist, dass die Jungen „eher" länger zur Schule benötigen als die Mädchen. Diese Aussage kann mit mehreren Eigenschaften der Daten begründet werden z. B.:

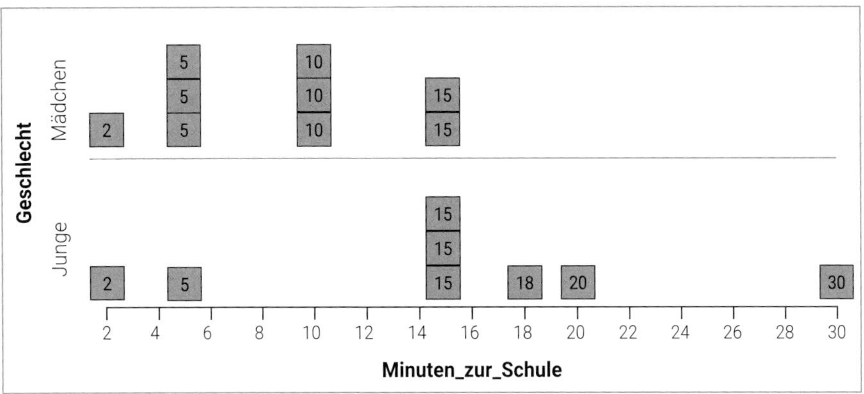

Abbildung 127: Datenkartendiagramm zur Verteilung des Merkmals *Minuten_zur_Schule* nach Geschlecht getrennt, Datensatz D#10 und D#11

- Die drei Kinder mit dem längsten Schulweg (18, 20, 30 Minuten) sind Jungen;
- Bis zu 10 Minuten brauchen 7 Mädchen, aber nur 2 Jungen.

Zu einem späteren Zeitpunkt kann der größere Datensatz *Grundschüler_innen_NRW* (D#4–D#5) mit den gleichen Fragestellungen softwaregestützt untersucht werden, wobei dann auf andere Darstellungsmittel wie Mediane, Hut- oder Boxplots zurückgegriffen werden muss. Bei kleineren Datensätzen sind diese Instrumente nicht unbedingt erforderlich, wie das Beispiel zeigt.

Zusammenhang zwischen Schulwegzeit und Fortbewegungsmittel

Bei der Untersuchung des Zusammenhangs zwischen den Merkmalen, die die Schulwegzeit und das Fortbewegungsmittel betreffen, könnten zunächst Vermutungen diskutiert werden – zum Beispiel: Wer mit dem Bus kommt, wohnt weiter weg und braucht trotz Bus länger. Es wird auch einzelne Schüler:innen geben, die zu Fuß auch länger benötigen; sie wohnen auch weiter weg, aber ein Bus lohnt sich nicht oder fährt nicht. Dann können die Datenkarten neu angeordnet werden (Abbildung 128). Man kann die Vermutungen überprüfen und wenn es um die eigene Klasse geht, die Daten zum Anlass nehmen, zu erfragen, warum die Kinder ihr Fortbewegungsmittel nehmen oder ob sie auch schon Alternativen erwogen haben. Die Schüler:innen können auch noch mehr darüber erzählen, warum sie wie zur Schule kommen. Hinter jedem Punkt kann der/die zugehörige Schüler:in identifiziert werden: Bei Datenkarten kann man das auf der Karte sehen. In den digitalen Werkzeugen könnte man den Namen abrufen, indem man auf den Punkt klickt, sodass die zugehörige Datenkarte bzw. Tabellenzeile eingeblendet wird. Auch diese

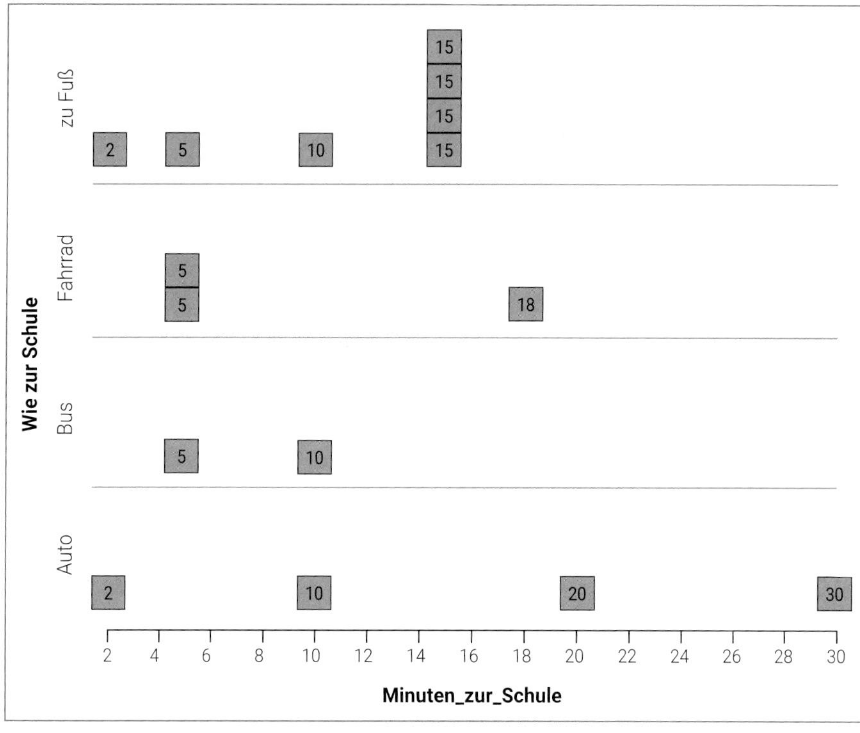

Abbildung 128: Datenkartendiagramm zur Verteilung des Merkmals *Minuten_zur_Schule* nach dem Merkmal *Wie_zur_Schule* (Fortbewegungsmittel) getrennt, Datensatz D#10 und D#11

Fragestellung kann man für den größeren Datensatz zu einem späteren Zeitpunkt wieder aufgreifen.

In der Abbildung 129 haben wir die Mädchen und Jungen durch unterschiedliche Graustufen markiert. Das kann man leicht mit unseren digitalen Werkzeugen machen. Wenn man mit Datenkarten arbeitet, müsste man die Karten zusätzlich mit Punkten aus zwei Farben bekleben. Man kann schön erkennen, dass die zwei Kinder, die den längsten Schulweg haben, mit dem Auto gebracht werden (und Jungen sind), die Spanne bei den Kindern zu Fuß beträgt 2–15 Minuten. Hier kann man dann diskutieren, was man alles sieht, z. B. dass in der „zu Fuß"-Gruppe 5 Mädchen, aber nur 2 Jungen sind.

Wie oben bereits angesprochen, können in einer realen Klasse mit ihren eigenen Daten die Schüler:innen auch mehr darüber erzählen, warum sie wie zur Schule kommen. Hinter jedem Punkt kann der / die zugehörige Schüler:in identifiziert werden: Bei Datenkarten kann man das auf der Karte sehen. In

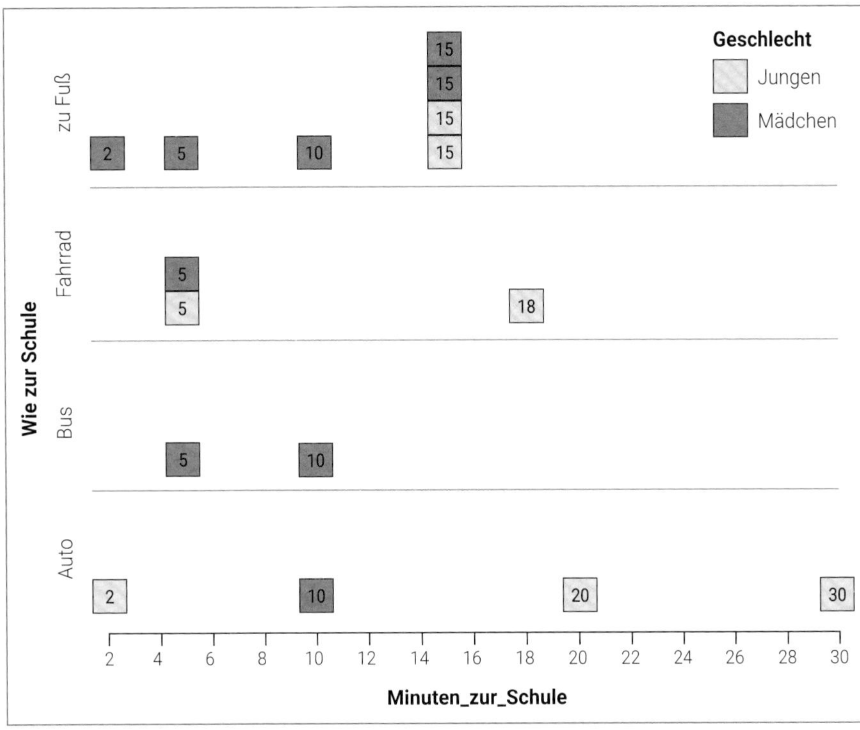

Abbildung 129: Datenkartendiagramm zur Verteilung des Merkmals *Minuten_zur_Schule* nach dem Merkmal *Wie_zur_Schule* (Fortbewegungsmittel), getrennt und nach dem Merkmal *Geschlecht* eingefärbt, Datensatz D#10 und D#11

den digitalen Werkzeugen könnte man sich ein Wertebalkendiagramm anzeigen lassen oder den Namen abrufen, indem man auf den Punkt klickt, sodass die zugehörige Datenkarte bzw. Tabellenzeile eingeblendet wird.

8.3 Unterrichtsstunden 3 bis 7: Exploration numerischer Daten in umfangreichen Datensätzen

8.3.1 Darum geht es in diesen Stunden

In den Unterrichtsstunden 3 bis 7 werden die Erstellung von gestapelten Punktdiagrammen und der Vergleich von Verteilungen in großen Datensätzen unterrichtet. Anhand der Exploration numerischer Merkmale in umfangreichen Daten erfahren die Schüler:innen ähnliche Explorationen wie in den vorherigen

Unterrichtsstunden. Bei umfangreichen Datensätzen ist es jedoch notwendig, weitere Begriffe zur Beschreibung von Verteilungen einzuführen, mit denen auch Unterschiede und Gemeinsamkeiten beim Vergleich von Verteilungen ausgedrückt werden können. Bei der Einführung von Begriffen, wie z. B. dem Median, ist es wiederum sinnvoll, zunächst mit kleineren Datensätzen zu arbeiten.

Zu Beginn kann der Median als weiteres Charakteristikum und damit als Kennzahl einer Verteilung numerischer Variablen eingeführt werden. Im Gegensatz zu der mittleren Hälfte stellt der Median eine konkrete Kennzahl dar, die den Wert in der Mitte einer geordneten Datenreihe angibt. Wir empfehlen, dafür mindestens eine Unterrichtsstunde einzuplanen. Dabei kann in dieser Unterrichtsstunde der Median entlang der folgenden drei Phasen erfahrbar gemacht werden.

- Phase 1: Lebendige Statistik
- Phase 2: Datenkarten
- Phase 3: Median mit digitalen Werkzeugen bestimmen

Weiterführend können dann die Phasen 4 und 5 anschließen:

- Phase 4: Anbahnen erster Verteilungsvergleiche mit Punktdiagrammen und Median mit TinkerPlots / CODAP
- Phase 5: Einführung des Begriffs der mittleren Hälfte, des Hutplots (oder Boxplots); Verteilungsvergleiche in umfangreichen Datensätzen unter Nutzung Median und Hut- / Boxplot mit TinkerPlots / CODAP

Durch die Verteilungsvergleiche und das Arbeiten in umfangreichen Datensätzen lernen die Schüler:innen den Median sowie Hut- und Boxplots als nützliche Instrumente zum Verteilungsvergleich kennen, um Verteilungsvergleiche in umfangreichen Datensätzen realisieren zu können. Als Beispieldatensatz wird im Folgenden der Datensatz der Klasse 4 der Emmy Noether-Grundschule (Datensatz D#7 für TinkerPlots und D#8 für CODAP) verwendet.

8.3.2 Möglicher Ablaufplan der Unterrichtsstunden 3 bis 7

Tabelle 33 zeigt einen möglichen Ablaufplan über den Ablauf der Unterrichtsstunden 3 – 7.

8.3.3 Unterrichtsleitfaden

Phase 1: Den Median anhand von Lebendiger Statistik erfahrbar machen
Die Lehrkraft versammelt die Kinder zu Beginn der Stunde im Sitzkreis. Das Motiv ist, einen „mittleren“ Wert in der Verteilung zu ermitteln, um den herum sich die anderen Werte verteilen. Diesen Wert kann man besonders gut

Phase	Zeit	Inhalt	Material/Medien
1	25 Min.	den Median durch Lebendige Statistik erfahrbar machen	–
2	20 Min.	den Median in einem Datenkartendiagramm bestimmen	Datenkarten
3	20 Min.	Exploration von numerischen Daten in TinkerPlots / CODAP: den Median mit digitalen Werkzeugen bestimmen	Datenkarten, TinkerPlots / CODAP
4	25 Min.	Anbahnen erster Verteilungsvergleiche mit Punktdiagrammen und Median	TinkerPlots / CODAP
5a	45 Min.	Einführung der mittleren Hälfte und des Hut- und / oder Boxplots	TinkerPlots / CODAP
5b	15 Min.	Verteilungen mittels Hutplot / Boxplot beschreiben	TinkerPlots / CODAP
5c	30 Min.	erster Vergleich von Verteilungen mittels Hut- oder Boxplot	TinkerPlots / CODAP
optionale Erweite-rungen von 5c	10 – 55 Min.	weiterführende Verteilungsvergleiche	TinkerPlots / CODAP

Tabelle 33: Übersicht über einen möglichen Ablauf der Unterrichtsstunden 3 bis 7

für die Körpergröße der Kinder ermitteln. Als Einstieg sollen sich die Kinder vor der Tafel der Körpergröße nach geordnet aufstellen. Es bietet sich an, zunächst eine Teilgruppe von Kindern mit einer ungeraden Anzahl auszuwählen; die restlichen Kinder bekommen einen Beobachtungsauftrag bzw. helfen mit dem Zählen.

Aufgabe ist es jetzt, das Kind zu identifizieren, das in der Mitte steht.

Um den mittleren Wert zu bestimmten, zählen die Kinder von links und rechts gleichzeitig 1, 2, 3 ... bis ein Kind in der Mitte übrigbleibt dessen Körpergröße wird als der Median oder Zentralwert (der Teilgruppe) bezeichnet. Das Kind in der Mitte bekommt von der Lehrkraft einen Zettel mit der Aufschrift „Der Median ist nn“. Darauf wird die Körpergröße dieses Kindes notiert, die ggf. nachgemessen wird, wenn sie dem Kind nicht bekannt ist. Es kann vorkommen, dass auch noch andere Kinder dieselbe Körpergröße haben. Bei etwas anderer Aufstellung wäre ein anderes Kind der Träger des Medians gewesen, der Wert des Medians wäre aber derselbe gewesen. Nun bittet die Lehrkraft ein Kind von den restlichen Kindern dazu, sich an die passende Position in der Reihe einzuordnen. Die Anzahl der Daten bzw. Kinder in der Reihe ist nun gerade.

Aufgabe ist es jetzt, wieder das Kind zu identifizieren, das in der Mitte steht. Es wird wieder von rechts und links gezählt. Es bleibt aber kein Kind übrig. Man muss sich nun auf Folgendes einigen. Man nimmt die beiden Kinder, die zuletzt gezählt wurden und einigt sich darauf, dass man als Wert des Medians die Körpergröße nimmt, die genau zwischen den beiden Körpergrößen dieser beiden Kinder liegt. Das Schild mit dem Median und der berechneten Zahlenangabe wird dann zwischen die beiden Kinder gelegt.

Man kann festhalten: Rechts und links vom Median stehen gleich viele Kinder: Der Median halbiert die Gruppe der Kinder. Nachdem nun das Prinzip erklärt ist, stellt sich die ganze Klasse der Größe nach auf und der Median der Körpergrößen in der gesamten Klasse wird ermittelt (man hat für beide Fälle, gerade oder ungerade Anzahl von Schüler:innen, in der Klasse vorgesorgt).

Die Lehrkraft notiert an der Tafel:

Der Median der Körpergrößen in unserer Klasse ist 140 cm.

Phase 2: Den Median in einem Datenkartendiagramm bestimmen
In einem nächsten Schritt motiviert die Lehrkraft dann die Bestimmung des Medians in einem gestapelten Punktdiagramm. Hierzu bekommen die Kinder Klebezettel und sollen ihre Körpergröße auf diese Datenkarten notieren. Gegebenenfalls muss die Lehrkraft Maßbänder bereithalten, damit die Kinder, die ihre Körpergröße nicht kennen, ihre Körpergröße messen können. Die Kinder werden dann von der Lehrkraft angewiesen, die Datenkarten der Größe nach anzuordnen (Abbildung 130). Der Median kann dann ganz einfach durch gleichzeitiges Einschachteln von rechts und links bestimmt werden, d. h. gleichzeitig einen Wert links und rechts streichen bis in der Mitte ein Wert oder kein Wert übrigbleibt, im letzteren Fall nimmt man wie bei der Lebendigen Statistik die Zahl genau dazwischen. Mit dieser Methode wird der Median, in unserem Beispiel die Schüler:in als Träger:in des Medians, er-

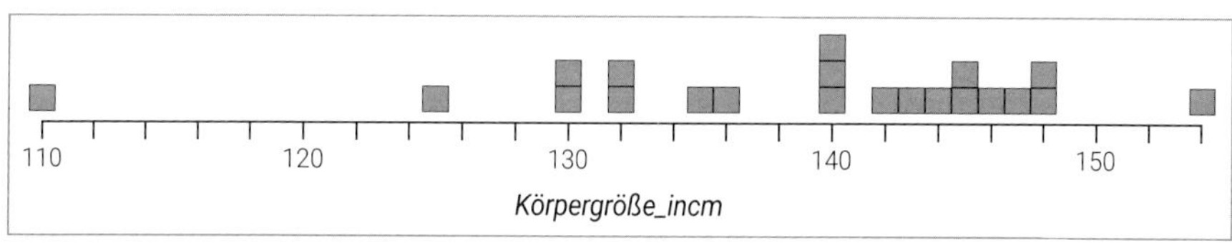

Abbildung 130: Datenkartendiagramm zur Verteilung des Merkmals *Körpergröße_incm*, Datensatz D#7 und D#8

Teilgruppe	Häufigkeit
Kinder mit einer Körpergröße kleiner als der Median	8
Kinder mit einer Körpergröße gleich dem Median	3
Kinder mit einer Körpergröße größer als der Median	10

Tabelle 34: Anzahl der Kinder, die kleiner/ gleich / größer als der Median sind

mittelt, der den Wert 140 cm hat. Da mehrere Schüler:innen die Körpergröße 140 haben, kann man nicht einfach sagen, dass genauso viele Daten kleiner wie größer als 140 sind. Es empfiehlt sich, eine Tabelle anzulegen, in der die Häufigkeiten dargestellt werden (Tabelle 34).

Die Teilgruppen „kleiner als der Median" und „größer als der Median" sind etwa gleich groß; das kann festgehalten werden. Es ist sinnvoll, im Unterricht eine Regel zur Bestimmung des Medians festzuhalten – dieses sollte die Lehrkraft an der Tafel festhalten.

Der Median eines Datensatzes wird wie folgt bestimmt!

- Man ordnet die Daten der Größe nach.
- Man zählt gleichzeitig von links und rechts in den Datensatz hinein.
  - wenn nur ein Datenwert übrigbleibt, ist der Wert der Median.
  - wenn kein Datenwert übrigbleibt, wird die Mitte zwischen den beiden Werten genommen, bei denen die Zählung gestoppt wurde.

Man kann diese Regel formulieren, ohne mit Stellennummern zu arbeiten, auch wenn wir das im fachlichen Teil gemacht haben. Die Regel im Kasten erlaubt Schüler:innen, bei allen Datensätzen prinzipiell den Median zu bestimmen. Bei größeren Stichproben wird das digitale Werkzeug zur Ermittlung genutzt. Die Schüler:innen können mit der Vorstellung arbeiten, dass „der Computer" die Daten der Größe nach sortiert und dann von beiden Seiten hineinzählt.

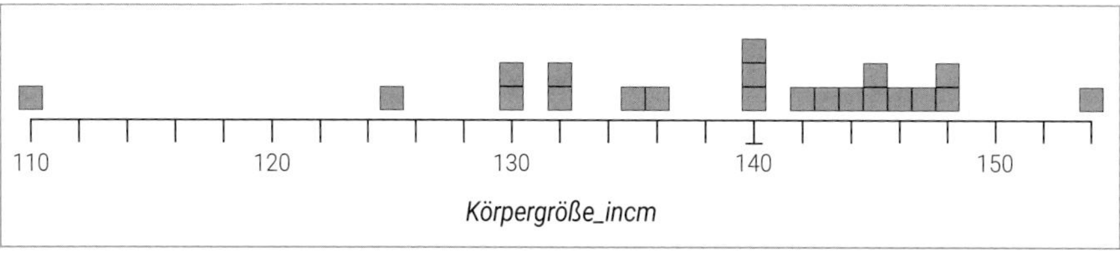

Abbildung 131: Verteilung des Merkmals *Körpergröße_incm*, Datensatz D#7 mit Median

Bei der Beschreibung der Verteilung (Abbildung 131) können die Schüler:innen nun folgende Erkenntnisse erlangen: Die Daten streuen in einem Wertebereich von 110 bis 154 cm; der Median der Körpergrößen liegt bei 140 cm. Manche Kinder könnten hier schon das Bedürfnis haben, zu artikulieren, in welchem Bereich sich die Daten „besonders stark häufen“ bzw. in welchem Bereich sich die „meisten“ der Daten bewegen. Ein solches Bedürfnis muss an dieser Stelle zurückgestellt werden, es wird später durch das Konzept der *Datenhüte* wieder aufgegriffen. Nur den Wertebereich anzugeben, der durch den einzelnen „Ausreißer“ bei 110 cm geprägt wird, kann unbefriedigend sein. Man könnte auch formulieren: Es gibt einen Ausreißer bei 110, die restlichen Daten streuen von 125 bis 154.

Phase 3: Den Median mit digitalen Werkzeugen bestimmen
Schüler:innen lernen in dieser Phase, Verteilungen eines numerischen Merkmals mit dem digitalen Werkzeug darzustellen und den Median einzuzeichnen. Dabei werden die Schüler:innen durch ein Handout angeleitet, welches die Lehrkraft zu Beginn dieser Unterrichtsphase austeilt (#M10 und #M11). Die Fragestellung, die die Lehrkraft im Unterrichtsgespräch mit den Schüler:innen untersucht, ist: „Wie ist das Merkmal *Anzahl_der_Spiele_auf_SmartphoneTablet* verteilt?“. Das entsprechende gestapelte Punktdia-

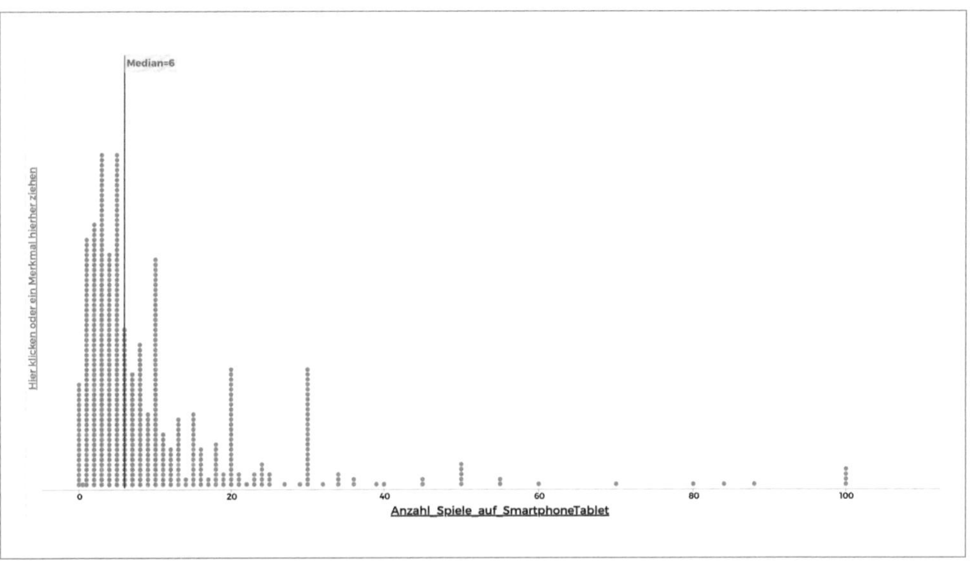

Abbildung 132: Gestapeltes Punktdiagramm zur Verteilung des Merkmals *Anzahl_Spiele_auf_SmartphoneTablet* mit eingezeichnetem Median in CODAP – Datensatz D#5

gramm in CODAP mit eingezeichnetem Median sieht dann wie in Abbildung 132 aus.

Ähnlich wie bei der Erstellung von Säulendiagrammen, empfehlen wird den Schüler:innen als Handreichung für die Erstellung von gestapelten Punktdiagrammen mit TinkerPlots und dem Bestimmen des Medians ein Handout (M#10) und folgende Schrittfolge zu geben.

1. Öffnen eines Graphen
2. Das Merkmal bei TinkerPlots in den Datenkarten auswählen, dann auf die Achse ziehen und vollständig trennen.
3. Stapeln
4. Den Median-Schalter betätigen und die Option *Werte anzeigen* auswählen.

Auch für die Erstellung von gestapelten Punktdiagrammen in CODAP und für die Bestimmung des Medians, empfehlen wir, den Schüler:innen folgende Handreichung (M#11) zu geben:

1. Öffnen eines Graphen
2. Das Merkmal bei CODAP in der Datentabelle auswählen, dann auf die Achse ziehen.
3. Im Graphmenü *Median* und *Werte anzeigen* auswählen.

Im Unterrichtsgespräch sollten dann wesentliche Interpretationen des TinkerPlots / CODAP-Diagramms vorgenommen werden – z. B. könnte die Lehrkraft mit den Schüler:innen die folgenden Erkenntnisse herausarbeiten:

1. Die Kinder, die an der Umfrage teilgenommen haben, haben zwischen 0 und 100 Spiele auf ihrem Smartphone / Tablet.
2. Der Median der Spieleanzahl liegt bei 6, das heißt: etwa die Hälfte der Kinder hat weniger als 6 Spiele und etwa die Hälfte hat mehr als 6 Spiele auf ihren Geräten. Das ist eine wichtige Information, dass die Hälfte der Kinder relativ wenig Spiele auf ihren Geräten haben. Das würde man vielleicht nicht annehmen, wenn man erfährt, dass die Werte zwischen 0 und 100 Spiele streuen.
3. Besonders häufig kommen 2 bis 5 Spiele vor. Auch kommen 10, 20 und 30 häufig vor, vermutlich wurden die Zahlen geschätzt (Vielfache von 10).

In empirischen Studien (z. B. Konold & Pollatsek 2002) hat sich gezeigt, dass Schüler:innen oftmals eine Kennzahl wie den Median nicht als charakteristisch bzw. aussagekräftig für eine Verteilung ansehen. Es wird empfohlen, auf einer weiteren Stufe dann den Vergleich von Verteilungen anzubahnen, um die Relevanz der Nutzung der Kennwerte für die Schüler:innen erfahrbar zu machen.

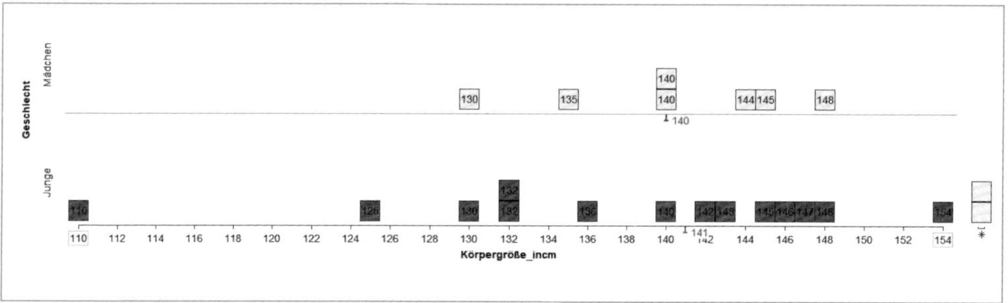

Abbildung 133: Vergleich der Verteilungen des Merkmals *Körpergröße_incm* nach dem Merkmal *Geschlecht*, mit eingezeichnetem Median. Datensatz D#7 in TinkerPlots

Phase 4: Anbahnen erster Verteilungsvergleiche mit Punktdiagrammen und Median

Im Unterricht schließt sich dann die Frage an, ob sich die Jungen oder die Mädchen in diesem Datensatz in ihrer Körpergröße unterscheiden. Hier kann die Lehrkraft entweder zunächst die Datenkarten in vertikaler Richtung nach dem Merkmal *Geschlecht* trennen oder gemeinsam mit den Kindern in TinkerPlots oder CODAP ein Datenkartendiagramm zum Vergleich (siehe Abbildung 133) erstellen. Festhalten könnte man:

- dass sich die Mediane bei Jungen (141 cm) und Mädchen (140 cm) wenig unterscheiden;
- dass der Wertebereich bei den Jungen wesentlich größer (110 cm bis 154 cm) als bei den Mädchen (130 cm bis 148 cm) ist. Selbst wenn man den „Ausreißer" bei 110 getrennt betrachtet, läge der restliche Wertebereich noch von 125 bis 154.

Es bietet sich nun an, einmal zu untersuchen, wie die Körpergrößen sich in dem umfangreichen Datensatz *Grundschüler_innen_NRW* (D#4–D#5) unterscheiden (Abbildung 134).

Dabei können dann u. a. die folgenden Ergebnisse, die man den Verteilungen in Abbildung 134 entnehmen kann, im Unterrichtsgeschehen festgehalten und diskutiert werden:

- Die Wertebereiche sind größer als bei der kleinen Stichprobe:
  Jungen 104 cm bis 164 cm, Mädchen 117 cm bis 164 cm.
- Besonders häufig wurde 130 cm, 135 cm, 140 cm in beiden Gruppen gewählt; wahrscheinlich haben die Kinder beim Schätzen gerundet.
- Die Mediane unterscheiden sich auch in dieser großen Gruppe wieder nur um 1, allerdings sind hier die Mädchen im Median um 1 cm größer.

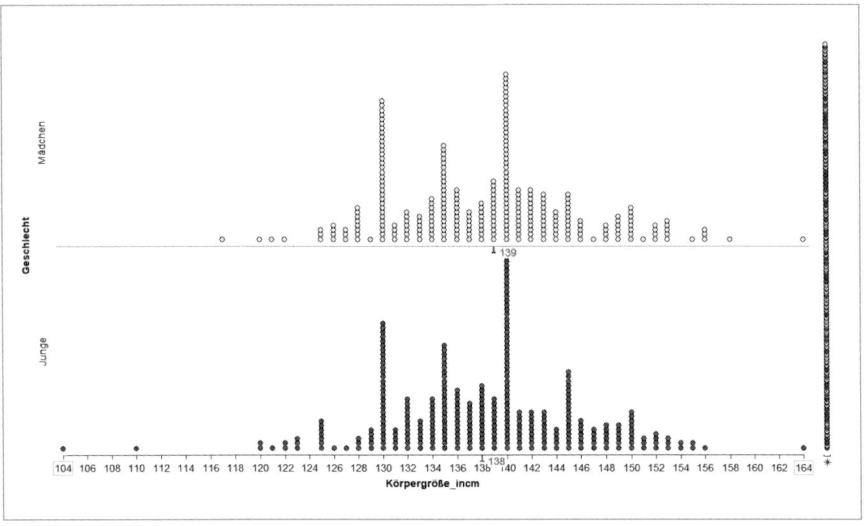

Abbildung 134: Vergleich der Verteilungen des Merkmals *Körpergröße_in_cm*, getrennt nach dem Merkmal *Geschlecht* im Datensatz D#4 in TinkerPlots

Während erwachsene Frauen im Median deutlich kleiner sind als die Männer, gibt es diese Unterschiede im Grundschulalter so noch nicht. In unserem Datensatz ist es sogar leicht anders herum: Der Median der Mädchen ist um 1 größer als der der Jungen.[8] Mit den Werkzeugen TinkerPlots oder CODAP können nun auch andere Merkmale in dem Datensatz untersucht und beispielsweise die Mediane der jeweiligen Verteilungen bestimmt werden. Abschließend zu dieser Phase 4 können die Schüler:innen weitere Verteilungsvergleiche durchführen, z. B. zur Verteilung des Merkmals *Anzahl_Spiele_auf_SmartphoneTablet,* unterschieden nach dem Merkmal *Geschlecht* (Abbildung 135).

8 Der in der größeren Gruppe festgestellte Unterschied ist im Allgemeinen viel zuverlässiger als in kleinen Gruppen. Dass Mädchen in bestimmten Altersspannen (10,5 bis 13 Jahre) im Durchschnitt oder im Median größer sind, zeigen Studien (https://www.rki.de/DE/Content/Gesundheitsmonitoring/Gesundheitsberichterstattung/GBEDownloadsB/referenzperzentile/koerperlaenge.pdf?__blob=publicationFile).

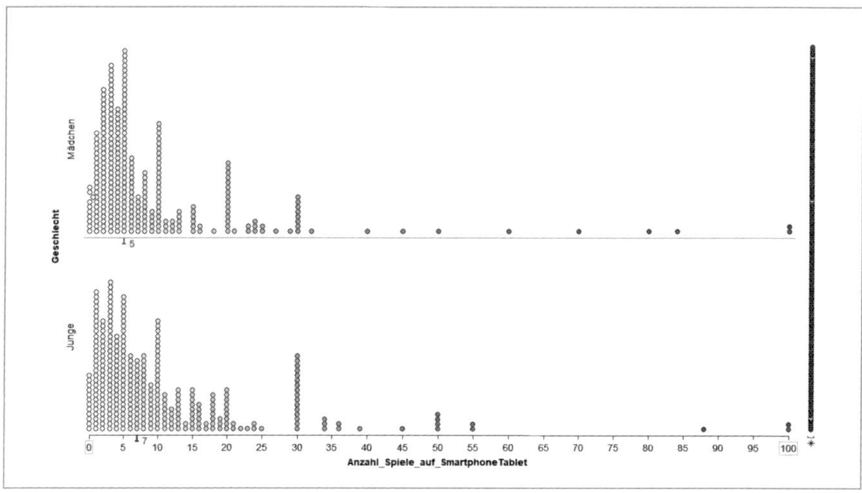

Abbildung 135: Gestapelte Punktdiagramme zur Verteilung des Merkmals *Anzahl_Spiele_auf_SmartphoneTablet* mit eingezeichnetem Median, getrennt nach dem Merkmal *Geschlecht* in TinkerPlots – Datensatz D#4

Aufbauend auf der Interpretation zur Abbildung 135 sollte die Lehrkraft gemeinsam mit den Schüler:innen Vergleichsaussagen zu den beiden Verteilungen sammeln. Mögliche Vergleichsaussagen sind:

In Bezug auf Gemeinsamkeiten
- Die beiden Verteilungen von Mädchen und Jungen sind sehr ähnlich von der Form her.
- Bei beiden Gruppen liegt der Wertebereich von 0 bis 100 Spielen.

In Bezug auf Unterschiede der Gruppen:
In welcher Gruppe sind eher mehr Spiele auf dem Smartphone?
- Die Mädchen haben im Median nur 5 Spiele auf ihrem Gerät, die Jungen aber 7.

Phase 5: Einführung des Begriffs der mittleren Hälfte, des Hutplots (oder des Boxplots) und ihre Anwendung bei Verteilungsvergleichen

Phase 5a: Einführung der mittleren Hälfte und des Hut- und/oder Boxplots
In der nächsten Phase lernen die Schüler:innen weitere Möglichkeiten kennen, die Verteilungen zu beschreiben und zu vergleichen. Über die reine Fokussierung auf eine Kennzahl wie den Median hinaus lernen die

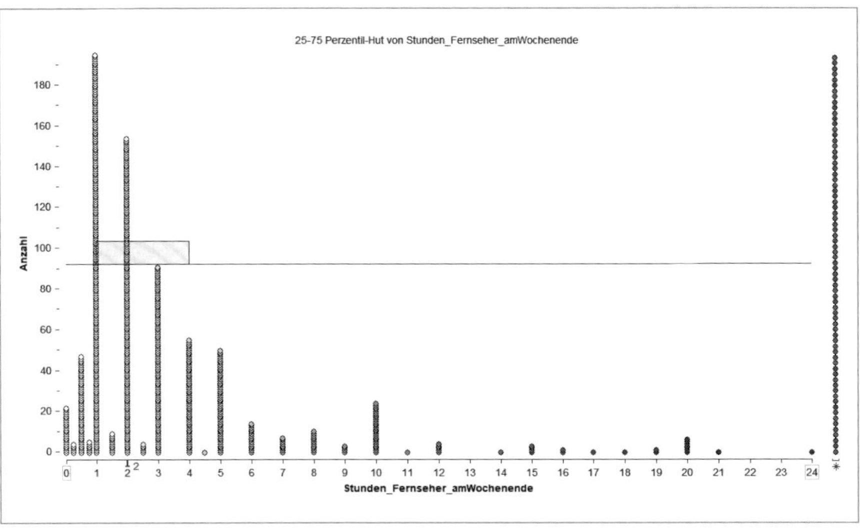

Abbildung 136: Verteilung des Merkmals *Stunden_Fernseher_amWochenende* mit Hutplot in TinkerPlots, Datensatz D#4

Schüler:innen die Möglichkeit kennen, einen Bereich einer Verteilung festzulegen, in dem sich die Daten „am stärksten häufen" bzw. in dem sich „die meisten Daten" befinden. Die Vieldeutigkeit dieser Begriffe kann die Lehrkraft als Motivation nehmen, gemeinsam mit den Schüler:innen den Begriff der mittleren Hälfte als den Bereich, in dem sich etwa die Hälfte der Daten befinden und rechts und links davon etwa gleich viele Daten liegen, also etwa ein Viertel, einzuführen (siehe die Überlegungen in Teil 1). Anschließend kann dann die Lehrkraft das zum Anlass nehmen, den Hutplot in TinkerPlots oder den Boxplot in CODAP als Darstellungsmittel einzuführen. Nach diesen Diskussionen schlägt die Lehrkraft den Hutplot (TinkerPlots) bzw. Boxplot (CODAP) als Darstellung vor, indem als neue Konzepte die mittlere Hälfte, das untere Viertel, das obere Viertel vorgeschlagen werden. Diese Bereiche sollen nicht manuell, sondern nur mithilfe der digitalen Werkzeuge ermittelt werden. Die Begriffe Viertel und Hälfte sind dabei intuitiv für die Schüler:innen zu verstehen. Die Lehrkraft demonstriert die Erstellung eines Hutplots in TinkerPlots – dieser lässt sich einfach mit dem Schalter „Hutplot" erstellen – siehe für die technische Ausführung auch unsere Erläuterungen im ersten Teil dieses Buches. Für die Schüler:innen im Unterricht kann die Lehrkraft das Arbeitsblatt M#12 (für TinkerPlots) oder M#13 (für CODAP) nutzen. In Abbildung 136 sehen wir den Hutplot zur Verteilung des Merkmals *Stunden_Fernseher_amWochenende* in TinkerPlots (zu der technischen Realisierung siehe Teil 1), ähnlich ein eingezeichneter Boxplot in CODAP. Abgrenzend von Kindern, die in der mittleren Hälfte der Verteilung liegen, sollte die Lehrkraft auch auf das untere und obere Viertel eingehen – die Kinder im unteren Viertel lassen sich beispielsweise als „Wenig“-Fernsehgucker, die Kinder im oberen Viertel als „Viel“-Fernsehgucker bezeichnen.

Phase 5b: Verteilungen mittels Hutplot/Boxplot beschreiben
Der Hutplot erlaubt eine weitere Form der Verteilungsbeschreibung, die den Schüler:innen als sprachliche Möglichkeit nahegebracht wird. Das Diagramm in Abbildung 136 kann dann durch folgende Aspekte zusätzlich beschrieben werden:

Bisherige Beschreibungsmöglichkeiten
- Die Kinder schauen zwischen 0 und 24 Stunden am Wochenende fern. Die Spannweite beträgt 24.
- Im Median schauen die Kinder 2 Stunden fern.
- Besonders große Häufigkeiten tauchen bei 1, 2 und 3 Stunden auf.

Neue Beschreibungsmöglichkeit mit Hut- und Boxplot
- Die mittlere Hälfte liegt zwischen 1 und 4; etwa die Hälfte der Kinder schaut zwischen 1 und 4 Stunden fern, etwa ein Viertel mehr und ein Viertel weniger.

Diese Ergebnisse sollten nun im Sachzusammenhang diskutiert werden – diese Diskussion sollte von der Lehrkraft angeregt werden. Zunächst kann im Unterrichtsgespräch kritisch hinterfragt werden, ob die Angabe von 24 Stunden Fernsehen am Wochenende realistisch ist. Die großen Unterschiede im Fernsehverhalten sind vermutlich überraschend und können zum Anlass genommen werden, über den Umfang eines sinnvollen Fernsehkonsums zu diskutieren. Dazu könnten auch Daten aus der eigenen Klasse erhoben und visualisiert werden, um sie mit dem großen Datensatz zu vergleichen und das eigene Fernsehverhalten kritisch zu hinterfragen. Es könnte auch gefragt werden, ob und welche Einschränkungen von den Eltern gemacht werden und wie diese zu bewerten sind.

Phase 5c: Erster Vergleich von Verteilungen mittels Hut- oder Boxplot
Ein naheliegender nächster Schritt ist dann der Vergleich der Verteilungen in den umfangreichen Datensätzen D#4 (TinkerPlots) und D#5 (CODAP). Idealerweise werden die Fragestellungen im Unterricht erarbeitet. Die Lehrkraft kann Ideen der Schüler:innen aufgreifen oder eigene einbringen und in dieser Phase selbst am Rechner umsetzen, sodass man sich auf die Interpretati-

on und Verbalisierung fokussieren kann. Als Anregung stellen wir eine Reihe von Fragestellungen mit möglichen Analyseergebnissen vor. Die Lehrkraft sollte beim Thema Verteilungsvergleich die beiden Tabellen aus Kapitel 5 im Kopf haben: die Checkliste zum Verteilungsvergleich (Tabelle 21) und die Fragestellungstabelle (Tabelle 22) und sich daran orientieren, ohne dass diese zu umfangreichen Tabellen im Unterricht explizit verwendet werden sollten.

Ist der Fernsehkonsum am Wochenende bei Jungen und Mädchen unterschiedlich? Eine mögliche CODAP-Grafik zu dieser Fragestellung sehen wir in Abbildung 137.

Man könnte festhalten

- Die Verteilungen sind sehr ähnlich, im Median von 2 unterscheiden sich Jungen und Mädchen nicht.
- Die Jungen schauen zwischen 0 und 20 Stunden Fernsehen. Das gilt im Wesentlichen auch für die Mädchen. Es gibt allerdings zwei Mädchen, die sogar 21 oder 24 Stunden schauen.
- Die mittlere Hälfte liegt bei den Mädchen von 1 bis 3 Stunden bei den Jungen zwischen 1 und 4 Stunden.
- Das obere Viertel, die „Viel"-Fernsehgucker, sehen bei den Jungen mindestens 4 Stunden, bei den Mädchen mindestens 3 Stunden fern.

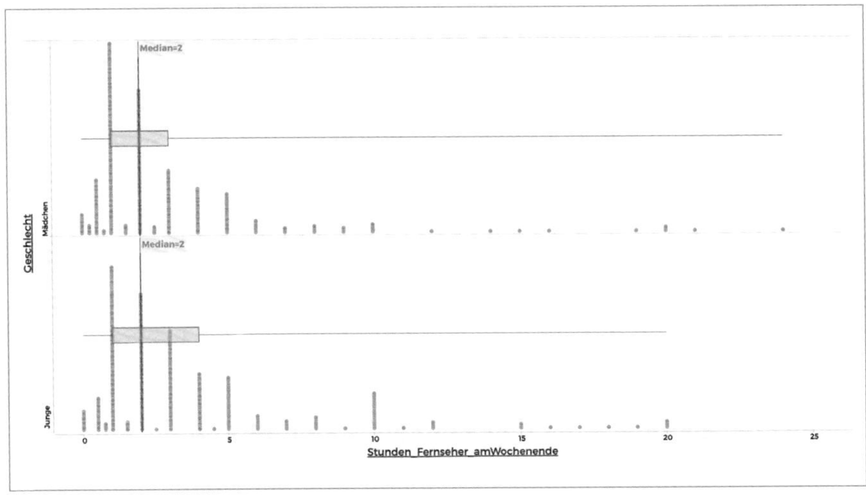

Abbildung 137: Verteilungen des Merkmals *Stunden_Fernseher_amWochenende* mit Boxplot in CODAP getrennt nach dem Merkmal *Geschlecht*, Datensatz D#5

Man könnte nach Erklärungen suchen oder festhalten, dass nicht alles, was man feststellt, leicht zu erklären ist. Man könnte z. B. mit den Schüler:innen diskutieren, welche Faktoren (weitere Merkmale) das Fernsehverhalten beeinflussen könnten – z. B.

- Einschränkungen durch die Eltern;
- Anzahl der verfügbaren Fernsehgeräte im Haushalt;
- alternative Freizeitgestaltungsmöglichkeiten, z. B. vorhandene Haustiere, vorhandene Geschwister, Anzahl von Freunden in der Nähe.

Nicht zu allen Faktoren, die sich die Schüler:innen erarbeiten, gibt es im Datensatz ein passendes Merkmal. Man müsste selber eine neue Befragung durchführen, um solche Fragen zu beantworten. Das ist auch eine wichtige Einsicht, dass ein bereits vorhandener Datensatz nicht alle Fragen beantworten kann.

Optionale Erweiterungen von 5c: Weitere Beispiele für Verteilungsvergleiche im Datensatz D#4/D#5
Wir zeigen Beispiele für weiterführende Fragestellungen und Verteilungsvergleiche zur Verfestigung und Vertiefung an, die aber auch in den Spürnasenteil (Stunden 10 bis 13) integriert werden könnten.

Fragestellung: Wie unterscheiden sich Jungen und Mädchen hinsichtlich der Anzahl der Spiele auf dem Smartphone/Tablet?
Die Schüler:innen haben vermutlich aus dem Alltag den Eindruck, dass Jungen mehr spielen als Mädchen. Schlägt sich das auch darin nieder, dass die Jungen mehr Spiele auf dem Smartphone haben? Die Lehrkraft kann in TinkerPlots oder CODAP leicht eine Verteilungsvergleichsgrafik erstellen und dann den Median einblenden bzw. den Hutplot (Abb. 138) oder entsprechend den Boxplot in CODAP (o. Abb.).

Aufbauend auf unsere Ausführungen oben, schlagen wir zusammenfassend mögliche Erkenntnisse vor, die die Lehrkraft mit den Schüler:innen im Unterrichtsgeschehen erarbeiten kann:

- Die Verteilungen sind sehr ähnlich und streuen beide von 0 bis 100 Spielen (100 war der maximale Wert, der bei der Befragung aufgetreten ist). Die Spannweite (Differenz aus dem Maximum und dem Minimum) beträgt also 100 Spiele.
- Die Jungen haben im Median 7 und die Mädchen nur 5 Spiele. Das ist zwar ein Unterschied, Jungen haben im Median 2 Spiele mehr als die Mädchen, aber kein wirklich großer.
- Die mittleren Hälften liegen bei den Jungen zwischen 3 und 13, bei den Mädchen zwischen 3 und 10. Das ist bei den Jungen auch leicht höher.

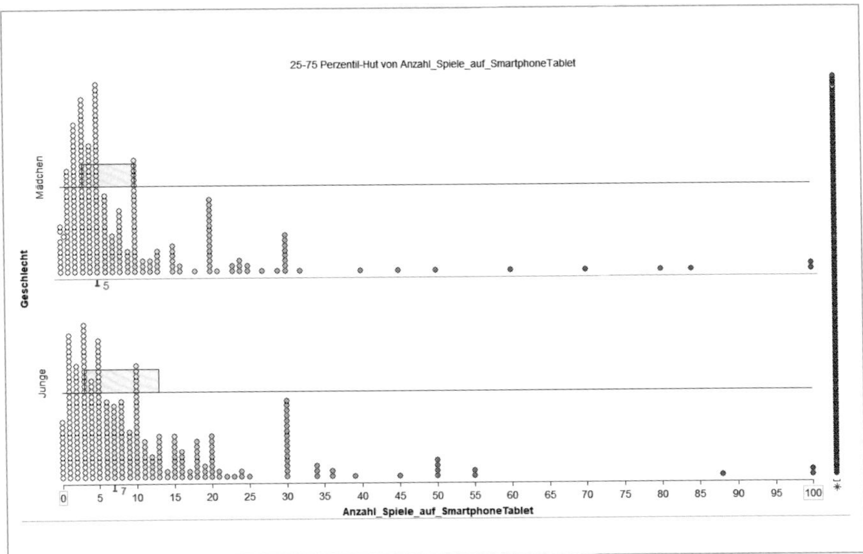

Abbildung 138: Vergleich der Verteilungen des Merkmals *Anzahl_Spiele_auf_SmartphoneTablet* nach dem Merkmal *Geschlecht* in TinkerPlots mittels Median und Hutplot, Datensatz D#4

- Das obere Viertel der Mädchen hat mindestens 10 Spiele, bei den Jungs aber sogar mindestens 13 Spiele.

Bei beiden Verteilungen fallen ferner große Häufigkeiten bei 1 bis 5 Spielen und bei 10, 20 und 30 Spielen auf, wobei das wieder dafür spricht, dass Vielfache von 10 als Schätzwerte beliebt sind.

Fragestellung: Gibt es einen Unterschied bei der Anzahl der Spiele zwischen der 3. und 4. Klasse?

Schüler:innen können Vermutungen äußern, wie z. B. „Ältere Schüler:innen (die in der 4. Klasse sind) haben vermutlich mehr Spiele, da sie schon länger als die Drittklässler ein Smartphone/Tablet haben. Eine weitere Hypothese könnte sein, dass die Eltern der Schüler:innen der vierten Klasse mehr erlauben als die Eltern der Schüler:innen der dritten Klasse oder dass die Viertklässler:innen mehr Taschengeld bekommen als die Drittklässler:innen und dass die Viertklässler:innen somit auch mehr Spiele auf dem Smartphone/Tablet haben. Die Vermutung kann im Unterrichtsgespräch überprüft werden (siehe z. B. Abbildung 139 mit Hüten in TinkerPlots).

Folgende Erkenntnisse können z. B. festgehalten werden:

- Es kommen in beiden Klassen Werte zwischen 0 und 100 Spielen vor.
- In unserem Datensatz ist es gerade andersherum als vermutet:

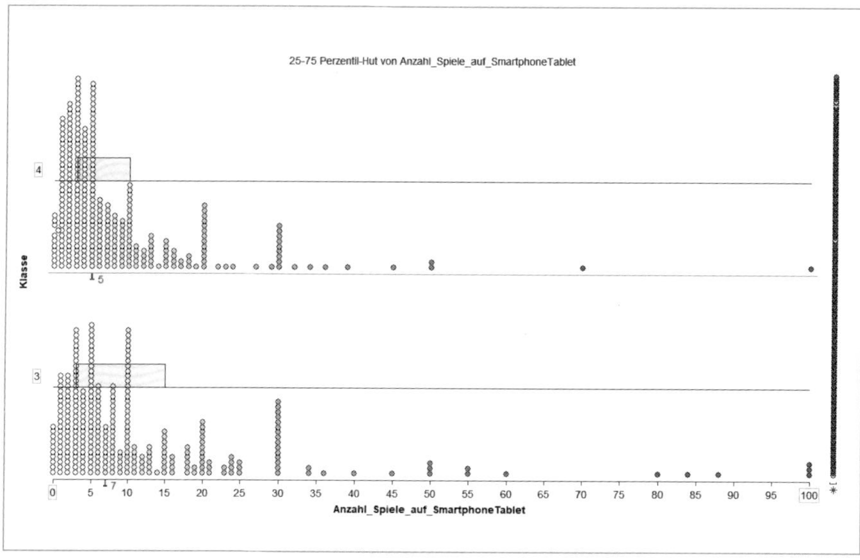

Abbildung 139: Vergleich der Verteilungen des Merkmals *Anzahl_Spiele_auf_SmartphoneTablet* nach dem Merkmal *Klasse* in TinkerPlots mittels Median und Hutplot, Datensatz D#4

Drittklässler:innen haben im Median sogar 2 Spiele mehr auf dem Smartphone/Tablet als Viertklässler:innen.

- Der mittlere Bereich reicht in Klasse 3 von 3 bis 15 Spielen, in Klasse 4 von 3 bis 10 Spielen. Auch hier liegt der Bereich in der 3. Klasse eher bei höheren Werten. Also haben die Drittklässler:innen eher mehr Spiele auf dem Smartphone/Tablet als die Viertklässler:innen.

Didaktischer Kommentar zu den Verteilungsvergleichen

Wir haben die Beispiele nicht zufällig gewählt. Sie repräsentieren unterschiedliche Vergleichssituationen, auf die man als Lehrkraft vorbereitet sein muss. Wenn genügend Zeit ist, empfehlen wir, mehrere der folgenden drei Vergleichssituationen mit den Schüler:innen zu diskutieren:

- **Situation 1:** Die Verteilungen sind im „Wesentlichen" gleich – d. h. Median und Lage sowie Breite der Box stimmen nahezu überein. Das heißt, dass das Verhalten der Kinder in beiden Gruppen dann sehr ähnlich bzw. nahezu gleich ist (siehe z. B. – im Sinne einer weiterführenden Fragestellung – der Vergleich der Verteilungen des Merkmals *Stunden_Fernseher_amWochenende* nach dem Merkmal *Haustier*)
- **Situation 2:** Die Verteilungen sind gleich bezüglich des Medians, Lage und/oder Breite der Boxen sind aber verschieden (siehe z. B. Abbildung 137:

Vergleich der Verteilungen des Merkmals *Stunden_Fernseher_amWochenende* nach dem Merkmal *Geschlecht*). Hier kann man sagen, dass – aufgrund der breiteren Box – die Daten bei den Jungen etwas stärker verteilt (gestreut) sind als bei den Mädchen. Da das rechte Ende der Box bei den Jungen weiter rechts liegt als bei den Mädchen, lässt sich sagen, dass die Jungen auch in der mittleren Hälfte eher mehr Stunden am Wochenende fernsehen.
- **Situation 3:** Die Verteilungen unterscheiden sich bezüglich des Medians und bezüglich der Lage und / oder Breite der Boxen (siehe z. B. Abbildung 138: Vergleich der Verteilungen des Merkmals *Anzahl_Spiele auf dem Smartphone/Tablet* nach dem Merkmal *Geschlecht*). Hier lässt sich sagen, dass die Jungen eher eine größere Anzahl an Spielen auf dem Smartphone / Tablet haben als die Mädchen und dass auch diese Anzahlen der Spiele bei den Jungen eher variabler sind als bei den Mädchen.

Als Festigung der gelernten Schrittfolge beim Verteilungsvergleich sowie zur weiteren Unterstützung beim Verteilungsvergleich sollten die folgenden Schritte in Form einer „Checkliste" und Tabelle (siehe auch Tabelle 21) als Tafelbild festgehalten werden. Als Checkliste und damit als relevante Aspekte zum Verteilungsvergleich können die folgenden Punkte dienen:
- Ich schreibe einen einleitenden Satz: Darin steht, wer und was untersucht wird.
- Ich fülle die Tabelle (siehe Tabelle 21) aus.
- Ich vergleiche die Mediane.
- Ich vergleiche die Wertebereiche und die Spannweite.
- Ich benutze den Hut (oder Boxplot) und vergleiche die mittlere Hälfte und die Lage der Hüte (oder Boxplots).

Diese Tabelle und die Checkliste können eine erste einfache Unterstützung beim Durchführen eines Verteilungsvergleichs bieten. Weiterhin kann diese Art von Verteilungsvergleichsplan die Schüler:innen durch ihre eigenständigen Datenexplorationen leiten und bei der Dokumentation ihrer Ergebnisse helfen. Die Dokumentation des Verteilungsvergleichs sollte dann anhand der folgenden Punkte erfolgen:
1. Dokumentation der Fragestellung, die untersucht wird;
2. Erstellung von gestapelten Punktdiagrammen (mit Median und / oder Hüten / Boxen) zum Verteilungsvergleich;
3. Vergleich der Verteilungen gemäß Checkliste und Tabelle (s. Tabelle 21);
4. Beantwortung der Fragestellung aus 1. anhand der Erkenntnisse aus 2. und 3.;
5. Interpretation im Sachkontext;
6. Zusammenfassung.

8.4 Unterrichtsstunden 8 bis 9: Vergleich numerischer Verteilungen mit digitalen Werkzeugen

8.4.1 Darum geht es in diesen Stunden

In diesem Aufbaumodul sollen die Schüler:innen lernen, selbstständig gestapelte Punktdiagramme mit digitalen Werkzeugen zu erstellen und Mediane sowie Hüte (TinkerPlots) bzw. Boxplots (CODAP) nutzen, um Verteilungen numerischer Variablen beschreiben und Verteilungen vergleichen zu können. Dabei können die Schüler:innen die in den vorherigen Unterrichtsstunden erlernten Konzepte wie die mittleren Bereiche sowie Hutplots (TinkerPlots) oder Boxplots (CODAP) in offenen Aktivitäten zur Exploration numerischer Daten nutzen und anwenden.

8.4.2 Möglicher Ablaufplan der Unterrichtsstunden 8 bis 9

Tabelle 35 gibt einen Überblick über einen möglichen Ablauf der Unterrichtsstunden 8 und 9.

8.4.3 Unterrichtsleitfaden

Zu Beginn öffnet die Lehrkraft den umfangreichen Datensatz *Grundschüler_innen_NRW* (D#4 für TinkerPlots und D#5 für CODAP) und erklärt die Arbeitsaufträge. So sollen die Schüler:innen in der Eigenarbeitsphase selbst üben, Verteilungen numerischer Variablen mit TinkerPlots/CODAP zu erstellen und diese anhand der Instrumente Median sowie Hut- oder Boxplots zu vergleichen. Wir empfehlen hier, dass die Kinder in Partnerarbeit zusammenarbeiten und, den Kindern den eingeführten Verteilungsplan an die Hand zu geben. Ein Arbeitsauftrag kann dabei wie folgt aussehen:

Arbeitsauftrag für die Schüler:innen:

Untersucht, wie die Spielekonsole im Datensatz *Grundschüler_innen_NRW* genutzt wird!

a) Überlegt zunächst, welche Merkmale dafür interessant sein könnten (und warum).

b) Findet eigene Forscher:innenfragen, die ihr untersuchen möchtet und untersucht diese mit TinkerPlots / CODAP.

c) Nutzt dann TinkerPlots / CODAP, um Diagramme (z. B. gestapeltes Punktdiagramm) für die Verteilung der Merkmale zu erstellen.

d) Beschreibt das Diagramm und formuliert eine treffende Überschrift für das Diagramm.

e) Tragt die Ergebnisse zusammen und tauscht euch aus.

Zeit	Inhalt	Material/Medien
90 Min.	Selbstarbeitsphase: Exploration von numerischen Daten in TinkerPlots / CODAP	TinkerPlots/CODAP, Checkliste, Handout (Tabelle 36)

Tabelle 35: Übersicht über einen möglichen Ablauf der Unterrichtsstunden 8 und 9

Wir schlagen vor, die Aufgaben a) und b) im Klassenverband zu machen und dann eine Arbeitsteilung zu verabreden. Im Rahmen der Aufgaben a) und b) muss erstmal die Datentabelle sowie die Variablenliste betrachtet werden (siehe M#2), um zum einen die interessanten und relevanten Merkmale herauszufinden und zum anderen, um die zu untersuchenden Forscher:innenfragen zu generieren.

a) Merkmale identifizieren
Die Merkmale, die hier relevant sind, sind: *Spielekonsole; Falls_Spielekonsole Anzahl_Spiele, Falls_Spielekonsole_Stunden_amWochenende.*

b) Mögliche Forscher:innenfragen, die sich aus dem Sachkontext und den vorliegenden Daten ergeben könnten, sind die Folgenden:

- Gibt es mehr Kinder mit Spielekonsole oder ohne?
- Haben Jungen eher eine Spielekonsole als Mädchen? Haben Viertklässler:innen eher eine Spielekonsole als Drittklässler:innen?
- In der Gruppe der Kinder, die eine Spielekonsole haben: Wie viele Spiele hat man dafür (Verteilung)? Wie lange wird gespielt?
- Hängt die Spieldauer von der Anzahl der Spiele ab? (Man müsste die Anzahl der Spiele in Kategorien einteilen.)
- Unterscheiden sich die Mädchen und die Jungen (Drittklässler:innen oder Vierklässler:innen, verschiedene Altersgruppen) hinsichtlich Anzahl von Spielen und Spieldauer?
- Noch allgemeiner könnte man fragen: Wie beeinflussen die Spielekonsolenmerkmale die anderen Freizeitaktivitäten und umgekehrt? Dabei muss man beachten, dass man eine direkte Beeinflussung aus den Daten nicht schließen kann; man kann erstmal nur Zusammenhänge feststellen.

Wir zeigen exemplarisch mögliche Bearbeitungsweisen der Schüler:innen für die Arbeitsphase auf: Für die Erstellung der Grafiken (gestapelte Punktdiagramme mit Median und Hutplot / Boxplot) empfehlen wir, den Schüler:innen das Handout M#12 für die Arbeit mit TinkerPlots sowie das Handout M#13 für die Arbeit mit CODAP an die Hand zu geben.

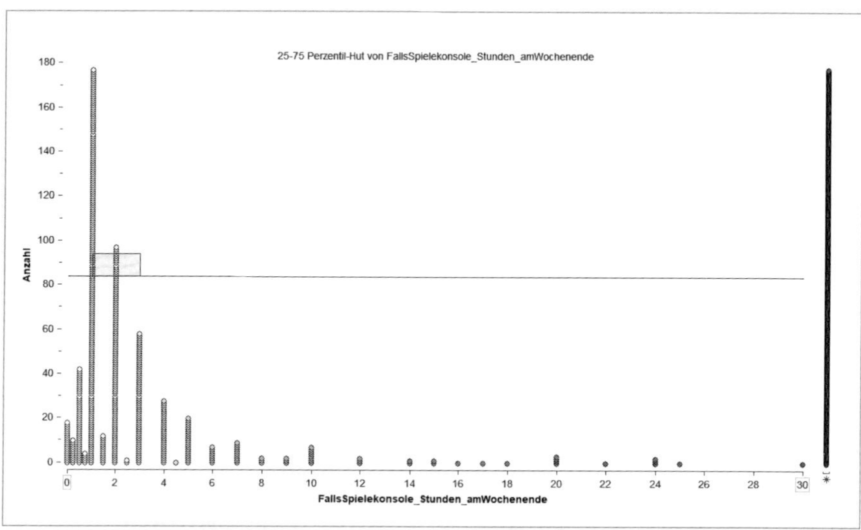

Abbildung 140: Verteilung des Merkmals *FallsSpielekonsole_Stunden_am Wochenende* in TinkerPlots mit eingezeichnetem Hutplot, Datensatz D#4 und D#5

Bei der Bearbeitung könnten die Schüler:innen zum Beispiel das Merkmal *FallsSpielekonsole_Stunden_amWochenende* in den Blick nehmen und in TinkerPlots (Abbildung 140) ein gestapeltes Punktdiagramm zur Verteilung des Merkmals erstellen. Dabei könnten die Schüler:innen erkennen,

- dass es eine große Spanne zwischen dem kleinsten und dem größten Wert gibt. Der kleinste Wert ist 0 Stunden, der größte Wert ist 30 Stunden.
- dass der Wert, der deutlich und mit Abstand am häufigsten auftritt, 1 Stunde ist.
- dass für diesen Datensatz die mittlere Hälfte im Bereich von 1 bis 3 Stunden liegt. Der Median liegt bei 1,5.

Die Schüler:innen können beispielsweise auch die Frage verfolgen, ob es Unterschiede zwischen den Jungen und den Mädchen gibt (und ein Diagramm wie in Abbildung 141 mit TinkerPlots erzeugen).

Der Verteilungsvergleichsplan kann den Schüler:innen helfen, die beiden Verteilungen der Jungen und Mädchen systematisch zu vergleichen (siehe Tabelle 36). Es kann sich anbieten, dass die Lehrkraft den Verteilungsvergleichsplan im Unterrichtsgespräch zusammen mit den Schüler:innen an einem Beispiel noch einmal gemeinsam ausfüllt und an der Tafel festhält.

Ähnlich wie vorher im Unterrichtsgeschehen in den vorherigen Stunden könnten die Schüler:innen z. B. folgende Ergebnisse hervorheben:

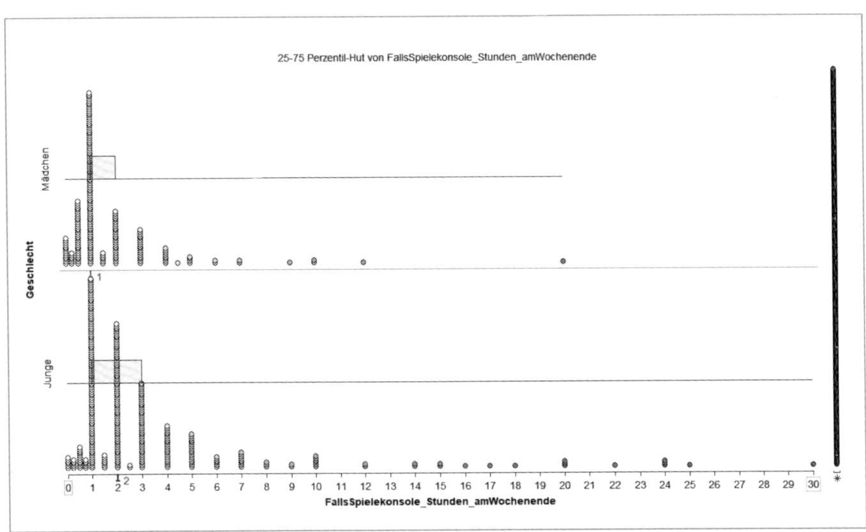

Abbildung 141: Vergleich der Verteilungen des Merkmals *FallsSpielekonsole_Stunden_amWochenende* nach dem Merkmal *Geschlecht* in TinkerPlots, Datensatz D#4

- Der Median ist in der Gruppe der Jungen um 1 größer als in der Gruppe der Mädchen – das heißt, dass die Jungen am Wochenende im Median eine Stunde mehr mit der Spielekonsole spielen als die Mädchen.
- Auch die Spannweite ist bei den Jungen größer als bei den Mädchen. Während bei den Mädchen zwischen dem kleinsten und dem größten Wert 20 Stunden liegen, liegen bei den Jungen 30 Stunden dazwischen.

	Jungen	Mädchen
Median	2	1
arithmetisches Mittel		
Modalwert	1	1
Wertebereich (Minimum, Maximum)	0 bis 30	0 bis 20
Spannweite	30	20
Lage der Box/des Hutes, mittlere Hälfte	1 bis 3	1 bis 2
Lage des unteres Viertels	0 bis 1	0 bis 1
Lage des oberes Viertels	3 bis 30	2 bis 20
Mittlere Streubreite	2	1
Stellen mit besonders großer Häufigkeit	1	1
sonstige Auffälligkeiten, Form der Verteilungen	--	--

Tabelle 36: Verteilungsvergleichsplan für die Schüler:innen (ausgefüllt für die Vergleichssituation in Abbildung 141)

- Vergleicht man die mittleren Hälften der Verteilungen und die Lage der unteren und oberen Viertel, lässt sich sagen,
  - dass das Spielekonsoleverhalten bei den Jungen ein wenig unterschiedlicher als bei den Mädchen ist (Breite der Box 2 bei den Jungen vs. 1 bei den Mädchen);
  - die Vielspieler:innen (oberes Viertel) spielen bei den Jungen mindestens 3 Stunden, bei den Mädchen nur mindestens 2 Stunden.

Schließlich könnten die Schüler:innen im Anschluss weitere Untersuchungen vornehmen und explorieren, welche Faktoren das Spielekonsoleverhalten beeinflussen.

8.5 Unterrichtsstunden 10 bis 13: Numerische Daten in umfangreichen Datensätzen explorieren

8.5.1 Darum geht es in diesen Stunden

In den vorherigen Aktivitäten im Aufbaumodul und im Basismodul haben die Schüler:innen erfahren, wie in TinkerPlots/CODAP eine Anbahnung an ein Denken in Verteilungen realisiert werden kann. Nun sollte die Software TinkerPlots oder CODAP genutzt werden, um die Verteilung numerischer (und auch kategorialer) Merkmale in größeren Datensätze selbstständig zu explorieren. Die Idee ist es nun, ganz offen sowohl die Exploration kategorialer als auch numerischer Merkmale zuzulassen. Die eigenständige Exploration des umfangreichen *Grundschüler_innen_NRW*-Datensatzes (D#4 für TinkerPlots und D#5 für CODAP) mit Blick auf Verteilungen numerischer Variablen (und kategorialer Variablen) nimmt den Schwerpunkt in den Unterrichtsstunden 10 bis 13 ein und soll in Partnerarbeit geschehen. Das Projekt schließt mit der Vorstellung der Ergebnisse der Datenexplorationen. Diese Vorstellung und Kommunikation der Ergebnisse sehen wir als eine sehr relevante Phase an. Dieser muss im Unterrichtsgeschehen auf jeden Fall ausreichend Zeit gewidmet werden.

8.5.2 Möglicher Ablaufplan der Unterrichtsstunden 10 bis 13

Tabelle 37 zeigt eine Übersicht über einen möglichen Ablauf des Projekts (Spürnasen-Modul).

Phase	Zeit	Inhalt	Material/Medien
1	15 Min.	Begrüßung, Vorstellen des Projektauftrags	Arbeitszettel
2	30 Min.	Vorstellen des Datensatzes, Bekanntmachen mit dem Fragebogen	Fragebogen, Variablenliste, TinkerPlots / CODAP
3	90 Min.	Exploration der Daten mit TinkerPlots / CODAP und Anfertigung der Datenposter	TinkerPlots / CODAP, Handout, Checkliste
4	45 Min.	Vorstellen der Ergebnisse	TinkerPlots / CODAP, Handout, Checkliste

Tabelle 37: Übersicht über einen möglichen Ablauf der Unterrichtsstunden 10 bis 13

8.5.3 Unterrichtsleitfaden

Die Phasen dieses Spürnasenmoduls in diesem Kapitel sind ähnlich zu denken wie für das Spürnasenmodul in Kapitel 7 bei der Exploration von Verteilungen kategorialer Variablen.

Phase 1: Vorstellen des Projektauftrags

Die Idee ist, dass die Schüler:innen den multivariaten Datensatz *Grundschüler_innen_NRW* (D#4 für TinkerPlots und D#5 für CODAP) nun ganz eigenständig und offen explorieren. Es können hier natürlich neben Verteilungen numerischer Variablen auch Verteilungen kategorialer Variablen sowie ihre Zusammenhänge exploriert werden. Als offenen Arbeitsauftrag für die Arbeitsphase (geeignet ist Zweierarbeit) empfehlen wir, den folgenden Arbeitsauftrag zu nutzen.[9] Als Unterstützung kann den Schüler:innen bei der Arbeit mit TinkerPlots das Handout M#14 und bei der Arbeit mit CODAP das Handout M#15 an die Hand gegeben werden.

Projekt für die Schüler:innen:
Was machen die Grundschüler:innen in NRW in ihrer Freizeit?

Aufgabe 1: Untersucht, wie die Grundschüler:innen ihre Freizeit verbringen!

a) Überlegt zunächst, welche Merkmale dafür interessant sein könnten (und warum).
b) Formuliert Forscher:innenfragen zum Themenkomplex „Freizeitverhalten".

9 Während im Spürnasen-Modul in Kapitel 7 „nur" die Verteilung kategorialer Merkmale exploriert werden konnten, kann nun die Aktivität und das Spürnasen-Modul auch für die Exploration von Verteilungen numerischer Merkmale sowie für den Vergleich von Verteilungen geöffnet werden.

c) Erstellt Grafiken in TinkerPlots / CODAP, um eure Forscher:innenfragen aus b) zu beantworten.
d) Beschreibt und interpretiert eure TinkerPlots- / CODAP-Grafiken und beantwortet eure Forscher:innenfragen zum Themenkomplex „Freizeitverhalten".

Aufgabe 2: Untersucht, wie sportlich aktiv die Grundschüler:innen sind!
a) Überlegt zunächst, welche Merkmale dafür interessant sein könnten (und warum?).
b) Formuliert Forscher:innenfragen zum Themenkomplex „Sport".
c) Erstellt Grafiken in TinkerPlots / CODAP, um eure Forscher:innenfragen aus b) zu beantworten.
d) Beschreibt und interpretiert eure TinkerPlots / CODAP-Grafiken und beantwortet eure Forscher:innenfragen zum Themenkomplex „Sport".

Aufgabe 3: Findet eigene Forscher:innenfragen aus einem beliebigen Themenbereich!
a) Überlegt zunächst, welche Merkmale dafür interessant sein könnten (und warum?).
b) Formuliert Forscher:innenfragen zu eurem ausgewählten Themenkomplex.
c) Erstellt Grafiken in TinkerPlots / CODAP, um eure Forscher:innenfragen aus b) zu beantworten.
d) Beschreibt und interpretiert eure TinkerPlots / CODAP-Grafiken und beantwortet eure Forscher:innenfragen zu eurem ausgewählten Themenkomplex.

Erstellt zu jeder der Aufgaben ein Poster mit euren Ergebnissen zu der Forscher:innenfrage „Was machen die Grundschüler:innen in NRW in ihrer Freizeit?", welches ihr euren Mitschülern präsentieren könnt. Nutzt dazu eure in TinkerPlots / CODAP erstellten Grafiken, beschreibt diese und findet passende Überschriften für euer Poster.

Phase 2: Vorstellen des Datensatzes, Bekanntmachen mit dem Fragebogen
Die Lehrkraft teilt den zum Datensatz gehörenden Fragebogen und die Variablenliste an alle Zweiergruppen von Schüler:innen aus (M#1 und M#2). (Die Schüler:innen füllen den Fragebogen selber aus, um ihn und das Spektrum der Fragen kennenzulernen).[10]

Phase 3: Exploration der Daten mit TinkerPlots/CODAP und Anfertigen der Datenposter
Wir zeigen das exemplarisch am Arbeitsauftrag „Untersucht, wie die Freizeitaktivitäten der Grundschüler:innen sind". Die Phase kann nun ähnlich wie

10 Dieses muss natürlich nicht mehr zwingend ausgeführt werden, wenn die Schüler:innen den Fragebogen / Datensatz bereits im Spürnasenmodul in Kapitel 7 kennengelernt haben.

in Kapitel 7 gedacht werden. Zunächst steht das Identifizieren von für die Fragestellung interessanten Merkmalen im Vordergrund.

a) Merkmale identifizieren
Es könnten von den Schüler:innen z. B. die folgenden Merkmale herausgesucht werden:

- *Stunden_Freizeitaktivität_proTag,*
- *Freizeitaktivität,*
- *Geschlecht,*
- *Klasse*
- ...

b) Forscher:innenfragen
Als mögliche Forscher:innenfragen könnten die folgenden gestellt werden:

- Hängt die Zeit für Freizeitaktivitäten (proTag) ab von der Art der Freizeitaktivität?
- Hängt die Zeit für Freizeitaktivitäten (proTag) ab vom Geschlecht?
- Hängt die Zeit für Freizeitaktivitäten (proTag) ab von der Klassenstufe?
- ...

c) Wir zeigen exemplarisch die Exploration des Merkmals *Stunden_Freizeit_Aktivität_proTag*. Man sieht in TinkerPlots (Abbildung 142) die gestapelten Punktdiagramme mit Hutplot.

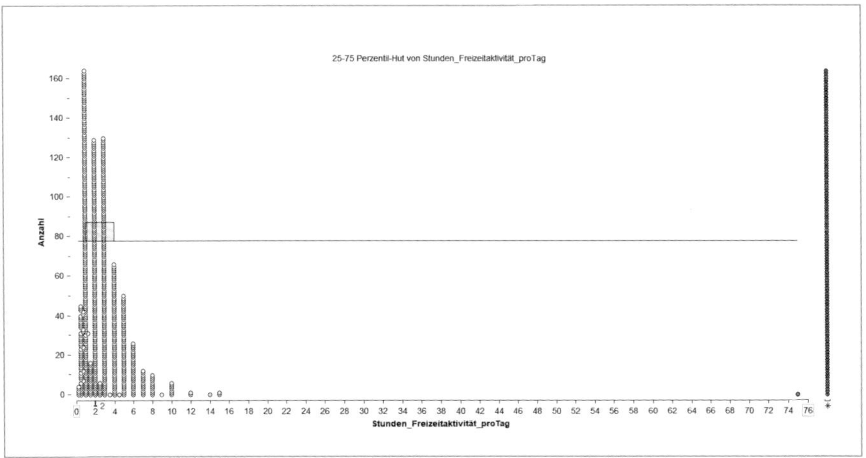

Abbildung 142: Verteilung des Merkmals *Stunden_FreizeitAktivität_proTag* als gestapeltes Punktdiagramm in TinkerPlots mit Hutplot, Datensatz D#4

Die Kinder können hier beispielsweise entdecken, …

- dass die mittlere Hälfte zwischen 1 und 4 Stunden Freizeitaktivität liegt, also ungefähr die Hälfte der befragten Kinder zwischen 1 und 4 Stunden Freizeit pro Tag haben.
- dass der Median bei 2 Stunden liegt, d. h. die Kinder im *Grundschüler_innen_NRW*-Datensatz haben im Median zwei Stunden Freizeit pro Tag.
- dass 171 Kinder genau eine Stunde Freizeit pro Tag haben. Das ist in diesem Fall der Modalwert.
- dass der Ausreißer bei 75 völlig unsinnig ist, da der Tag nur 24 Stunden hat.
- dass auch eine Angabe über 10 Stunden unrealistisch wirkt.

Hieran kann sich die Frage anschließen, was die Kinder bei der Befragung gedacht haben und dass es problematisch sein kann, solch einen Fragebogen ausfüllen zu lassen, wenn man nicht genau erklärt, welche Stunden zu Freizeitaktivität zählen und ob Schüler:innen sie überhaupt zuverlässig schätzen können. Weiter können Spürnasen nun untersuchen, wie sich die Jungen und die Mädchen in ihrem Umfang der Freizeitaktivität pro Tag unterscheiden (Abbildung 143). Der ausgefüllte Verteilungsvergleichsplan zur Untersuchung, wie sich die Jungen und die Mädchen hinsichtlich ihrer Freizeitaktivität unterscheiden, könnte bei den Spürnasen so wie in Tabelle 38 aussehen. Schließlich könnten die Spürnasen folgende Entdeckungen bei der Exploration ihrer Fragestellung machen und im Sachkontext interpretieren:

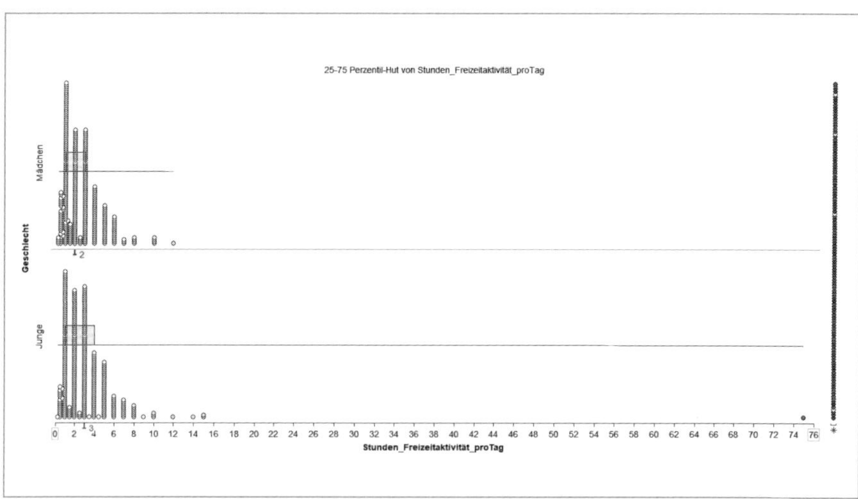

Abbildung 143: Verteilungen des Merkmals *Stunden_FreizeitAktivität_proTag* als gestapeltes Punktdiagramm in TinkerPlots mit Hutplot, unterschieden nach dem Merkmal *Geschlecht*, Datensatz D#4

- Wenn man den Ausreißer von 75 ignoriert (Zahl kann ja nicht stimmen), streuen die Jungen von 0 bis 15 und die Mädchen von 0 bis 12, kein sehr großer Unterschied.
- Es unterscheiden sich die Mädchen und die Jungen im Median um eine Stunde pro Tag (Jungen höher).
- Die mittlere Streubreite ist größer bei den Jungen, die Gruppe ist unterschiedlicher als die der Mädchen.
- Die Jungen haben eher mehr Freizeit am Tag als die Mädchen (Median ist um 1 größer, Box der Jungen endet bei 4, bei Mädchen bei 3).

	Jungen	Mädchen
Median	3	2
arithmetisches Mittel	–	–
Modalwert	1	1
Wertebereich (Minimum, Maximum)	0 bis 75	0 bis 12
Spannweite	75	12
Lage der Box/des Hutes, mittlere Hälfte	1 bis 4	1 bis 3
Lage des unteren Viertels	0 bis 1	0 bis 1
Lage des oberen Viertels	4 bis 75	3 bis 12
mittlere Streubreite	3	2
Stellen mit besonders großer Häufigkeit;	1, 2, 3, 4, 5	1, 2, 3, 4
sonstige Auffälligkeiten, Form der Verteilungen	–	–

Tabelle 38: Möglicher Verteilungsvergleichsplan der Spürnasen zur Vergleichssituation in Abbildung 143

Die Dokumentation der Ergebnisse kann dabei wie beim Spürnasenmodul zur Exploration der Verteilung kategorialer Variablen realisiert werden – dabei muss die Lehrkraft je nach Rahmenbedingungen ihre Entscheidungen und Abwägungen treffen:

- Die Schüler:innen können die Textfelder in TinkerPlots und CODAP nutzen, um ihre Ergebnisse und Erkenntnisse direkt in der Software festzuhalten.
- Es kann eine Textverarbeitungsdatei wie z. B. ein Word-Dokument genutzt werden. Dort müssen dann die TinkerPlots oder CODAP-Grafiken als Screenshots eingefügt werden.
- Es können mit Blick auf ein Datenposter einzelne Grafiken ausgedruckt werden, die dann zu einem Datenposter verarbeitet werden.

Phase 4: Vorstellen der Ergebnisse

In der letzten Phase des Spürnasenmoduls stellen die Schüler:innen ihr jeweiliges Projekt anhand einer der drei oben genannten Alternativen vor. Diese Phase kann nun ähnlich wie in Kapitel 7 gedacht werden – dabei kann die Präsentation der Ergebnisse entweder über den Projektor, das interaktive Whiteboard oder am ausgedruckten Datenposter erfolgen.

9 Abschließende Bemerkungen

Das primäre Ziel dieses Buches war und ist es, Umsetzungsideen und Erfahrungen zur digitalen Datenexploration im Mathematikunterricht der Grundschule einer breiten Leserschaft zugänglich zu machen und Anregungen zu geben, wie durch eine spiralförmige Integration bereits in der Primarstufe ein solides Fundament für statistisches Denken gelegt werden kann. Beginnend mit der Datenexploration mittels analoger Materialien wie z. B. Datenkarten wurde der Einsatz digitaler Werkzeuge wie TinkerPlots und CODAP vorbereitet. Mit diesen digitalen Werkzeugen konnten dann Arbeitsprozesse ausgelagert und verschiedene Darstellungen wie Datenkarten, Datentabelle und Graph synchronisiert werden sowie bei der Exploration umfangreicher Datensätze und dem Drehen und Wenden von Daten nach selbst gewählten Forscher:innenfragen unterstützen. Das Erfahrbarmachen von den Datenoperationen Trennen und Stapeln auf verschiedenen Repräsentationsebenen kann ein erster Schritt zu einem tragfähigen, frühen statistischen Denken und einem Denken in Verteilungen sein. Dass auch das Denken in Verteilungen numerischer Merkmale sowie das Vergleichen von Verteilungen jungen Schüler:innen nicht verschlossen bleiben muss, haben wir im zweiten Teil dieses Buches in Kapitel 8 aufgezeigt: modale Klumpen, mittlere Hälften und Datenhüte ermöglichen die Entwicklung von einem lokalen zu einem globalen Blick auf Verteilungen und damit einhergehend auch den Vergleich von Verteilungen – ohne einen Anteilsbegriff über prominente Anteile wie „Hälfte“ oder „Viertel“ hinaus voraussetzen zu müssen. All dies gibt schon jungen Schüler:innen die Möglichkeit, statistisches Denken früh zu entwickeln – in einer Welt, in der Daten eine immer gewichtigere Rolle spielen, und Datenkompetenz eine Schlüsselkompetenz für mündige Bürger:innen darstellt.

Abschließend geben wir zusammenfassend vier zentrale Empfehlungen und Kernbotschaften für die Entwicklung eines frühen statistischen Denkens im Mathematikunterricht der Primarstufe:

- **Erleben des Datenanalysezyklus PPDAC:** Ein Schlüssel zur Vertiefung des statistischen Verständnisses liegt in der unmittelbaren Erfahrung mit dem Datenanalysezyklus PPDAC. Durch eigenständiges Formulieren statistischer Forschungsfragen, Planen und Durchführen von Datenerhebungen sowie das Sammeln, Analysieren und Interpretieren von Daten erlangen Schüler:innen nicht nur ein fundiertes Verständnis für den Prozess der Datenexploration. Sie erkennen auch die übergeordnete Bedeutung der Schritte von der Fragestellung über die Datengewinnung bis hin zur Analyse und Deutung in vielfältigen Anwendungsbereichen.

- **Fundamentale Datenoperationen, Diagramme und ihre Interpretationsmöglichkeiten kennenlernen und erfahren:** Es ist entscheidend, dass Schüler:innen bereits früh fundamentale Datenoperationen wie das Sortieren und Ordnen von Daten auf verschiedenen Repräsentationsebenen kennenlernen. Neben der Arbeit mit Piktogramm-Datenkarten für den Elementarbereich und der Lebendigen Statistik unterstützen Materialien wie Steckwürfel, Bauklötze oder Datenkarten beim Kennenlernen und Anwenden der Datenoperationen sowie beim damit verbundenen Kreieren von statistischen Darstellungen. Durch die Arbeit mit verschiedenen Darstellungsformen wie Tabellen, Diagrammen und Grafiken lernen die Schüler:innen, Daten zu analysieren und Muster zu erkennen. Die Beschreibung und Interpretation der Diagramme muss mit Sprachspeichern unterstützt werden – eine gute Leitlinie, auf welchen Ebenen statistische Informationen aus Diagrammen entnommen werden können, bietet das Schema von Friel et al. (2001), welches von Frischemeier und Biehler (2020b) auch ins Deutsche adaptiert wurde.
- **Nutzung digitaler Werkzeuge und Kennenlernen auch umfangreicher multivariater Datensätze:** Aufbauend auf das spiralförmige Erleben fundamentaler Datenoperationen bieten digitale Werkzeuge wie TinkerPlots und CODAP vielfältige Möglichkeiten, um das statistische Denken zu fördern und umfangreiche Datensätze nach eigenen Fragestellungen drehen und wenden zu können. Dies ermöglicht es den Schüler:innen auch, statistische Konzepte wie die Verteilung eines Merkmals oder den Zusammenhang zwischen Merkmalen zu untersuchen und damit statistische Projekte durchführen zu können.
- **Denken in Verteilungen und Vergleichen von Verteilungen numerischer Merkmale anbahnen:** Ein weiterer wichtiger Aspekt ist das Mitdenken von Verteilungen numerischer Merkmale. Oftmals liegt der Fokus im Mathematikunterricht der Primarstufe auf kategorialen Merkmalen, jedoch ist es ebenso wichtig, Schüler:innen dazu zu ermutigen, sich mit Verteilungen und mit dem Vergleich von Verteilungen von numerischen Daten auseinanderzusetzen. Modale Klumpen, mittlere Hälften und Datenhüte können jungen Schüler:innen Verteilungen numerischer Merkmale bereits früh zugänglich machen. Der Vergleich von Verteilungen kann in ersten Schritten erschlossen werden und erlaubt so, viele interessante Fragestellungen zu untersuchen. Konzepte der Lage- und Streuungsmaße, wie sie in der Sekundarstufe I thematisiert werden, können durch modale Klumpen, mittlere Hälften und Datenhüte angebahnt werden.

10 Literaturverzeichnis

Arnold, P. & Franklin, C. (2021). What makes a good statistical question? Journal of Statistics and Data Science Education, 29(1), 122–130. https://doi.org/10.1080/26939169.2021.1877582.

Arnold, P. M. (2013). Statistical investigative questions – An enquiry into posing and answering investigative questions from existing data. The University of Auckland. https://researchspace.auckland.ac.nz/handle/2292/21305.

Bakker, A.; Biehler, R. & Konold, C. (2005). Should young students learn about box plots? In G. Burrill & M. Camden (Hrsg.), Curricular Development in Statistics Education: International Association for Statistical Education (IASE) (S. 163–173). International Statistical Institute. https://doi.org/10.52041/SRAP.04302.

Bakker, A. & Gravemeijer, K. (2004). Learning to reason about distributions. In D. Ben-Zvi & J. Garfield (Hrsg.), The Challenge of Developing Statistical Literacy, Reasoning and Thinking (S. 147–168). Kluwer Academic Publishers. https://doi.org/10.1007/1-4020-2278-6_7.

Barzel, B.; Gasteiger, H.; Greefrath, G.; Maritzen, N.; Nührenbörger, M. & Stanat, P. (2022). Weiterentwicklung der Bildungsstandards im Fach Mathematik für den Primarbereich und die Sekundarstufe I. Mitteilungen der Deutschen Mathematiker-Vereinigung, 30(3), 208–211. https://doi.org/10.1515/dmvm-2022-0066.

Ben-Zvi, D.; Makar, K. & Garfield, J. (2018). International handbook of research in statistics education. Springer. https://doi.org/10.1007/978-3-319-66195-7.

Biehler, R. & Kombrink, K. (1999). Der Datendetektiv auf Spurensuche (Mathewelt). Mathematik lehren, 97, 24–46.

Biehler, R. (2001). Statistische Kompetenz von Schülerinnen und Schülern – Konzepte und Ergebnisse empirischer Studien am Beispiel des Vergleichens empirischer Verteilungen. In M. Borovcnik, J. Engel & D. Wickmann (Hrsg.), Anregungen zum Stochastikunterricht (S. 97–114). Franzbecker.

Biehler, R. (2007). Denken in Verteilungen – Vergleichen von Verteilungen. Der Mathematikunterricht, 53(3), 3–11.

Biehler, R.; Ben-Zvi, D.; Bakker, A. & Makar, K. (2013). Technology for Enhancing Statistical Reasoning at the School Level. In M. A. Clements, A. J. Bishop, C. Keitel-Kreidt, J. Kilpatrick & F. K.-S. Leung (Hrsg.), Third International Handbook of Mathematics Education (S. 643–689). Springer Science + Business Media. https://doi.org/10.1007/978-1-4614-4684-2_21.

Biehler, R.; Engel, J. & Frischemeier, D. (2023). Stochastik: Leitidee Daten und Zufall. In R. Bruder, A. Büchter, H. Gasteiger, B. Schmidt-Thieme & H.-G. Weigand (Hrsg.), Handbuch der Mathematikdidaktik (S. 243–278). 2. Auflage. Springer. https://doi.org/10.1007/978-3-662-66604-3_8.

Biehler, R.; Frischemeier, D.; Gould, R. & Pfannkuch, M. (2023). Impacts of Digitalization on Content and Goals of Statistics Education. In B. Pepin, G. Gueudet & J. Choppin (Hrsg.), Handbook of Digital Resources in Mathematics Education (S. 1–37). Springer. https://doi.org/10.1007/978-3-030-95060-6_20-1.

Biehler, R.; Frischemeier, D.; Reading, C. & Shaughnessy, M. (2018). Reasoning about data. In D. Ben-Zvi, K. Makar & J. Garfield (Hrsg.), International Handbook of Research in Statistics Education (S. 139-192). Springer International. https://doi.org/10.1007/978-3-319-66195-7_5.

Breker, R. (2016). Design, Durchführung und Evaluation einer Unterrichtseinheit zur Entwicklung der Kompetenz „Verteilungen zu vergleichen" in einer 4. Klasse unter Verwendung der Software TinkerPlots und neuer Medien. Unveröffentlichte Bachelorarbeit. Universität Paderborn.

Büchter, A. & Henn, H.-W. (2007). Elementare Stochastik: Eine Einführung in die Mathematik der Daten und des Zufalls (2., überarb. und erw. Aufl.). Springer.

Curcio, F. R. (2001). Developing Data-Graph Comprehension in Grades K-8. NCTM.

Dettmar, A. (2013). Design und explorative Evaluation einer Unterrichtseinheit zur Leitidee Daten, Häufigkeit, Wahrscheinlichkeit in einer vierten Klasse unter Einsatz der Datenanalysesoftware TinkerPlots. Unveröffentlichte Examensarbeit. Universität Paderborn.

Eichler, A. & Vogel, M. (2013). Leitidee Daten und Zufall: Von konkreten Beispielen zur Didaktik der Stochastik (2. Aufl.). Springer.

Engel, J. & Ridgway, J. (2023). Back to the Future: Rethinking the Purpose and Nature of Statistics Education. In J. Ridgway (Hrsg.) Statistics for Empowerment and Social Engagement: teaching civic statistics to develop informed citizens (S. 17–36). Springer. https://doi.org/10.1007/978-3-031-20748-8_2.

Franklin, C. & Bargagliotti, A. (2020). Introducing GAISE II: A guideline for precollege statistics and data science education. Harvard Data Science Review, 2(4), 1–9. https://doi.org/10.1162/99608f92.246107bb.

Friel, S. N., Curcio, F. R. & Bright, G. W. (2001). Making sense of graphs: Critical factors influencing comprehension and instructional implications. Journal for Research in Mathematics Education, 32(2), 124–158. https://doi.org/10.2307/749671.

Frischemeier, D. (2018). Statistisches Denken im Mathematikunterricht der Primarstufe mit digitalen Werkzeugen entwickeln: Über Lebendige Statistik und Datenkarten zur Software TinkerPlots. In B. Brandt & H. Dausend (Hrsg.), Digitales Lernen in der Grundschule (S. 73–102). Waxmann.

Frischemeier, D. (2019). Primary school students' reasoning when comparing groups using modal clumps, medians, and hatplots. Mathematics Education Research Journal, 31(4), 485–505. https://doi.org/10.1007/s13394-019-00261-6.

Frischemeier, D. (2022). Introducing grade 3 students to digital data exploration. Mathematics Teacher: Learning and Teaching PK-12, 115(6), 413–421. https://doi.org/10.5951/MTLT.2021.0264.

Frischemeier, D. (2024). Daten handlungsorientiert und mediengestützt unterrichten. Grundschulmagazin, 2024(2), 2–6.

Frischemeier, D. & Biehler, R. (2020a). Big Data in der Grundschule? Grundschule Mathematik, 65, 2–3.

Frischemeier, D. & Biehler, R. (2020b). Statistisches Denken: Von guten Fragen, dem Denken in Verteilungen und sinnvoller Softwareunterstützung. Grundschule Mathematik, 65, 32–35.

Frischemeier, D. & Kuzu, T. E. (2024). Datenexploration mit Piktogramm-Datenkarten. Grundschulmagazin, 2024(2), 7–12.

Frischemeier, D. & Leavy, A. (2020). Improving the quality of statistical questions posed for group comparison situations. Teaching Statistics, 42(2), 58–65. https://doi.org/10.1111/test.12222.

Frischemeier, D. & Walter, D. (2021a). Daten für Kinder: Anregungen für das Sammeln, Darstellen und Interpretieren. Fördermagazin Grundschule, 2021(4), 29–36.

Frischemeier, D. & Walter, D. (2021b). Daten! Analog und digital? Lernchancen und Grenzen analoger und digitaler Lernszenarien. Fördermagazin Grundschule, 2021(4), 8–12.

Garfield, J. & Ben-Zvi, D. (2008). Developing students' statistical reasoning. Connecting Research and Teaching Practice. Springer.

Hasemann, K. & Mirwald, E. (2012). Daten, Häufigkeit und Wahrscheinlichkeit. In G. Walther, M. van den Heuvel-Panhuizen, D. Granzer & O. Köller (Hrsg.), Bildungsstandards für die Grundschule: Mathematik Konkret (S. 141–161). Cornelsen Scriptor.

KMK (2022). Bildungsstandards für das Fach Mathematik Primarbereich. Beschluss der Kultusministerkonferenz vom 15.10.2004, i. d. F. vom 23.06.2022.

Konold, C. (2007). Designing a data tool for learners. In M. Lovett & P. Shah (Hrsg.), Thinking with data: The 33rd Annual Carnegie Symposium on Cognition (S. 267–292). Lawrence Erlbaum Associates.

Konold, C.; Higgins, T.; Russell, S. J. & Khalil, K. (2015). Data seen through different lenses. Educational Studies in Mathematics, 88(3), 305–325. https://doi.org/10.1007/s10649-013-9529-8.

Konold, C. & Pollatsek, A. (2002). Data analysis as the search for signals in noisy processes. Journal for Research in Mathematics Education, 33(4), 259–289. https://doi.org/10.2307/749741.

Konold, C.; Pollatsek, A.; Well, A. & Gagnon, A. (1997). Students Analyzing Data: Research of Critical Barriers. In J. Garfield & G. Burrill (Hrsg.), Research on the Role of Technology in Teaching and Learning Statistics: Proceedings of the 1996 IASE Round Table Conference (S. 151-167). International Statistical Institute. https://doi.org/10.52041/SRAP.96302.

Konold, C.; Robinson, A.; Khalil, K.; Pollatsek, A.; Well, A.; Wing, R. & Mayr, S. (2002). Students' use of modal clumps to summarize data. Sixth International Conference on Teaching Statistics, Cape Town, South Africa. https://iase-web.org/documents/papers/icots6/8b2_kono.pdf?1402524963.

Krüger, K.; Sill, H. D. & Sikora, C. (2015). Didaktik der Stochastik in der Sekundarstufe I. Springer Spektrum. https://doi.org/10.1007/978-3-662-43355-3.

Kütting, H. & Sauer, M. J. (2011): Elementare Stochastik: Mathematische Grundlagen und didaktische Konzepte. Springer.

Leavy, A. & Hourigan, M. (2018). The role of perceptual similarity, context, and situation when selecting attributes: considerations made by 5-6-year-olds in data modeling environments. Educational Studies in Mathematics, 97(2), 163–183. https://doi.org/10.1007/s10649-017-9791-2

Leavy, A.; Meletiou-Mavrotheris, M. & Paparistodemou, E. (2018). Statistics in Early Childhood and Primary Education: Supporting Early Statistical and Probabilistic Thinking. Springer. https://doi.org/10.1007/978-981-13-1044-7.

Leavy, A.; Meletiou-Mavrotheris, M.; Paparistodemou, E. & Frischemeier, D. (2023). Research on Early Statistical and Probabilistic Thinking. Statistical Education Research Journal, 22(2), 1–4. https://doi.org/10.52041/serj.v22i2.706.

Makar, K. (2018). Theorising links between context and structure to introduce powerful statistical ideas in the early years. In A. Leavy, M. Meletiou-Mavrotheris & E. Paparistodemou (Hrsg.), Statistics in Early Childhood and Primary Education: Supporting Early Statistical and Probabilistic Thinking (S. 3–20). Springer. https://doi.org/10.1007/978-981-13-1044-7_1.

Neubert, B. (2012). Leitidee: Daten, Häufigkeit und Wahrscheinlichkeit: Aufgabenbeispiele und Impulse für die Grundschule. Mildenberger.

Plückebaum, K. (2016). Design, Durchführung und Reflexion einer Unterrichtsreihe zur Entwicklung einer Datenanalyse-Kompetenz von Schülerinnen und Schülern in der Primarstufe mit einem methodischen Schwerpunkt auf das Stationenlernen und dem Einsatz der Software TinkerPlots am interaktiven Whiteboard. Unveröffentlichte Bachelorarbeit. Universität Paderborn.

Ruwisch, S. (2021). Statistisches Denken in der Grundschule: Alles nur Zufall?. In A.S. Steinweg (Hg.), Tagungsband des AK Grundschule in der GDM 2021. University of Bamberg Press. 10.20378/irb-59254

Schäfers, C. (2017). Durchführung und qualitative Evaluation einer redesignten Unterrichtsreihe zur Entwicklung der Komptenz „Verteilungen zu vergleichen" in einer Jahrgangsstufe 4 unter Verwendung der Software TinkerPlots. Unveröff. BA-Arbeit. Universität Paderborn.

Schüller, K. (2019). Ein Framework für Data Literacy. AStA Wirtschafts- und Sozialstatistisches Archiv, 13(3-4), 297–317. https://doi.org/10.1007/s11943-019-00261-9.

Shaughnessy, M. J. (2007). Research on Statistics Learning and Reasoning. In F. K. Lester (Hrsg.), Second Handbook of Research on Mathematics Teaching and Learning (S. 957–1009). Information Age Publishing.

Sill, H.-D. & Kurtzmann, G. (2019). Didaktik der Stochastik in der Primarstufe. Springer. https://doi.org/10.1007/978-3-662-59268-7.

Walter, D. (2018). Nutzungsweisen bei der Verwendung von Tablet-Apps. Springer. https://doi.org/10.1007/978-3-658-19067-5.

Watson, J.; Fitzallen, N.; Wilson, K. & Creed, J. (2008). The representational value of HATS. Mathematics Teaching in Middle School, 14(1), 4–10. https://doi.org/10.5951/MTMS.14.1.0004.

Wild, C. J. & Pfannkuch, M. (1999). Statistical thinking in empirical enquiry. International Statistical Review, 67(3), 223–248. https://doi.org/10.1111/j.1751-5823.1999.tb00442.x.

Fachbuch

Mathematik für Minis: spielerisch zum Lernerfolg

CHRISTIANE BENZ, ANDREA MAIER, FRIEDERIKE REUTER, PRISKA SPRENGER, JOHANNA ZÖLLNER

Mathematik entdecken in KiTa und Grundschule

Spiel- und Lernsituationen aus der MachmitWerkstatt MiniMa

16,3 x 24 cm, 224 Seiten

ISBN 978-3-7727-1844-1

Dieses Buch enthält in der MachmitWerkstatt MiniMa gemeinsam mit Kindern entwickelte und erprobte Spiel- und Lernsituationen für den Übergang zwischen KiTa und Grundschule.

Die anschlussfähigen, kindgerechten und direkt umsetzbaren Aktivitäten decken die Leitideen der Bildungsstandards für die Primarstufe ab: „Zahl und Operation“, „Raum und Form“, „Größen und Messen“, „Daten und Zufall“ und „Muster, Strukturen, funktionaler Zusammenhang“.

In „Mathematik entdecken in KiTa und Grundschule“ finden Sie:

- Lernumgebungen für den Erwerb mathematischer Basiskompetenzen
- Fachdidaktische Hintergrundinformationen zu den Leitideen der Bildungsstandards
- Beschreibungen von Alltagssituation zur Verbindung von Theorie und Praxis
- Beobachtungsbögen zur Dokumentation und Lernbegleitung

Die Materialien des Buches sind in KiTa und Grundschule gleichermaßen einsetzbar. Es richtet sich an Erzieher:innen sowie Referendar:innen und Lehrer:innen des Fachs Mathematik in der Primarstufe.

Unser Leserservice berät Sie gern:
Telefon: 05 11/4 00 04 -150
Fax: 05 11/4 00 04 -170
leserservice@friedrich-verlag.de

www.klett-kallmeyer.de